Эта книга принадлежит

Контакты владельца

Эту книгу хорошо дополняют:

Джедайские техники
Максим Дорофеев

Новые принципы делового общения
Кэл Ньюпорт

Менеджмент во время шторма
Максим Батырев

Великая сила перемен
Бен Тайлер

Джедайские техники

Максим Дорофеев

Путь джедая

Поиск собственной методики продуктивности

5-е издание, исправленное и дополненное

Москва
«Манн, Иванов и Фербер»
2023

УДК 159.923
ББК 88.3
Д69

Дорофеев, Максим

Д69 Путь джедая. Поиск собственной методики продуктивности / Максим Дорофеев. — 5-е изд., испр. и доп. — Москва : Манн, Иванов и Фербер, 2023. — 496 с. — (Джедайские техники).

ISBN 978-5-00195-354-8

Универсального рецепта успешной и продуктивной жизни для всех нет, не было и не будет. Нужно создавать свой. И единственный способ сделать это — проводить эксперименты над собой. Так считает Максим Дорофеев, автор бестселлера «Джедайские техники». Эта книга — о том, как. Здесь собраны инструменты самонаблюдения и конструирования личного рецепта успеха: мысли, однократные действия-«вакцины», регулярные практики и индикаторы, из комбинации которых и получится тот уникальный, подходящий именно вам метод продуктивности. В новом издании вы найдете дополнительные вакцины, мысли и практики, чтобы перейти на продвинутый уровень джедайской зрелости.

УДК 159.923
ББК 88.3

ISBN 978-5-00195-354-8

Содержание

1. Важное введение

Моя первая книга увидела свет в 2017 году и называлась «Джедайские техники: как воспитать свою обезьяну, опустошить инбокс и сберечь мыслетопливо» [1]. С момента ее публикации я многое понял и переосмыслил и теперь хочу как будто бы заново поделиться с вами своим видением на тему того, что принято называть продуктивностью, эффективностью, самоорганизацией, тайм-менеджментом и другими терминами, которые, на мой взгляд, весьма однобоко описывают содержание этой книги. Эта книга не является продолжением «Джедайских техник» по крайней мере в том смысле, что от читателя ожидается последовательное чтение этих книг. Скорее, это вторая попытка объяснить то же самое. Только в «Джедайских техниках» акцент был сделан на описание техник самих по себе, как должно выглядеть светлое будущее. Начинать можно с любой книги, можно с этой, можно с «Джедайских техник». Меня часто спрашивают: «А с какой книги правильнее изучать джедайские техники?» Как будто на этот вопрос есть универсальный ответ... Так вот, на этот вопрос (как и на множество других) универсального ответа нет. Но если не знаешь, какой из двух путей верный, то при прочих равных я выбираю тот, который проще, поэтому если эта книга уже оказалась у вас в руках, то начинайте с нее.

Те моменты из «Джедайских техник», на которые я буду опираться здесь, я еще раз (но немного другими словами) описал в разделе 2. Это далеко не все мысли первой книги, а лишь те, без которых вторая может быть неправильно понята. Я бы порекомендовал этот раздел к прочтению даже тем, кто хорошо знаком с «Джедайскими техниками». В разделе 3 описаны те моменты, которых не хватило в первой книге, но они, как выяснилось, очень важны для понимания всего прочего.

Вот мысли, которые легли в основу этой книги.

1. Мы (люди) очень разные.
2. Мир вокруг нас непрост, и мы не всегда можем заранее понять, к каким результатам приведут те или иные решения и действия.
3. Научное сообщество не даст четкого ответа, что поможет **именно вам** стать лучше.
4. Универсального рецепта, помогающего всем, нет, не было и не будет.
5. Придется создавать для себя уникальный рецепт успешной и продуктивной жизни. Единственный способ сделать это — проводить эксперименты над собой*.

Если у вас есть какие-то сомнения насчет этих тезисов, добро пожаловать в раздел 4.

Основная часть этой книги (разделы 5 и 6) описывает подход к проведению экспериментов над собой.

1. Инструмент самонаблюдения и конструирования собственного уникального рецепта.

* Успех и продуктивность для разных людей могут означать совершенно разные вещи, и уже это намекает на отсутствие универсального и безотказного рецепта, применимого для всех. *Здесь и далее примечания автора.*

2. Более-менее стандартные компоненты рецепта, комбинируя которые вы сможете найти свой уникальный подход.
   - Мысли для обдумывания. Рекомендую читать не более одной мысли в день, не торопитесь. Если какая-то мысль кажется спорной или непонятной, будет разумным дать ей еще день-другой, чтобы она отлежалась в голове.
   - Вакцины — действия, которые вы совершаете один раз, а их эффект остается с вами надолго (один раз сделал и забыл).
   - Практики — действия, результат которых сохраняется, пока вы выполняете их с некой периодичностью.
   - Индикаторы — показатели, прямо или косвенно характеризующие те или иные аспекты успеха.
3. Уровни «джедайства», которым соответствует порядок тестирования вакцин, индикаторов и практик.

Я предлагаю работать с этой книгой так.

1. Ознакомиться с разделами 1–5.

2. Определить свой уровень «джедайства», руководствуясь инструкцией из раздела 6.

3. Проработать и опробовать элементы рецепта и ознакомиться с мыслями всех уровней, вплоть до текущего.

4. Перед переходом к изучению материала более высоких уровней «джедайства» дать себе время (хотя бы пару-тройку недель) на сбор и осмысление собственного опыта использования практик, усвоенных на предыдущем уровне.

Не торопитесь читать эту книгу. Дальше я покажу, что скорость чтения мало влияет на скорость получения итогового результата (раздел 3.1). А еще дальше намекну, что путь к достижению некоторых результатов можно очень серьезно усложнить, если слишком быстро перейти к изучению нового материала (раздел 3.4).

Рис. 1. Медленночтение и скорочтение

Не торопитесь — так будет быстрее. Если ваша цель — изменить свое поведение или взгляды на жизнь, скорость потребления информации вряд ли будет для вас решающим параметром. Знания усваиваются медленно.

1.1. Изменит ли эта книга мою жизнь?

Часто бывает, что вы берете в руки книгу с надеждой, что она что-то в вас изменит. Возможно, кто-то из знакомых советовал вам: «Прочитай эту книгу! Она изменила мою жизнь!»

Может ли эта (да и какая-либо вообще) книга изменить жизнь? У меня нет готового ответа на этот счет, но есть два анекдота с намеком.

Письмо по электронной почте.

«Здравствуйте, я монгольский вирус. Ввиду бедности моего создателя и общей отсталости развития высоких технологий в нашей стране я не в силах причинить какой-либо вред вашему компьютеру. Пожалуйста, сотрите сами несколько самых нужных вам файлов, а затем разошлите меня по почте своим друзьям.

Благодарю за понимание и сотрудничество».

И еще один.

— Сколько нужно психологов, чтобы заменить лампочку?
— Достаточно одного. Но лампочка должна искренне хотеть измениться.

Думаю, намек понятен: без вашего желания ничего не получится. Важное замечание: обратное неверно. Давайте посмотрим правде в глаза: если вы хотите и стараетесь — это еще ничего не гарантирует. Я часто слышал от многих бизнес-тренеров фразу: «Если ты чего-то не достиг, ты просто недостаточно сильно этого хотел». Как будто одного желания хватит. Мой любимый контрпример — бессонница. Наверняка каждый из вас хотя бы однажды сталкивался с этим непонятным состоянием: вам надо выспаться, вы хотите спать, но полночи ворочаетесь, а уснуть не можете. Неужели это все из-за того, что вы были недостаточно мотивированы, чтобы выспаться перед очередным важным событием?

Рис. 2. Не высыпаешься — ты просто недостаточно сильно этого хочешь...

Многие вещи (особенно те, что находятся в нашем уме) не управляются одним лишь желанием. И, как будет показано ближе к концу книги, далеко не всегда это плохо.

В нашем мире нет гарантированного способа преуспеть, существуют только гарантированные способы облажаться.

Игорь Губерман писал:

> Обманчива наша земная стезя,
> Идешь то туда, то обратно,
> И дважды войти в ту же реку нельзя,
> А в то же г***о — многократно.

Другими словами (я их услышал давным-давно от Андрея Степенко), гарантированный геморрой при негарантированном результате. Наверное, хороший бы вышел из этой фразы заголовок книги... Что ж, поехали!

2. Мысли из «Джедайских техник», необходимые для этой книги

2.1. Надо ли мне вообще читать первую книгу?

Очень хороший вопрос. Если вы можете себе это позволить, то да. Это даст вам не только статичную картину моих текущих (надеюсь, зрелых) убеждений, но и динамику, что бывает важно.

Работая с командой на тренингах и в ходе консультаций, мы часто прорабатываем правила, например такой практики, как «тихий час»*. По моим наблюдениям, большинство команд приходят плюс-минус к похожим решениям и поддерживают их, но сотрудники, пропустившие тренинг, не становятся рьяными сторонниками готовых решений. Однако если они примут участие в процессе разработки и сами увидят весь путь эволюции решения от вброса «Давайте устроим тихий час» до конкретизированного решения вида «Каждый день с 14:00 до 16:00 мы не отвлекаем членов нашей команды средствами синхронной коммуникации**, то уровень поддержки возрастет.

---

* Очень рекомендую подобную командную активность. Я на своих мероприятиях использую метод поиска взаимовключающего решения, описанный в части 3 «Руководства фасилитатора» [2].

** Синхронные коммуникации — это те, в которых источник решает, когда ему удобно коммуницировать. Например, телефон или мессенджер с включенными оповещениями. При асинхронных коммуникациях получатель обрабатывает сообщение, когда ему удобно. Например, электронная почта с выключенными оповещениями.

Исключения составляют сообщения в общем чате с тегом #ж*паслучилась.

Возможно, то же самое может произойти и с джедайскими техниками. Многие вещи в этой книге кажутся мне простыми и очевидными лишь после того, как я пережил все описанное в первой книге, и не факт, что, перескочив через нее, вы придете к тем же выводам.

Но опыт показывает, что мы — люди — сложные, малопредсказуемые и очень интересные существа. Так что я пересказал (не просто скопировал, а пересказал) те моменты из «Джедайских техник», на которые буду опираться в этой книге, — на всякий случай.

2.2. А почему такое название — «Джедайские техники»?

Действительно, почему? Ведь в книге нет ни слова о джедаях, ситхах, Силе, мидихлорианах и борьбе с Империей.

Все дело в том, что давным-давно, когда я понял, что мне нравится распространять это знание, мне потребовалось для него название. Ведь не бывает без названий ни книги, ни доклада на конференциях. Даже пост в блоге требует названия или заголовка. Мне кажется, что эта страсть давать вещам и явлениям названия регулярно нас подводит, но раз надо — значит, надо…

Еще тогда я понял, что существующие термины мне не подходят.

«Тайм-менеджмент»? Нет. Мои книги вообще не про время. У нас уже есть устоявшиеся словосочетания: «не хватает времени», «выделить время», «найти время», но дело не во времени. Его вообще никто не может ни найти, ни потерять, ни выделить.

«Как все успевать»? Нет. Все успеть невозможно. А если будете пытаться, то успеете еще меньше.

«Как делать дела вовремя»? Тоже мимо. В какое «вовремя»? «К назначенному сроку»? Кем назначенному? А так ли важно делать что-то вовремя (кроме того, бóльшую часть дел я и вовсе буду рекомендовать не делать, неважно — вовремя или нет)?

Секретные секреты успешного успеха и прочие устоявшиеся штампы меня не устраивали — на мой вкус, они слегка лживы и тянут за собой некоторые устоявшиеся мыслительные шаблоны (нередко контрпродуктивные). Так что я старался обходиться без названия, пока мог. Но в какой-то момент оно все же понадобилось, и я повесил первое, что пришло в голову, — «Джедайские техники». Это не тянуло за собой никаких сложившихся стереотипов и звучало прикольно. Под этим названием техника росла и развивалась. В первой своей инкарнации она была чуть ли не калькой с GTD Дэвида Аллена, но, по мере того как я разбирался в теме, думал и адаптировал технику под окружающие меня реалии, общих точек у нас с GTD практически не осталось. Точнее, цель осталась одна: помочь людям найти более качественный способ жить. Но методы и рецепты во многом разные.

В какой-то момент я созрел, чтобы написать книгу. Я ее написал и пошел показывать издателям. Тогда я думал, что вот он — правильный момент для правильного названия*. Но почти шесть лет выступлений и ведения блога расставили все точки над ё. В издательстве сразу же сказали: «Так и назовем: "Джедайские техники"». Вот так...

2.3. Обезьяна в моей голове

Я увидел эту модель в блоге Тима Урбана, ссылку на который мне прислал Юра Мельничек, за что я до сих пор ему благодарен.

Модель проста и изящна. Наверняка многие из вас уже с ней знакомы, если нет, то могу порекомендовать посмотреть выступления Тима на TED [3].

Согласно модели Тима Урбана, в голове любого прокрастинатора (а с точки зрения Тима Урбана, мы все прокрастинаторы) расположен пульт управления им. У этого пульта находятся два персонажа: рациональный тип, некто ответственный за принятие рациональных решений, и... обезьянка сиюминутного удовольствия.

---

* «Секретные секреты успешного успеха» — или что-то в этом духе, чтобы сам заголовок побуждал человека купить книгу.

В отличие от рационального типа, обезьянка не способна извлекать уроки из прошлого и на основании их как-то корректировать настоящее, чтобы повлиять на будущее. У обезьянки есть только «здесь и сейчас».

Рис. 3. Модель Тима Урбана

Плюс ко всему бо́льшую часть времени у руля находится именно обезьянка. Она отдает предпочтение развлечениям, а в случае выбора между важным и срочным хватается за понятное. Рациональный тип не способен существенно влиять на ее поведение. Но есть тот, кто способен...

Рис. 4. Панический монстр

Это панический монстр — персонаж, появляющийся в те моменты, когда что-то начинает серьезно угрожать нашей безопасности или карьере. Обезьянка его боится. Она покидает насиженное место и сваливает, оставляя у руля рационального типа.

Рис. 5. Собран, сосредоточен, сконцентрирован

Оставшись наедине с пультом управления, рациональный тип сосредоточенно справляется с задачами (сделать это вовремя ему не позволяла обезьянка), после чего наступает короткий промежуток времени, когда панический монстр уже ушел, а обезьянка еще не появилась.

Рис. 6. Он уже ушел?

В этот момент мы можем надавать себе множество несбыточных обещаний (типа «Я буду учиться с первого дня нового семестра»), но этот период довольно быстро проходит.

Я возьму модель обезьянки и рационального типа за основу в этой книге.

Важный момент: обезьянка не отрицательный персонаж. Часто люди, впервые услышав про персонажей модели, считают, что обезьяна плохая, а рациональный тип — хороший. В реальности оба они хорошие и обоими движут благие намерения.

Ниже я покажу, как из-за неполной картины мира обезьянки ее благие намерения превращаются в глупые поступки (довольно распространенная в реальной жизни ситуация, между прочим).

2.4. Нехватка времени и нехватка ума

> — Семен Моисеевич, вы верите в искусственный разум?
>
> — Вы знаете, Фима, я и в естественный не особенно-то верю.
>
> Из анекдотов

Помимо модели с обезьянкой и человеком, в «Джедайских техниках» была описана модель мышления Даниэля Канемана, взятая из его книги «Думай медленно, решай быстро» [4]. В отличие от Тима

Урбана, Канеман всю свою сознательную жизнь изучал психологию человеческого поведения и в 2002 году даже получил Нобелевскую премию по экономике.

Канеман использовал двойственную модель при описании того, как работает наше мышление*. Согласно его взглядам, наше сознание как будто содержит внутри Систему 1 (быструю и интуитивную) и Систему 2, которую он называет «ленивый контролер»: умную, легко обучаемую систему, которая выслушивает реакции Системы 1 и выдает свой вердикт: «Реакция годится» или «Нет, реакцию нужно заменить более правильным вариантом». Беда в том, что одобрить предложенную Системой 1 реакцию Система 2 может по разным причинам: не только потому, что та была проанализирована и проверена, но и потому, что Система 2 решила не заморачиваться с ее проверкой. Что, в свою очередь, может произойти опять же по разным причинам.

1. Мы пребываем в состоянии когнитивной легкости (этот термин тоже подробно описан в книге Канемана), нам легко, спокойно, все кажется простым, понятным и безопасным.

* Использование дуальностей в моделях довольно популярно в научном сообществе. Если кому интересно, то в конце книги в «Списке источников» указана работа [5], где сведены воедино полтора десятка дуальностей вида рациональный/иррациональный, древний/новый, сознательный/бессознательный и проведен обзор теоретических моделей, построенных на них.

2. У нас кончилось мыслетопливо — ресурс, который требуется Системе 2, чтобы выполнять свою работу.

Термин «мыслетопливо» ввел уже я и объяснил его появление в «Джедайских техниках».

Один из центральных посылов «Джедайских техник» звучит так: очень часто мы не успеваем что-либо сделать не потому, что нам не хватило времени, а потому, что нам не хватило ума. Или того самого мыслетоплива.

Рис. 7. Нехватка времени и ума

Стоит заметить, что часто слова «мне не хватило времени» технически верны. Например, если вы пойдете в казино с целью сорвать джекпот, но проиграетесь, то в этом случае тоже будет верным сказать: «Мне не хватило денег» — будь у вас бесконечный запас денег, рано или поздно вы бы, наверное, выиграли.

Можно привести аналогию с двигателем внутреннего сгорания. Для работы ему нужны топливо и кислород. Изобилия чего-то одного недостаточно. Так и со временем. Конечно, оно нам нужно, но его одного недостаточно. Очень часто для работы нам требуется не только время (кислород), но и мыслетопливо. И чем больше приходится принимать решений и напрягать Систему 2, тем выше роль мыслетоплива.

Ужасно, но словосочетание «не хватает времени» стало социально приемлемым и распространилось настолько, что люди, употребляя его, даже не задумываются о реальных причинах. Это ведь так удобно: и думать не надо, и оправдание готово. Доходит до того, что люди сами начинают верить, что им не хватает времени, и даже стараются его экономить… Мой любимый анекдот на эту тему.

— Ты куда бежишь?

— Опаздываю на курсы по тайм-менеджменту.

— А че штаны обоссанные?

— Это экономит время.

Обидно получается, когда в ситуации нехватки мыслетоплива мы начинаем экономить время ценой дополнительных затрат мыслетоплива. Ярким примером такого поведения может служить неаккуратный список задач, в который вы быстро-быстро (экономя время) записали что-то, как терапевт в карточке, а потом не можете понять, что там написано.

Нехваткой времени можно назвать и ситуацию, когда для той или иной активности требуется одновременное выполнение взаимоисключающих условий (многие из которых надуманны или не обязательны, но таковыми, естественно, не воспринимаются). Вот типичный пример с тренировками.

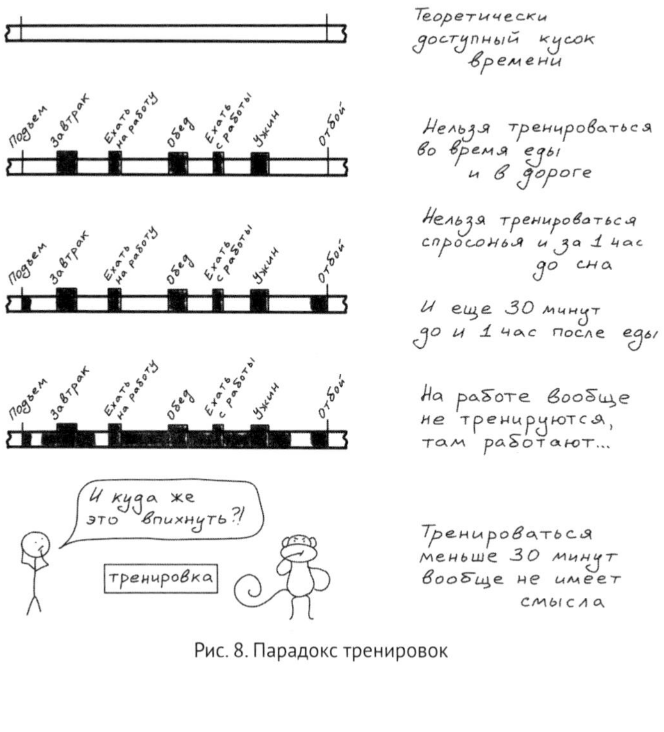

Рис. 8. Парадокс тренировок

Технически в этом случае тоже можно сказать, что мне не хватает времени на тренировку, но, скорее всего, суть в другом: у меня слишком много непонятно откуда взявшихся убеждений (не всегда верных), накладывающих взаимоисключающие ограничения.

Пример из реальной жизни. Обсуждал с человеком идею ведения дневника (об этом пойдет речь в разделе 5.4), на что сразу услышал ответ: «Вести дневник? В свободной форме? Но это творческая задача — значит, на вечер. Только у меня вечером уже голова не варит, и я ничем заниматься не могу. Значит, это мне не подходит». Интересно... да...

3. Чего не хватило в «Джедайских техниках»

3.1. «Знать» не равно «делать»

Между «знать» и «делать» существует огромная пропасть. Вот мой любимый анекдот на эту тему.

Безработному актеру звонит друг.

— Слушай, тут халтурка подвернулась, я сразу о тебе подумал.

Актер:

— Конечно, какой разговор, по гроб жизни благодарен, совсем на мели. А что за роль?

— Да понимаешь, не очень большая. Одна строчка.

— Одна строчка? Нет проблем! — Типа, ну совсем бабок не осталось, ничем не брезгует. — А какая?

— «Чу! Я слышу пушек гром».

— «Чу, я слышу пушек гром»? Годится! Куда идти?

— В среду подойдешь в Малый, спросишь режиссера такого-то.

— Заметано.

В среду актер подходит в Малый, находит режиссера, тот: скажите строчку, актер с пафосом произносит:

— Чу! Я слышу пушек гром!

— Отлично! — говорит режиссер. — Роль ваша. Приходите в субботу к семи вечера на спектакль.

— Понял! — отвечает радостный актер.

От такого удачного поворота судьбы актер запивает по-черному. Приходит в себя в субботу где-то в 18:30 и сломя голову бросается в театр, всю дорогу повторяя: «Чу! Я слышу пушек гром».

У театра его останавливает швейцар: ты, мол, куда без билета?

— Я «Чу! Я слышу пушек гром», — объясняет актер.

— А! Ты «Чу! Я слышу пушек гром», — успокаивается швейцар, — ну проходи.

Актер — за кулисы. Его, ясное дело, не пускают.

— Я «Чу! Я слышу пушек гром»! — кричит актер.

— Ты «Чу! Я слышу пушек гром»? Опаздываешь! Давай срочно в гримерную! — кричат ему в ответ.

Он — в гримерную. Гримерша:

— Товарищ, вы кто?

— Я «Чу! Я слышу пушек гром».

— Вы «Чу! Я слышу пушек гром»? Что же вы опаздываете?! Садитесь вот тут, сейчас я вас быстренько.

Актер, уже в гриме и в мыле, подбегает к сцене. Его перехватывает режиссер.

Рис. 9. Чу! Я слышу пушек гром

— Ты «Чу! Я слышу пушек гром»?

— Я «Чу! Я слышу пушек гром»!

— Чуть не опоздал! Давай, твой выход!

Актер выходит на сцену, и за спиной у него раздается оглушительный взрыв. Актер вздрагивает и орет:

— Да вы что там, совсем офигели?!

Беда большинства книг по саморазвитию и бизнесу — переоценка ценности теоретического знания в деле изменения поведения.

Самый первый совет, который вы услышите от тренера по боксу: «Не закрывай глаза, когда в тебя летит удар». Прекрасный совет. Понятно, чем продиктован, прекрасно ложится в мою текущую картину мира и не требует дополнительных пояснений. Неясна самая малость: как научиться это делать. Узнать об этом — дело десяти секунд. Натренировать себя на это — нужны годы. И то, если вы понимаете, каким образом это делать, а еще лучше, если у вас есть опытный тренер и хорошая группа.

Рис. 10. Теоретическое боксирование

Из-за того, что мы не осознаём наличие пропасти между знанием и поведением, может даже казаться, что мы лицемерим. Простой пример, который поймут те, у кого есть дети младшего школьного возраста. Ваш ребенок сел за уроки и отвлекся. На планшет, телевизор, книгу или игрушки — неважно. Заметив это, мы говорим: «Перестань отвлекаться», описываем кошмары, которые последуют, если он не перестанет отвлекаться: «Ты не сможешь нормально учиться и будешь получать двойки...»* — или, наоборот, пропагандируем ценность сосредоточенности: «Если ты не будешь отвлекаться, ты быстрее закончишь с уроками и перейдешь к развлечениям». Уверяю вас, в большинстве случаев ребенок прекрасно понимает, что отвлекаться не очень хорошо. Беда не в отсутствии знания («Я же ему еще две недели назад объяснял, что не надо отвлекаться!»). Беда в том, что многими процессами в нашем теле и уме мы не управляем. Нужно не рассказывать ребенку, как плохо отвлекаться на второстепенные вещи (особо циничным будет в этот момент самому отвлечься на уведомление в смартфоне), а показать, как тренировать свое внимание и как организовать

---

* «...тебя не возьмут в институт, у тебя не будет нормального образования, без него тебе не дадут нормальной работы, и ты будешь вынужден подрабатывать низкоинтеллектуальным трудом бок о бок с бомжами и алкоголиками, рано сопьешься, проживешь свою жизнь в нищете и опозоришь всю нашу семью! Если ты этого не хочешь, то соберись и продолжай аккуратно обводить буковки в прописях!»

среду вокруг себя, чтобы отвлекаться все меньше и меньше. Да и не только ребенку, взрослых это тоже касается.

Рис. 11. Не отвлекайся от уроков

Актер из упомянутого выше анекдота знал, что надо говорить, а ему нужно было натренировать себя не бояться громких звуков. Один из методов — репетировать, понимая, что успех придет далеко не с первого раза.

Одна из моих любимых цитат Нассима Талеба (из книги «Одураченные случайностью» [6]):

> «Большинство из нас знают очень хорошо, как мы должны вести себя. Проблемой является выполнение, а не отсутствие знания.
>
> <. . .>
>
> Мы нуждаемся в уловках, но перед этим мы должны принять тот факт, что являемся

простыми животными, требующими более низких форм уловок, чем лекции».

Дальше речь пойдет именно об этих уловках. И об упражнениях, при помощи которых можно сформировать новое поведение.

В свое время я долго искал способ сократить разрыв между знанием и действием или, точнее, поведением. Современные научные работы в силу самой природы научного познания были узконаправленными и не давали полной картины. С другой стороны, практические руководства по изменению поведения страдали отсутствием доказательной базы, что меня не удивляет и, надеюсь, после раздела 4.2 перестанет удивлять и вас. С другой стороны, если что-то не доказали с научной строгостью, это еще не означает, что оно не работает и мы не можем это использовать себе во благо (во многом об этом книга Талеба «Антихрупкость» [41]). Но раз так, то можно ли при отсутствии строгого научного доказательства понять, какой подход или методика с большей вероятностью принесут пользу? Можно. Главным свидетельством жизнеспособности какой-либо методики служит время: чем дольше методика существует, чем дольше о ней помнят, тем более тщательную проверку временем она прошла и тем больше у нее шансов оказаться работоспособной и полезной (это называется принципом Линди). Обратите внимание на слово «шансов». Гарантий — никаких, только шансы.

В итоге я решил погрузиться в изучение культуры, которая хоть и не изобилует научными доказательствами, зато прошла проверку временем. Так я начал изучать буддийские методы. Здесь имеет смысл кое-что пояснить. Обычно мы узнаем о буддизме из курса религиоведения, поэтому навешиваем штамп «религия» и на буддийскую философию, хотя в явном виде в ней нет понятия бога. Мало того, сама философия сугубо практична. Говорят, сам Будда, передавая свое учение, настаивал на том, чтобы ученики не верили ему на слово, а все проверяли на собственном опыте.

К слову, буддистам давным-давно известна разница между «знать» и «делать».

> Концептуального знания недостаточно... У вас должна быть убежденность, происходящая из собственного опыта.
>
> Девятый Гьялванг Кармапа.
> Махамудра: океан
> определяющего смысла

В буддийской традиции выделяют три составляющие обучения.

1. Получение информации. Слушание учителя, чтение текстов. Мы узнаём что-то новое.
2. Осмысление информации. Мы смотрим, как новый фрагмент знания вписывается в нашу нынешнюю картину мира. Обсуждение

и ведение дискуссий — тоже одна из форм осмысления.
3. Применение на практике. Обновление нашей картины мира.

У Ламы Оле Нидала [14] эти фазы называются так: слушание, медитация, поведение.

Это три столпа обучения. Не фазы, не этапа, а именно столпа. Смысл в том, что эти три процесса не расположены в строгой последовательности, а скорее находятся в балансе. В переложении на модель Тима Урбана схема выглядела бы так:

Рис. 12. Три столпа обучения в буддийской традиции через призму модели Тима Урбана

Стоит заметить, что наша повседневная работа тоже (явно или неявно) содержит в себе эти три фазы.

1. Получение информации: при помощи ноутбука, смартфона или иных устройств* черпаем информацию (из почты/чатов/новостей), ходим по встречам.
2. Осмысление информации: мы думаем, что делать с полученными сведениями. Пополняем свои списки задач/проектов/идей.
3. Применение на практике: мы берем и делаем.

Здесь тоже было бы здорово следить за балансом. В реальной бизнес-жизни очень часто наблюдается сильный перекос в сторону получения информации. В особо запущенных случаях все постоянно ходят по встречам, пишут друг другу в почте и чатах, звонят… Кроме этого, мало кто что-то делает и еще меньше об этом думает, но все очень бурно это обсуждают всеми доступными способами.

По какой-то причине в нашей культуре часто переоценивают знание — простое концептуальное знание, первый столп у буддистов. Как говорится, знание — сила. Однако буддисты, традиционно избегая абсолюта и крайностей, говорят о ситуациях, когда дисбаланс в составляющих обучения наносит человеку непоправимый вред. В статье одного из буддийских учителей [16] я натолкнулся на такой

---

* Из анекдотов.
У братка спрашивают:
— Что вы чаще всего включаете для получения информации: радио, телевизор, компьютер?
— Утюг…

термин, как «невосприимчивость к Дхарме» (Дхармой с большой буквы в буддийской философии называют учение Будды). Им обозначается ситуация, когда человек, который слишком перестарался с получением информации (забыв о ее осмыслении и применении на практике), становится попросту невосприимчив ни к какому другому новому знанию. На входе в его сознание формируется фильтр: «Я это уже слышал или нет?» Если новая информация хоть как-то похожа на то, что человек уже знает, он пропускает ее мимо ушей. Когда получение знания не уравновешивается его осмыслением и применением на практике, наступает своего рода отравление знанием*.

Иногда мы наблюдаем несправедливость вида «Ну почему у него выше должность/зарплата/положение, я же знаю больше него!». На этот вопрос есть очень простой ответ: он больше сделал. А для того, чтобы больше делать, далеко не всегда нужно больше знать. Мало того, иногда все ровно наоборот.

Относительно недавно я услышал интересную мысль: мы идем дальше и начинаем переоценивать уже не просто информацию, а сам факт обладания ею. «Я эту книгу уже купил» или «Я это уже

---

* На вопрос «И что в этом случае делать?» у меня ответа нет. Сами буддисты говорят, что всё... Человеку, дошедшему до состояния невосприимчивости к Дхарме, пробужденного состояния в этой жизни не достичь. В свое время я называл это состояние «разрывом гусеницы», подробности в этом видео: http://links.mnogosdelal.ru/Caterpillar.

скачал» местами воспринимается так же значимо, как и «Я это прочитал». А так как осмыслить проще, чем применить на практике, прочитать проще, чем осмыслить, а скачать проще, чем прочитать, мы нередко накачиваем себе на жесткие диски всякого и считаем себя ужас какими умными.

Чтобы понять, насколько несоразмерны эти три столпа, давайте вспомним, что на задней обложке многих книг по бизнесу пишут что-то вроде: «Время прочтения — 4,5 часа».

Рис. 13. Получение — осмысление — применение

Этим издатель, видимо, пытается намекнуть: «Ты прочтешь книгу быстро, поэтому купи сразу три». Но это только прочтение. Если книга достойная, мы месяцами ее осмысляем и годами применяем на практике. Часы, месяцы, годы — вот оно, примерное соотношение масштабов получения информации, осмысления и применения ее на практике. Зацикливаться на том, сколько времени займет чтение книги (если наша задача — обретение мудрости), — примерно то же самое, что и фокусироваться на продолжительности процессов во время брачной ночи в контексте воспитания будущего ребенка. Три столпа обучения в буддийской традиции находятся в интересном (хоть и не прямом) соответствии с современными взглядами на то, как устроен человеческий мозг. Андрей Курпатов в своем видео [17] очень кратко рассказал, что в нашем мозге есть три основные сети:

— сеть выявления значимости обеспечивает внимание;
— центральная исполнительская сеть отвечает, в частности, за потребление информации;
— сеть дефолт-системы мозга (сеть пассивного режима работы) отвечает, кроме всего прочего, за размышление.

Эти сети — антагонисты: включается одна — выключаются все остальные. Курпатов говорил, что иногда до 24 минут уходит только на то, чтобы переключиться в дефолт-систему (то есть начать думать) после того, как мы потребили информацию.

3.2. Мы не видим вещи такими, какие они есть

Эту идею я тоже взял из буддийской культуры, но аналогичные мысли встречаются и в современной психологии.

Рис. 14. Различное восприятие одной и той же реальности

Текущий взгляд на механизмы восприятия выглядит следующим образом: органы чувств считывают первичную информацию о мире (глаза — цвет и форму, ухо — частоту и амплитуду, кожа — давление и точку на теле, куда оно приложено), затем часть этой информации отсеивается фильтрами восприятия или нашим вниманием, а из того, что осталось, ум быстро и незаметно для нас конструирует какую-то картину увиденного, наслаивая на это домыслы и суждения. В буддийской культуре это называется «концептуальные наслоения». По крайней мере, этот термин я услышал в рассказе Лобсанг Тенпа* [7].

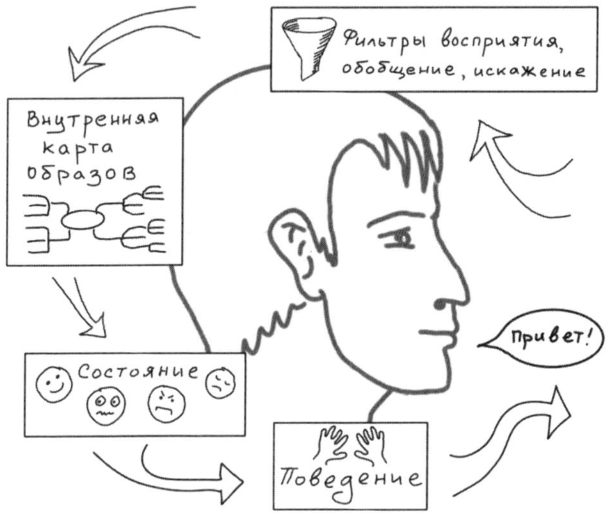

Рис. 15. Взаимодействие с окружающим миром

Такая же механика восприятия описана, скажем, в нейролингвистическом программировании. Процесс восприятия там называют моделированием, то есть созданием собственной модели реальности.

* Лобсанг Тенпа — буддийский монах. Родился в Новосибирске, учился в МГИМО, а позже — в тибетском монастыре. Вернулся в Москву, стал сооснователем Фонда контемплативных исследований (contemplative.ru). Очень позитивный молодой человек. Монах с макбуком.

Еще ее иногда называют картой и добавляют: «Карта местности — это не сама местность»*. А модель реальности — это не сама реальность. В НЛП выделяют три фундаментальных механизма моделирования: опущение, искажение и обобщение. Эти три механизма по-разному взаимодействуют с различной сенсорной информацией, которую получает наш ум, и создают в итоге именно модель реальности. Иными словами, картинку, в которой одни аспекты опускаются и искажаются, а другие, наоборот, обобщаются и выносятся на передний план. Вроде как наш ум строит модель реальности для того, чтобы мы лучше выполняли свои основные задачи. По умолчанию этими задачами являются выживание, а затем, кому повезет, размножение.

Бо Лотто, современный нейробиолог, в «Преломлении» [8] пишет, что для выживания (ведь именно под решение этой задачи наш мозг развивался и оптимизировался очень долго) точное видение реальности не просто излишне, но может даже мешать. Основная задача мозга — снизить вероятность ошибки из-за неправильной оценки угрозы. При этом надо учесть, что в окружающем мире:

— Очень много информации: шумы, предметы, запахи... В каждый момент времени мы выхватываем лишь малую часть из всего этого моря сведений.

* Согласно «Википедии», это выражение принадлежит Альфреду Коржибски.

— Эта информация постоянно меняется. Объекты движутся, направление ветра (вместе с запахами) меняется, шумы то усиливаются, то пропадают.
— Нередко информация неоднозначна. Это палка или змея? Этот объект далеко или просто маленький? Это я двигаюсь или оно движется? Это действительно такого цвета или все дело в освещении?
— Сама информация не говорит, что с ней надо делать.

Один из важных навыков, который может быть нам полезен, — это умение сомневаться в том, что подсказывают нам наши органы чувств, и сверять свои ощущения с приборами.

Например, верхом на оповещении ко мне влетает новая небольшая задача, и я тут же начинаю ощущать ее как важную и даже немного срочную. Но ощущения далеко не всегда соответствуют действительности. Стоит мне поймать импульс, толкающий меня в сторону немедленного выполнения этой задачи, и просто взглянуть в свой список, и с определенной вероятностью я увижу более важные задачи, которыми имело бы смысл заняться прямо сейчас, отложив эту, только что прилетевшую. Это эффект бонуса к ощущению важности из раздела 7.5 «Джедайских техник».

Здесь будет уместна аналогия с пилотом. Люди не приспособлены к свободному перемещению в трех измерениях, и оттого наши органы чувств плохо ориентируются во время полета. Часто встречаются такие явления, как наклонная облачность. Если не глядеть на приборы, может сложиться впечатление, что самолет находится в режиме горизонтального полета (летит «вдоль облаков»), а на самом деле он с хорошим углом тангажа устремился в землю. Мало того, в плотной облачности мы не можем почувствовать крен самолета во время поворота, да и вообще при определенных условиях не сумеем ощутить, что самолет уже летит вверх ногами (если аккуратно выбрать скорость в верхней точке мертвой петли). Даже полет в ясную погоду может стать опасным. Существует эффект «звездного мешка»: во время полета над морем в ясную погоду звезды отражаются от поверхности воды, и без помощи приборов вообще непонятно, где верх, а где низ*. Еще одна аналогия — понятие «синьки» у водолазов, когда ты достаточно глубоко, чтобы вода во всех направлениях была примерно одинаковой синевы. И тоже непонятно, где верх, где низ. А с поправкой на плотность воды и принцип водолазного костюма даже гравитация не помощник.

Основная мысль этого раздела: многие (если не все) свойства, которые мы привыкли приписывать вещам, на самом деле всего лишь игра нашего восприятия. В свое время я объяснял эту мысль

---

* Воспоминания боевого летчика об этом эффекте см. [9].

девятилетнему сыну при помощи сказки «Снежная королева». Вы же помните, что там произошло? Жили-были Кай и Герда. Дружили, помогали друг другу и всё в таком духе. Но в этой сказке был еще один персонаж — Снежная королева. Однажды она разбила свое зеркало, и осколки этого зеркала разлетелись по всему миру, они попадали в людей, и у тех искажалось восприятие мира. Один из осколков угодил Каю в глаз, после чего Кай стал видеть мир другим: люди казались уродливыми, цветы — некрасивыми. Кай и сам стал противным, так как одно дело — общаться с хорошими людьми, а другое — с уродливыми.

Внимание, вопрос: стали ли вещи сами по себе хуже? Нет. Это Кай стал видеть их плохими. Примерно так же обстоит дело и с другими органами чувств. У каждого из нас в глазах (ушах, носу и т. п.) масса разного рода «осколков», которые искажают видение окружающего мира: какие-то задачи кажутся срочными (хотя ими не являются), какие-то вещи кажутся очень нужными (и мы забываем о них уже через пару дней после приобретения), какие-то цели кажутся важными (почему — никому не ведомо). Важность, нужность, срочность, красота, комфорт, удобство — как правило, все эти параметры характеризуют не саму вещь, а наше восприятие этой вещи.

Чтобы модель Тима Урбана учитывала все эти эффекты, ее стоит немного (хотя нет, основательно) доработать.

Рис. 16. Тараканодинамика

Начнем с того, что в голове существуют такие персонажи, как тараканы. Тараканами мы будем называть устойчивые привычки мышления. Рефлексы мышления, так сказать.

Только тараканы имеют доступ к нашим органам чувств. Они выполняют функцию избирательного внимания: какие-то сигналы из окружающего мира замечают, а какие-то пропускают мимо. Плюс ко всему информацию, которую они решили передать дальше, они могут по дороге исказить, обобщить или снабдить дополнительными ярлыками и смыслами.

Наверняка эта картинка захватит ваше внимание даже при чтении по диагонали. Ну а уж кто и что здесь увидит...

Рис. 17. Цвет и форма

Получив разведданные из органов чувств, тараканы тащат их к себе в штаб. Там решается, что есть что из воспринятого, и на основании этого румпель когнитивной легкости переключается в нужное положение, определяющее, какая картинка пойдет обезьянке для принятия решения.

Когнитивная легкость — это состояние, описанное Канеманом в его книге «Думай медленно, решай быстро» [4], в котором все кажется понятным и знакомым. На основании уровня когнитивной легкости обезьянка определяет, по какому пути направить свое решение. Если все кажется (именно кажется, а не является) легким и понятным, то со словами «Что тут думать? Все и так понятно!» решение сразу отдается на исполнение. Если же уровень когнитивной легкости снижен (ситуация кажется нам непонятной), то здесь становится важным значение уровня опасности.

Если мы тревожимся (а такое состояние может возникать не только при виде чего-то опасного, но и просто от усталости), решение обезьяны также сразу принимается к исполнению, но уже со словами «Некогда думать!»

Чтобы ощутить состояние когнитивной легкости, попробуйте расслабиться и подумать:

— Какого цвета чистый лист бумаги, лежащий в лотке принтера?..

— Какого цвета только что выпавший снег?..

— Какого цвета кучевые облака в ясный день на фоне синего неба?..

— Что пьют коровы?

Молоко?..*

А на самом деле?..

Если вы купились на этот трюк, это и было состояние когнитивной легкости — тараканы поняли, что задача простая, с размышлением можно не заморачиваться, просто говори первое, что приходит на ум, даже вопрос до конца дослушивать не обязательно: «Корова, белое, пить… Ну молоко же! Нет никакой необходимости беспокоить рационального по этому вопросу». В экспериментальной психологии есть весьма увлекательный эксперимент, демонстрирующий, что состояние

* Технически-то этот ответ верен. В интернете встретил вариацию ответа: «Все зависит от того, какие именно коровы. Если те, которые еще совсем-совсем молодые, то молоко. Если уже взрослые, то воду, а вот соседки мои этажом ниже (те еще коровы) — те пивас глушат».

когнитивной легкости выключает наши способности рационально мыслить [10]. Эксперимент выглядел так. Исследователи взяли две группы испытуемых и дали каждой из них одинаковые задачи вроде тех, что описывались в книге Канемана для иллюстрации схемы быстрого и медленного мышлений [4].

1. Бейсбольный мяч и бита вместе стоят 1 доллар 10 центов, бейсбольная бита дороже мяча на 1 доллар, сколько стоит мяч?
2. Если 5 машин за 5 минут производят 5 штуковин, то сколько минут потребуется 100 машинам, чтобы произвести 100 штуковин?
3. Поверхность озера зарастает кувшинками, каждый день число кувшинок удваивается. Полностью озеро зарастет за 48 дней. За сколько дней зарастет половина озера?

У этих задач есть одно общее свойство — у них есть интуитивный ответ, который первым приходит в голову (10 центов, 100 минут, 24 дня). Но этот ответ неправильный. Для правильного ответа надо остановиться и подумать*. Так вот, в состоянии когнитивной легкости остановиться и подумать крайне тяжело. Поэтому исследователи для одной из групп напечатали условия задач на хорошей бумаге и так, чтобы текст хорошо читался, а другой группе условия тех же самых задач были

---

* Я надеюсь, что при желании вы с этим справитесь ;)

напечатаны мелким кривым шрифтом, что, по замыслу экспериментаторов, должно было разломать состояние когнитивной легкости. В результате в той группе, где условия задач был напечатаны в хорошо читаемой форме, 90% участников ошиблись хотя бы в одной задаче, а там, где условия были напечатаны мелким кривым шрифтом, таких участников было всего 35%.

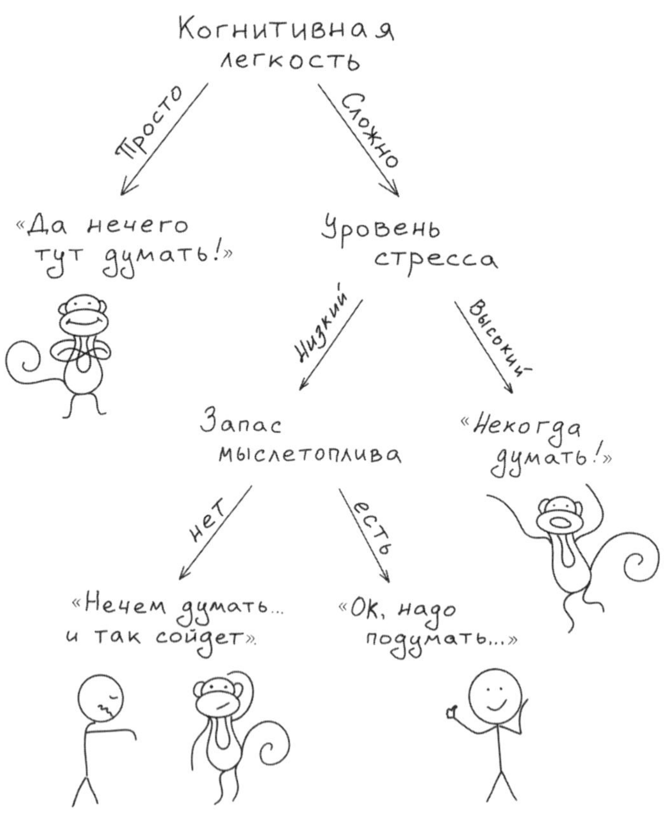

Рис. 18. Когда мы думаем?

Плохо читается → нет когнитивной легкости → зовем рационального типа, чтобы он разобрался → ниже процент ошибок.

Хм... Раз так, то, может, именно по этой причине все самое важное в кредитных договорах пишут мелким шрифтом? Чтобы отключить эту самую когнитивную легкость и сделать так, чтобы ваша подпись была поставлена осознанно? Что вы об этом думаете?...

Если румпель когнитивной легкости находится в области умеренных значений и при этом уровень стресса невысок, то обезьяна отправляет свое решение на рецензию рациональному типу.

Если у него есть силы (мыслетопливо), он может обдумать решение и при необходимости заменить на более подходящее, а если мыслетоплива нет, то со словами «Нечем думать, и так сойдет» пустит на исполнение.

Однако если уровень стресса превышает определенный порог, то уже вне зависимости от положения румпеля когнитивной легкости обезьяна посылает свое решение на исполнение с воплями: «Аврал! Пожар! Горим-горим! Думать некогда, и так сойдет! Сейчас сделаем, а там разберемся...»

Понимаете? Чтобы включилась наша рациональная часть, мы должны столкнуться с достаточно сложной задачей и, что важно, в спокойной обстановке, в противном случае обезьянка возьмет управление на себя, и фактически мы будем не очень-то способны думать.

> Зрение и слух — внешние разбойники. Желания и замыслы — разбойники внутренние. Нужно, чтобы Хозяин, не позволив себя усыпить, покойно восседал в главном зале дома. Тогда разбойники превратятся в слуг.
>
> Хун Инмин

3.3. Эмоции жрут мыслетопливо

«Джедайские техники» описывали методы экономии мыслетоплива, преимущественно — конкретные и применимые хоть на следующий день. Основная стратегия — убрать существующую утечку мыслетоплива. Однако чуть ли не самые большие утечки мыслетоплива происходят из-за негативных эмоций, а им в первой книге не было уделено никакого внимания. Вероятно, что верно и обратное — позитивные эмоции могут стать источником дополнительного мыслетоплива, однако с этим нужно быть осторожным: позитивные эмоции (вроде как) позволяют вам уходить «в минус», то есть на радостях можно так сильно уработаться, что потом придется слишком долго восстанавливаться. Как будто вы берете мыслетопливо в кредит — потом все равно отдавать, и не исключено, что с процентами*.

* Где-то в интернете была похабная метафора для кредита: взять кредит — это как обоссаться на морозе — сначала тепло...

Если принять во внимание тему предыдущего раздела, эмоция — это наш ответ на то, каким мы увидели мир. А мы, повторюсь, не воспринимаем его таким, каким он является, и я могу увидеть его разным.

Рис. 19. Страх, уныние и гнев

Пример: я еду на работу на автомобиле, в какой-то момент передо мной резко перестраивается тонированная машина и уносится вдаль, шныряя по рядам.

Как я могу это увидеть и какие эмоции это породит?

1. Злость: понапокупают прав, куда только смотрит полиция, что за бандиты, чтоб вас всех!
2. Ущемленная гордость: да как он посмел! Передо *мной, моей* машиной и на *моей* дороге!
3. Сочувствие: человек опаздывает куда-то. Надеюсь, у него не случилось ничего серьезного и жизнь его родных и близких вне опасности.

4. Снисхождение: эх-х-х… молодо-зелено… Я когда-то таким же был, ничего, катайтесь, вот повзрослеете, женитесь… Эх-х-х…
5. Безразличие: …

Я ни в коем случае не хочу сказать, что надо видеть мир таким-то, а не сяким-то. Нет. От нас в текущий момент вообще мало что зависит. Буддисты говорят: то, как я увижу конкретную вещь или событие, определяется тем, что я делал, думал и говорил до этого момента. Задолго до! Если провести аналогию с боксерами, можно сказать, что в большей степени на исход поединка влияет то, что боксеры делали *до* того, как перешагнули через канаты. Задолго до. Фактически это и есть моя карма в том виде, в котором я ее создал за долгие годы жизни (этой и всех предыдущих). Если я часто сознательно злил других людей, картина будет совсем иной, чем если бы я долгое время сознательно развивал в себе сострадание и эмпатию. Или пофигизм.

При этом, если событие случилось, эмоция (исходя из моей кармы) родилась быстрее, чем я смог оценить это событие на рациональном уровне сознания. Если вам не нравится появившаяся эмоция, не гоните ее. Используйте сложившуюся ситуацию для тренировки ума с помощью следующего упражнения: придумайте как минимум пару причин, по которым человек мог так поступить, но при этом им двигали благие (или хотя бы нейтральные) намерения.

Если не получается, представьте, что на месте этого человека были вы. По каким причинам вы могли бы поступить так же? Как правило, к себе мы более снисходительны, и, помимо вариантов «придурок», «самоуверенный лихач» и «уткнулся в смартфон и не смотрит на дорогу», в голову могут прийти варианты «торопится и опаздывает на важное событие», «не заметил по неосторожности», «не думал, что причиняет кому-то дискомфорт». Или «уткнулся в смартфон и не смотрит на дорогу».

Для систематической работы с эмоциональными утечками мыслетоплива существует когнитивно-поведенческая терапия (КПТ) — одно из современных направлений психотерапии, которое оказалось довольно строгим, системным и способным решать широкий спектр проблем. От собственно переживания неприятных эмоций до прокрастинации и даже бессонницы. Да-да, современные медицинские протоколы теперь в первую очередь при бессоннице предписывают именно когнитивно-поведенческую терапию, а не медикаментозные препараты. У большинства моих читателей наблюдаются проблемы со сном, поэтому в форме искренней рекомендации я оставлю здесь ссылку на книгу Романа Бузунова [11]*.

---

* Я сам сталкивался с проблемой бессонницы (да-да, было такое), и мне помогла Екатерина Чернышова — специалист из команды Романа Бузунова. В общем, если вы тоже долго засыпаете или не высыпаетесь — присмотритесь к этим ребятам.

Рис. 20. Уставший хороший человек

В основе КПТ лежит следующая идея: никакое событие или явление само по себе не вызывает у нас никакого эмоционального отклика. Однако событие или явление запускает в голове автоматическую мысль, которая определяется нашими убеждениями. Убеждения бывают адаптивными (которые нам помогают) и дезадаптивными (которые нам мешают). В КПТ существует около десятка шаблонных дезадаптивных установок. Например, следующие.

1. «Авдруги» («а вдруг произойдет X?», «а вдруг они подумают Y»).
2. Негативный прогноз («У меня ничего не получится, не стоит даже начинать»).
3. Обесценивание («То, что я раньше делал, — полный отстой»).
4. Долженствование («Настоящий X должен...», «Это надо делать только так!»).

5. Дихотомическое мышление («Ты либо старался, либо рукожопил», «Не можешь сделать нормально — даже не берись»).
6. Катастрофизация («Если у меня это не получится, то мне будет п...дец!»).
7. Сверхобобщение («Я — конченый неудачник», «Все мужики — козлы (а девушки принцессы)»).
8. Чтение мыслей («Он думает, что мы дураки»).
9. Ярлыки («Если блондинка, значит, тупая», «раз в очках, значит, бóтан»).
10. Персонализация («Я во всем виноват»).

И что замечательно, под каждый тип дезадаптивной установки разработана схема коррекции, исправно отрабатывающая в большинстве случаев. Поэтому если вас часто бесят коллеги, у вас бессонница, жизнь г*вно, а вы — ленивая ж*па и это вас сильно напрягает, то, возможно, имеет смысл попробовать проработать эти моменты с психотерапевтом, работающим по методикам КПТ*. В рамках работы с психотерапевтом вы сможете увидеть свои автоматические мысли и те установки, которые их вызывают. Дальше вы откорректируете мешающие установки, и жизнь наладится.

Например, в случае моей бессонницы у меня был шаблон катастрофизации: «Если ты не выспишься,

---

* Не рекламы ради, а в рамках искренней рекомендации. Если не знаете, с чего начать искать психотерапевта, то попробуйте заглянуть на сайты-агрегаторы психотерапевтов. Например: https://links.mnogosdelal.ru/b17.

то это п...дец! Ты же сам пишешь, как важно спать и не высыпаешься, лицемер фигов!» Из-за этой установки любое отклонение в засыпании тут же порождало ворох автоматических мыслей, которые не очень способствовали крепкому здоровому сну (мягко скажем). Но стоило перезаписать свое отношение к бессоннице («Ну если сегодня плохо засну — не страшно, что я, никогда невыспавшийся не работал, что ли?»), как тут же проблемы с бессонницей закончились.

Кстати, этот мой пример можно использовать для иллюстрации следующей важной мысли: не бывает установок, которые были бы одинаково хорошими или плохими для всех людей. Бывают те установки, которые помогают (или хотя бы не мешают) конкретно вам в вашей конкретной ситуации, а бывают те, которые мешают. Например, установка «Ну если сегодня плохо засну — не страшно, что я, никогда невыспашийся не работал, что ли?» мне помогла, а какому-нибудь трудоголику, кто с этой мыслью станет до поздней ночи сидеть за компьютером (или того хуже, за сериальчиком, типа отдыхая) ровно эта же установка будет продолжать дальше портить жизнь. Вот так-то...

То, что эмоции — причина мощнейшей утечки мыслетоплива, вовсе не означает, что, пока мы не разберемся с этим, нет смысла идти дальше. Например, одно из исследований показало, что у тех, кто уделял достаточное внимание планированию, уровень злости не ухудшал способность к достижению простых целей. В то время как в группе тех, кто планированием пренебрегал, наблюдалась сильная отрицательная связь между злостью и достижением цели [12]. Так что, если вы излишне эмоциональны, важность роли качественного списка задач и проектов для вас повышается. Хотя, если вы чувствуете, что избыточная эмоциональная реакция на происходящие в вашей жизни события не дает вам сосредоточиться на работе и применять в своей жизни идеи этой книги, — сходите к психотерапевту...

3.4. Модель двойных убеждений

Одна из самых больших сложностей в изменении поведения заключается в том, что существующие убеждения у человека не меняются так же просто, как файлы на диске компьютера. С точки зрения современной психологии после попытки заменить текущие убеждения новыми у человека одновременно могут существовать оба убеждения — и старое, и новое, — и каждое из них работает в том или ином случае.

Этот эффект был обнаружен и экспериментально продемонстрирован Тимоти Уилсоном и его командой из Университета Вирджинии [13]*.

---

* На эту работу изначально обратила внимание Наташа Свешникова (автор большинства иллюстраций в этой книге).

Рис. 21. Схема эксперимента

Двум группам испытуемых предъявляли две фотографии незнакомых им людей. О первом человеке говорили, что он маньяк-насильник, а о втором — что он уважаемый следователь из хорошей семьи.

Но с испытуемыми второй группы как будто бы вышла ошибка, экспериментатор извинялся и говорил, что он перепутал фотографии людей. На самом деле первый человек — уважаемый следователь, а вот второй — маньяк-насильник.

Далее испытуемым из обеих групп предлагалось ответить на несколько вопросов, выявляющих отношение к людям на фотографиях. Вопросы задавались в двух режимах: медленном (30 секунд на ответ) и быстром (3 секунды на ответ).

Рис. 22. «Быстрые» и «медленные» отношения

Беда в том, что в быстрых ответах испытуемые из второй группы показывали положительное отношение к человеку, которого им сначала представили как следователя, а потом, извинившись, сказали, что он все-таки маньяк-насильник. Получалось, что первое впечатление оставалось в уме человека, и полученная позже информация не заменила его, а стала вторым (пусть и противоречащим первому) убеждением, живущим по соседству.

После того как мы в команде разобрали эту статью, нас уже не так удивляло, что один человек может радикально по-разному вести себя в различных ситуациях. Как минимум, если нас торопят, мы демонстрируем не то отношение и взгляды, которые характерны для нас в спокойном состоянии (сколько раз во время телефонного разговора или встречи вы соглашались на то, о чем потом жалели?). А если учесть, что в реальной жизни суеты вокруг нас довольно много, то, даже если мы всем сердцем примем информацию о новом, более выгодном поведении, это еще не будет означать, что наше поведение изменится.

Это может выражаться, например, в следующем. Начинает человек учиться (на тренинге или самостоятельно с книгой). В ходе обучения он признаёт необходимость ведения списка задач и понимает, что не стоит импульсивно реагировать на входящие сообщения, особенно в том случае, когда в списке задач содержатся важные пункты. Он может даже успешно выполнить упражнения на тренинге. Но, оказавшись на рабочем месте, все равно первым делом полезет проверять чаты и почту, потому что «вдруг там что-то срочное», а в список задач с сожалением посмотрит лишь вечером.

Тут нужно не просто убеждение на концептуальном уровне, нужно изменение рефлексов мышления. Да-да, рефлексов мышления... Подобно тому, как у нашего тела есть те или иные рефлексы — автоматические реакции на один и тот же стимул, наш ум тоже приучается автоматом реагировать на определенные события, без участия осознанной, аналитической части мышления.

Но и это еще не вся сложность. Изменить существующее убеждение очень тяжело, в то время как сформироваться оно может очень быстро. Возможно, на похожем механизме основан эффект установки [15], когда первая (пусть не самая хорошая) идея, появившаяся у вас в голове, одним своим наличием блокирует появление более качественных. Наверняка многие из вас сталкивались с подобным эффектом, когда решали олимпиадные задачи по физике или геометрии: ты хватаешься за первое интуитивное решение, оно приводит тебя в никуда, и, вместо того чтобы отбросить этот подход и схватиться за следующий, ты сидишь и удивляешься. Есть довольно пошлый анекдот, в котором описан эффект установки*. Если же говорить простыми словами, но оставаясь в рамках приличия, то эффект установки можно было бы

* Если интересно, что это за анекдот, то вот ссылка на него: http://links.mnogosdelal.ru/SetEffectJoke.

сформулировать так: выдуманное назад не вдумаешь.

Возможно, такое устройство наших убеждений (когда новое убеждение не замещает старое, а наслаивается на него) вкупе с эффектом установки стало одной из причин, по которой в коренные обеты бодхисатвы* наряду с воздержанием от убийств и разрушения городов (да-да, видимо, раньше, когда не было смартфонов, люди были сильнее) также включили обещание воздерживаться от обучения пустотности тех, чей ум к этому не готов. Такой ученик с ненулевой вероятностью поймет твою мысль превратно, а выкорчевать превратное понимание будет очень тяжело, если вообще возможно. Это, к слову, одна из причин, по которой, как вы увидите ниже, я ввел понятие уровней джедайства, — чтобы раньше времени не пугать людей практиками, которые пока (в силу их текущего состояния) им все равно не нужны. Даже не пугать, а не создавать неверное их понимание, которое само по себе может помешать увидеть все в правильном свете.

С учетом этого момента вовсе не удивительным кажется тот факт, что многие психотерапевты ищут корни текущих проблем взрослого человека в его детстве. Мышление ребенка менее критическое, в результате чего мы без сопротивления

* В буддийской традиции бодхисатва — это человек, поставивший интересы других превыше собственных и вставший на путь просветления.

впитываем новые убеждения и подходим ко взрослой жизни с приличным набором установок, занявших вакантные места в нашем сознании (а кто первый встал — того и тапки). Возможно, поэтому мы начинаем пользоваться устоявшимися фразами, не понимая их глубинного смысла.

— Если ты чего-то не успел — тебе не хватило времени.
— Если ты сидишь на рабочем месте и устал, сиди и упыривайся в монитор дальше, ведь встать и пройтись по офису — это неприлично.
— Если ты все сделал за два часа — все равно сиди и упыривайся в монитор, ведь рабочее время не закончилось.
— Если личная жизнь идет под откос, надо просто правильно определить приоритеты (хотя что такое приоритеты и как их определяют — никто не знает).
— Быстро отвечать — это правильно: когда коллеги не получают ответа мгновенно — они простаивают, а это плохо.
— Сначала надо сделать всю-всю-всю работу и только потом можно будет заняться личной жизнью...

Когда мы работаем над собой, очень часто нам нужно не узнавать что-то новенькое, а аккуратно выковыривать вот это старенькое.

4. Мир без готовых ответов

Эта глава посвящена тем, кто верит в существование универсальных рецептов и секретных секретов успешного успеха, любит читать статьи в интернете с заголовками «Ученые доказали, что...» или слушать на конференциях доклады-рецепты «как сделать/достичь/получить что-то очень полезное».

Нередко правильное название доклада «Как сделать что-то эдакое» должно звучать примерно так: «Немного приукрашенный рассказ о том, как мы сделали (один раз) что-то эдакое (возможно, случайно) и что мы думаем об этом и о том, как вам надо жить».

> В Крайнестане все обстоит иначе. <...> Не существует ни типичных провалов, ни типичного успеха.
>
> Нассим Талеб.
> О секретах устойчивости

Работая над этой книгой, я рассылал ее фрагменты некоторым людям, чтобы получить обратную связь. Об этом разделе несколько людей высказались примерно одинаковым образом: «Мы теперь это знаем, но как это нам поможет?» Сразу хочу сказать — никак. Смысл этого раздела не в том, чтобы вам как-то помочь (знание вообще редко помогает само по себе), а в том, чтобы вы не навредили себе иллюзией понимания.

> Нас ведет к беде не то, что мы чего-то не знаем... К беде ведет знание, которое мы считаем ис-

тинным, но которое на самом деле таковым не является*.

Марк Твен

Сейчас многие советы и рекомендации снабжаются, как заклинанием, фразой: «Ученые доказали, что...» Эти слова повышают уровень когнитивной легкости и позволяют с большей вероятностью впихнуть в наши головы очередную фигню.

4.1. Вероятностная природа мира

К моему величайшему стыду, я заметил этот недостаток, когда записывал аудиоверсию «Джедайских техник»: очень важная (и сейчас мне кажется, что основополагающая) мысль заняла робкое место в приложении, а не где-то ближе к обложке.

В нашем мире не всё везде и всегда, а кое-что иногда и местами.

Большинству читателей (особенно если они не сочли нужным вчитываться в приложения) могло показаться, будто я знаю универсальный рецепт, который подойдет каждому. Это не так. Мы все очень разные, соответственно, рецепты продуктивности также не обязаны быть одинаковыми. Но так как

* В оригинале: It ain't what you don't know that gets you into trouble. It's what you know for sure that just ain't so.

наш мир еще и крайне сложен, то найти этот уникальный рецепт вдвойне непросто.

Мало того, мы очень часто переоцениваем теории и методы научного познания, полагаясь на силу логических рассуждений. Увы, реальный мир обычно оказывается куда разнообразнее и богаче на последствия, чем результаты самых глубоких теоретических рассуждений (сила которых, как правило, переоценена).

Рис. 23. О запутанности причин и следствий

Помните, что Оби Ван говорил Энакину Скайуокеру перед их финальной схваткой? Только ситхи все возводят в абсолют. В нашем мире не все черное или белое — есть масса промежуточных оттенков. Об этом же самом говорит и вероятностная природа мира: крайне редко что-то либо есть всегда, либо его нет никогда. Подавляющая часть явлений проявляет себя редко, иногда, часто, очень часто, почти всегда... И они могут делать это едва заметно, сильно, очень сильно... Познавать и описывать мир в такой форме — куда более сложная задача, чем просто в категориях «есть/нет», зато описание получается ближе к реальности.

Рис. 24. Ну хоть что-то здесь должно быть про джедаев...

Однако наверняка вы замечали огромное количество людей, которым крайне тяжело избегать абсолютов. Именно тяжело. Они не злые и не ограниченные, просто

не каждому уму хватает силы, чтобы видеть мир во всем его многообразии.

Это можно сравнить с компьютерной игрой. Если у вас слабый процессор, хилая видеокарта и мало памяти, то вы можете позволить себе лишь очень упрощенный режим игры, где все будет квадратное, без текстур и прочих деталей. Если же у вас достаточно мощный компьютер, он поможет вам увидеть даже то, как играет на земле тень от листочка на дереве.

Рис. 25. Жду, пока ты отрендеришься

Отсюда следует вывод. Когда человек, для которого мир лишь черно-белый, слышит от вас совет различать и промежуточные тона, он получает пользы не больше, чем начинающий боксер от рекомендации не закрывать глаза, когда в него летит удар. Мне кажется, что здесь основной упор нужно делать на прокачку ума. Как только ум успокоится (высвободив часть «вычислительных» мощностей) и станет достаточно сильным (за счет тренировок), тогда появится возможность увидеть дополнительные детали и оттенки в окружающем мире.

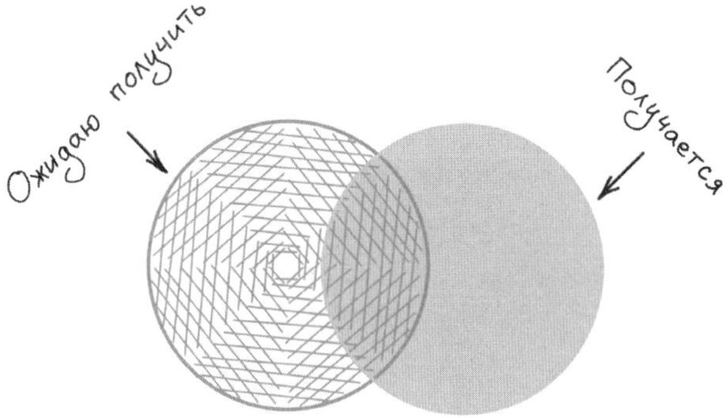

Рис. 26. Мы получаем многое, чего не ожидали

Ситуация, когда заранее не до конца понятно, каким окажется результат того или иного действия, для многих дискомфортна. Люди привыкли ждать от неопределенности только плохого, потому что, как правило, именно плохое от нее и получают. Но здесь важно заметить, что неопределенность сама по себе нейтральна. В среднем она ни хороша, ни плоха. Точнее, не так... Она *и* хорошая, *и* плохая, так как непредвиденные результаты могут оказаться либо потенциальными мерзкими неприятностями, либо благоприятными возможностями. Однако, если мы не вполне понимаем вероятностную природу мира, мы не способны заметить те результаты своих действий, которых не ожидали увидеть. Стоит заметить, что реальные результаты крайне редко совпадают с ожидаемыми. Если нам повезет, эти множества пересекаются, но остается область результатов, которые мы получили, но о которых до этого не думали. То, что находится в этой области, и есть та самая неопределенность, которая в среднем нейтральна.

Рис. 27. Асимметрия мира

А страдаем мы от этой неопределенности по одной очень простой причине: чтобы воспользоваться благоприятной возможностью, я обязан ее увидеть, в то время как для того, чтобы пострадать от мерзкой неприятности, ее видеть как раз необязательно. Так и получается, что из-за того, что мы слишком доверяем своим ожиданиям и не вглядываемся в неожиданные последствия своих действий, мы упускаем благоприятные возможности, но при этом собираем все мерзкие неприятности.

Еще раз: в среднем неопределенность нейтральна, но из-за того, что мы не замечаем то, что она нам подкидывает (и чрезмерно доверяемся планам), мы упускаем благоприятные возможности, но собираем все мерзкие неприятности. Из-за этого мы начинаем бояться неопределенности и строить более детальные планы, чтобы им можно было довериться. Однако определенная доза внимания к неожиданному могла бы помочь, с одной стороны, подстраховаться от потенциальных мерзких неприятностей (до того как они подпалили наш результат), а с другой стороны — воспользоваться благоприятными возможностями.

Рис. 28. Благоприятная возможность
и мерзкая неприятность реагируют по-разному

4.2. О том, насколько в реальности полезны научные исследования

Сейчас в интернете есть множество статей со словами «ученые доказали, что». К сожалению, ученые редко что-либо доказывают. Особенно в социологии, психологии и прочих областях, где объектом исследования являются люди в различных сочетаниях, количествах и проявлениях. Если вы посмотрите на то, что пишут ученые в своих статьях (благодаря scholar.google.com у нас есть доступ к огромному массиву научных исследований из различных областей без необходимости визита в научную библиотеку), вы никогда не увидите что-то вроде: «Мы провели эксперимент и доказали, что кофе полезен» или «Мы долго работали и поняли, что спать нужно восемь часов». Если бы ученые исследовали влияние кофеина на организм человека, то, скорее всего, их вывод звучал бы примерно так: «Мы исследовали столько-то человек, давали им столько-то раз такое-то количество кофе, через столько-то времени мы измеряли такой-то параметр и по сравнению с контрольной группой заметили такое-то изменение этого параметра с таким-то значением доверительного интервала».

Или вот так: «Мы исследовали связь количества потребленного кофеина с ощущением бодрости после обеда, измеряя потребленный кофеин в литрах, а бодрость — при помощи опросов по шкале имени какого-то великого ученого, и увидели связь между этими параметрами — коэффициент корреляции Спирмена ноль целых сколько-то десятых при уровне значимости одна десятитысячная». И тут даже специалист не поймет, что это означает для отдельно взятого человека в обычной жизни. Ученые этим что-то доказали или все еще сомневаются? А если какая-то связь есть, что является причиной, а что следствием? Мало того, потом в этой же статье обязательно напишут: «Мы исследовали бодрость после обеда, но не уверены, что она влияет на бодрость перед ужином. В эксперименте мы использовали молотый кофе и не уверены в том, что аналогичные результаты могут быть получены на растворимом, — это направление нашей дальнейшей работы. А вообще мы благодарим кофейню за углом за поддержку наших исследований и еще сообщаем, что никакого конфликта интересов у нас нет».

Подавляющая часть научных работ в экспериментальной психологии и социологии — это исследование связей или корреляций. И очень часто не отягощенные интеллектом контент-мейкеры*, прочитав только аннотацию статьи (а часто лишь название), подменяют корреляцию причинно-следственной связью и бегут писать очередную статью с громким заголовком**. Очень хорошую иллюстрацию тонкостей выводов на основе данных корреляционного анализа я нашел в учебнике по матстатистике для психологов Андрея Наследова [24]: исследователь решил сопоставить размер стопы ребенка со скоростью решения арифметических задач и, к своему удивлению, обнаружил очень сильную статистически

* Люди, которые пишут статьи в интернете.

** Чтобы было куда натыкать рекламных баннеров, так как люди почему-то не готовы просматривать страницы, где находятся только рекламные баннеры, но с удовольствием просматривают страницы, где эти баннеры перемешаны с откровенной фигней.

значимую корреляцию. И пойди пойми, то ли при росте стопы улучшаются способности к математике, то ли наоборот — при накоплении знаний в области математики растет стопа. А может, это просто с возрастом у детей растут и стопы, и математические навыки [101].

То, что корреляция не говорит о наличии причинно-следственной связи, авторы научных статей знают (это могут забывать те, кто по мотивам аннотации пишут затем статью в популярный блог), но есть еще один момент, который не дает нам прямо воспользоваться результатами исследований, — эргодичность. Точнее, ее отсутствие. Этим словом называют свойство системы, при котором я могу использовать знание, полученное при наблюдении большого количества объектов в один момент времени, для определения результатов большого количества наблюдений, но уже одного объекта. Например, я могу подбросить 100 монеток один раз и результат будет таким же, как если бы я подбросил 100 раз одну монетку. А вот любимый пример Талеба — игра в русскую рулетку — свойством эргодичности не отличается. Если 1000 человек сыграют один раунд в русскую рулетку, то в среднем 870 из них выживут, но если один человек сыграет в эту игру 1000 раз…

Примерно то же происходит и с научными изысканиями. Ученые часто исследуют большие выборки людей непродолжительное время, но полученные таким образом результаты далеко не всегда можно транслировать на себя самого (один человек и продолжительное время). Другими словами, если я напою 100 человек кофе и измерю прирост их продуктивности, я получу, скорее всего, не такой результат, как если бы я сам пил кофе 100 дней и усреднял свой прирост производительности. Именно поэтому научные работы могут быть полезными для учителя (имеющего дело со множеством людей), но они не настолько полезны для ученика (желающего изучить и улучшить одного себя).

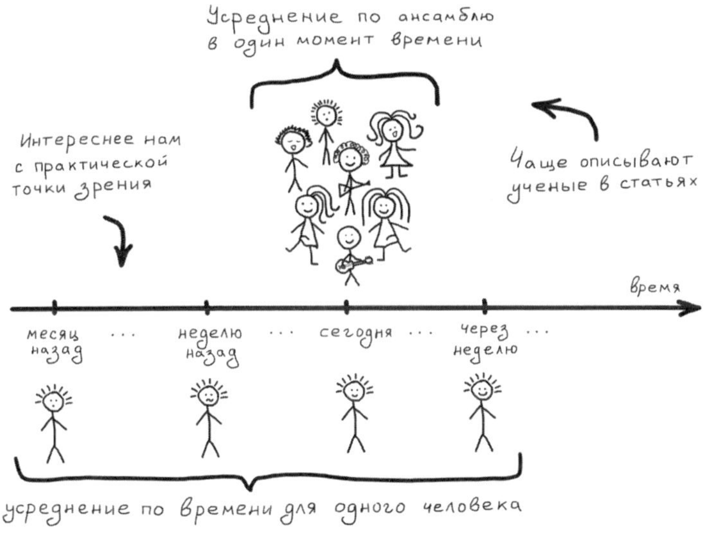

Рис. 29. Эргодичность

Из-за отсутствия эргодичности и из-за того, что мы очень сильно отличаемся друг от друга, бывает опасно обобщать свой успешный опыт многих месяцев жизни или опыт каких-то известных личностей на других людей (подробнее об этом еще будет в разделе 4.7). У Андрея Ломачинского есть довольно чернушная история, очень хорошо иллюстрирующая последствия неаккуратного переноса своего опыта на других людей. Называется «Метанол на опохмел» [25]. Но предупреждаю: книга в общем и этот рассказ в частности — не для впечатлительных!

Например, рассмотрим некоторое гипотетическое исследование некой гипотетической методики для повышения личной эффективности. Предположим, что кто-то провел исследования и утверждает, что эта методика дает прирост производительности в среднем на 16%. Тут стоит заметить, что «на данный момент не существует универсально принятого метода измерения производительности работников умственного труда или даже общего понимания его категорий» (это дословная цитата из исследования Нембарда и Рамиреса, где описаны два с лишним десятка различных подходов к измерению умственного труда с анализом ограниченной области применимости каждого из них [34]). Тем не менее на минуту предположим, что авторы этого исследования смогли операционализировать и сделать измеримым это понятие хотя бы в каком-то приближении, пригодном для их собственных целей. Главное не в этом, а в том, что, скорее всего, это среднее было получено путем усреднения по группе испытуемых и, соответственно, ничего не говорит о том, как менялась производительность отдельно взятых людей с течением времени. Еще один момент, который упускается в научно-популярных публикациях, — указание среднего без указания дисперсии (или среднего отклонения, более удачной меры разброса). Мой любимый пример (наверняка редактор вырежет): «У среднего человека одно яйцо и одна сиська». Яркий пример, когда дисперсия результата сравнима со средним значением.

В нашем примере среднее повышение производительности на 16% может быть достигнуто при условии, что в группе из 25 человек один повысил свою производительность в четыре раза, а у остальных не поменялось ровным счетом ничего. Или у пятерых испытуемых производительность повысилась на 240%, а у остальных снизилась на 40%. А может, у четверых эффективность повысилась на 625%, а все остальные вообще умерли, и теперь их производительность равна нулю. Это все так же будет означать повышение «в среднем на 16%».

Результаты исследований (и то не все и не всегда) могут дать намек, куда копать и что попробовать в первую очередь. Но относиться к их итогам как к предсказанию своих результатов не стоит. Чтобы понять, какой результат вы получите в своих условиях, надо взять и попробовать.

Нассим Талеб в «Рискуя собственной шкурой» [26] в главе, посвященной «интеллектуальным идиотам», более жестко высказывается о пользе научной работы: «Психологические исследования воспроизводятся с вероятностью менее 40% (если Талеб имел в виду исследование Джона Боханнона, то 39% [29]), клинические испытания повторяют результаты менее чем в одном случае из трех, экономические модели проигрывают астрологии в точности предсказаний и вообще надежнее следовать знаниям, доставшимся нам от наших бабушек».

В пику научным работам у Нассима Талеба есть еще одна статья [30], где он показывает, что пресловутый уровень статистической значимости (вероятность того, что найденная в эксперименте связь оказалась случайностью) из-за фундаментальных математических причин завышен, как правило, на один-два порядка*. И если во многих работах по экспериментальной психологии уровень статистической значимости 5% считается вполне приемлемым, с учетом поправки Талеба истинная значимость может превышать 50%, что вполне объясняет низкий уровень воспроизводимости экспериментов. К слову, из-за низкой воспроизводимости экспериментов, особенно в психологии, можно поставить под вопрос вообще всю парадигму экспериментальной науки, основанной на уровнях статистической значимости. Для тех, кому интересно, есть очень доходчивая (относительно,

* Осторожно! Тут уже настоящая наука, и без математической подготовки эту статью не осилить.

разумеется) статья из разряда «со звездочкой» о превосходстве Байесовской парадигмы над общепринятыми p-уровнями [31]. Если вы не готовы знакомиться с этой статьей (а при первом прочтении этой книги и не стоит), то я просто сообщу: в научном сообществе пока нет уверенности, что существующий подход к исследованиям защищен от одурачивания случайностью и ложных выводов. Точнее, не так... Ученые уверены, что текущие методы исследования дырявые и могут (при определенных условиях) знатно дурачить нас. Мы часто и очень сильно переоцениваем результаты, которые способна дать современная наука. Как минимум психология, социология и иже с ними.

Таким образом, если ваша первоочередная задача — повышение своей продуктивности и изменение своей жизни к лучшему, то хуже, чем поиск ответов в научных статьях, может быть только поиск ответов в статьях, опубликованных в интернете, со словами «ученые доказали» или «наука считает, что...». С другой стороны, может возникнуть вопрос: почему тогда я привожу такое количество ссылок на научные работы? У меня другая задача: я хочу помочь многим, а не одному человеку. К тому же отсылка к научным работам используется не для того, чтобы доказать справедливость той или иной практики, а для того, чтобы показать, почему идея попробовать ту или иную практику или вакцину не лишена смысла, несмотря на то что гарантий успеха нет.

4.3. О заземлении и структуре научного познания

Мне в свое время очень понравилась метафора Талеба про «контакт с землей». В начале книги «Рискуя собственной шкурой» [26] он приводит миф об Антее и Геракле. Антей — полубог в греческой мифологии, черпавший силы от своей матери Геи — богини земли. Благодаря таким родственным связям на земле он был неуязвим. Геракл же, сражаясь с ним, оторвал его от земли, лишив тем самым источника силы, и задушил. Этот миф Талеб использует в качестве иллюстрации того, почему нам так важно сохранять контакт с землей. Метафора проходит через всю книгу. Контакт с землей, в оригинале — contact with the ground, можно трактовать как «связь с самой сутью [задачи или проблемы]». Это очень важно — не утрачивать связь с «землей», с основами.

Что это означает для нас?

Каждый раз, когда мы знакомимся с тем, что «доказали ученые» из научно-популярной литературы, мы рискуем утратить контакт с землей. Я ни в коем случае не хочу умалять значимость научно-популярной литературы, на мой взгляд, писать подобного рода произведения еще более сложно, чем научные труды, а результат может оказаться куда более значимым для человечества, чем исходный научный труд. Но есть риск оторваться от земли... В каком-то случае это не страшно, а где-то может привести к неоправданно раздутой истерике.

Рис. 30. О заземлении

На картинке ниже схематично представлены несколько степеней отрыва от земли. Существует уровень объективно наблюдаемых явлений и процессов. Нередко он нам недоступен, и мы можем заметить и осознать лишь какую-то его часть (уровень фильтров восприятия). Дальше на то, что мы заметили и осознали, наслаиваются дополнительные смыслы. Какие-то — обоснованно, какие-то — лишь благодаря устоявшимся стереотипам и заблуждениям. Уже на этом уровне мы можем приукрасить картину по разным причинам: где-то — из-за нетерпимости к слепым пятнам и непонятному, где-то — просто по привычке, где-то — желая хоть как-то использовать имеющееся у нас знание. Но кто-то может пойти и дальше, обобщая и упрощая все до безобразия...

В качестве примера можно привести довольно громкую шумиху вокруг классической работы Роя

Баумайстера об эффекте истощения эго [32] под лозунгом: «Сила воли — бесконечный ресурс» [33]. Суть истории такова: Баумайстер в 1998 году опубликовал статью, в которой экспериментально показал, что ресурс силы воли конечен и может истощиться в самый неподходящий момент. Эта работа произвела локальный фурор в научном мире, легла в основу многих статей и книг, в том числе научно-популярных, в частности о продуктивности. Естественно, нашлось немало людей, решивших поставить результаты статьи под сомнение. Дошло до того, что несколько десятков лабораторий по всему миру решили воспроизвести эксперимент из оригинальной статьи, чтобы наконец расставить все птички над «й». К удивлению многих из них и к радости остальных, результаты Баумайстера воспроизвести не удалось: либо эффект не наблюдался вовсе, либо был очень незначительным. Противники теории Баумайстера восторжествовали и пошли штамповать статьи: «Ученые доказали, что сила воли — бесконечный ресурс» (наверняка многие из авторов подобных статей продолжали тупить в фотографии котиков и развлекательные видео даже с бесконечным ресурсом силы воли). Опустим момент, что отсутствие доказательства конечности силы воли еще не доказывает ее бесконечность. Думаю, это многим понятно… Давайте спустимся с небес на землю и посмотрим, какие физические процессы лежат под этими громкими заявлениями на уровне земли.

В исходной работе [32] описаны два эксперимента, но я приведу здесь только один, этого будет достаточно, чтобы понять суть. Команда Баумайстера попросила группу испытуемых (67 студентов) прийти голодными якобы на эксперимент по тестированию вкусовых качеств разной еды. В лаборатории голодных студентов ждал запах шоколадных печенек (они пеклись в духовке в соседней комнате), чтобы еще больше разжечь их аппетит. Испытуемых поделили на три группы. Контрольной еды не дали, а перед двумя другими поставили по две тарелки — одну с редиской, вторую со свежеиспеченными печеньками — и попросили одну группу съесть печенье, а вторую — редиску. Предполагалось, что голодные люди, нанюхавшиеся выпечки, будут вынуждены задействовать силу воли (тем самым истощить ее), чтобы удержаться от сладкого и съесть редиску. А затем всем трем группам давали головоломки, не имеющие решения, и экспериментаторы отмечали, через какое время студенты зазвонят в колокольчик, чтобы оповестить о своей капитуляции. Баумайстер утверждает, что наблюдались статистически значимые различия среднего времени работы над задачей: те, кто ел редиску, сдавались раньше.

Теперь вернемся на шаг назад. Что скрывается под громкими заголовками статей «Ресурс силы воли бесконечен»? На уровне земли происходило следующее: тысячи голодных студентов в десятках лабораторий по всему миру ели редиску или шоколадное печенье и звонили в колокольчики.

Оказалось, что студенты звонили в колокольчик примерно через одинаковое время вне зависимости от того, ели они редиску или печеньки. Точка.

Достаточно ли этого для таких громких выводов? Кто знает. Является ресурс силы воли конечным или бесконечным? Непонятно. Да и зачем нам это знать? Если спуститься на землю, нам нужно знать примерно следующее: сложнее ли мне думать после того, как я посидел на встрече полтора часа? Сложнее ли мне сконцентрироваться, если я пропустил обед или мало спал? Буду ли я легче отвлекаться на незначимые вещи, если на моем смартфоне установлены приложения для мгновенных сообщений?

Важный момент: все вопросы касаются меня! Не студентов после редиски или печенек, а именно меня в реальной повседневной жизни. Это важно. И это знание можно получить методами, отличными от чтения научных статей.

Часто оказывается полезным навыком задумываться о том, какое конкретное явление скрывается за той или иной фразой. Что происходит здесь, на уровне земли, когда я говорю, например, что «мне не хватило времени»? Мне не хватило бензина: это когда я ехал на автомобиле в сторону заправки, и тут двигатель заглох, а датчик уровня топлива показал ноль. Мне не хватило терпения: это когда я стоял в очереди в магазине, мне надоело, я бросил свою тележку и пошел домой без молока. Как выглядит «мне не хватило времени»? Мы так часто употребляем это словосочетание, что уже не вполне понимаем, какие явления оно описывает. А может быть по-разному.

1. Я делал задачу X; когда закончил, пора было ложиться спать, чтобы завтра с утра вставать и приступать к задаче Y, поэтому я так и не смог приступить к задаче Z. Ведь задачи X и Y нужно обязательно сделать до того, как я приступлю к Z. В ином порядке эти задачи делать нельзя, потому что...
2. Я делал задачу X, после которой планировал приступить к задаче Z, но тут прилетела задача X2, за ней X3, за ней X4, я старательно выполнял их одну за другой, так как каждая из них была важнее Z и обязательно должна была быть выполнена раньше, но потом наступил вечер, и я пошел спать, так как мне требовался отдых.
3. Я пришел делать задачу Z и только взялся за нее, как отвлекся на X. Вовремя себя одернул и вернулся к Z. Но буквально через несколько минут меня переключили на задачу Y. Я приступил к ней, но понял, что Z все же важнее, вернулся к ней, но тут прилетела задача Y2...

Любую из этих ситуаций можно назвать «не хватило времени», но методы работы и подходы в каждой из ситуаций будут различны.

Схожее упражнение может оказаться полезным для словосочетания «найти время». Несложно представить, как ищут ключи от квартиры (ругаясь, поочередно запускают руку в каждый карман каждой куртки, висящей на вешалке), как ищут второй носок (открывают все ящики комода сверху вниз, а потом спрашивают у супруги или родителей), как ищут работу (пишут резюме, идут на сайт hh.ru, рассылают резюме знакомым), даже жену (опять резюме, сайт, знакомые), но кто и как ищет время?

Размышляя, какие реальные действия скрываются за теми или иными словами, нелишним будет заметить, что во многих корпоративных культурах фраза «мне надо подумать» часто вовсе не означает, что человеку понравилось ваше предложение и он планирует провести определенного рода когнитивную работу для поиска ответов на ряд конкретных вопросов. В большинстве случаев это лишь социально приемлемая форма ответа «Иди в ж*пу, не до тебя сейчас».

4.4. Люди очень разные

Начну этот раздел с описания одной из интересных дискуссий с моего тренинга. Две участницы группы сошлись не на жизнь, а на смерть, споря о том, нужно ли использовать стикеры различных цветов для личных и рабочих задач. Естественно, каждая жестко и аргументированно отстаивала свою позицию:

— Нет, ты не понимаешь! Мне очень важно соблюдать баланс между работой и личной жизнью! Поэтому я личные задачи пишу на зеленых стикерах, а рабочие — на желтых. И если я вижу, что зеленых задач сделано мало, то начинаю отдавать предпочтение им. Именно поэтому мне важно, чтобы задачи можно было различить при беглом взгляде на стикеры.

— Нет, это ты не понимаешь! Мне очень важно соблюдать баланс между работой и личной жизнью! И когда я вижу, что личные задачи зеленые, я их в рабочее время как будто не замечаю, моя обезьянка их откладывает на «после работы», а тогда я уже очень устаю* и ничего не могу делать. Именно поэтому мне важно, чтобы эти задачи не отличались друг от друга, тогда я их начинаю понемногу делать.

Вот так из-за разницы в восприятии мира **разным людям могут потребоваться разные подходы (вплоть до диаметрально противоположных) для достижения одного и того же результата**.

Позволю себе повторить мысль из предыдущего раздела: выводы по результатам экспериментов носят вероятностный характер. Другими словами, научная работа говорит, с какой вероятностью и в какой степени те или иные результаты наблюдались в ходе эксперимента. Конечно, в статье фигурируют средние значения, и очень часто тем, кто пишет пост в блог, кроме этого среднего значения, больше ничего не интересно, в результате появляются такие

* По моим наблюдениям, у многих трудоголиков «после работы» — это не после определенного момента времени, а после достижения состояния «Все, я больше не могу ничего делать, ни рабочего, ни личного».

высказывания: «человек (средний) удерживает внимание в течение восьми секунд», «человек (в среднем) должен спать восемь часов», «человеку (среднему) требуется в день 2000 килокалорий» и т. д. Это все средние значения, для средних людей (тех, у кого одно яйцо и одна сиська, как вы помните), а реальные люди от них в той или иной степени отличаются. И научная работа — это далеко не всегда норма, которой вы *обязаны* соответствовать. Нет. Предположим, вы решили отпустить бороду, а вашей супруге это не очень нравится. Неважно, по какой причине, важно, что аргумент «А вот восемь из десяти твоих подруг сказали, что так я выгляжу привлекательнее» вряд ли сделает свое дело. Если вы девушка и пример с бородой для вас неактуален, представьте, что вы приводите аналогичные доводы своему мужчине в пользу операции по увеличению груди.

Даже если вы вполне себе обычный человек, с большой вероятностью найдется немало исследований, по результатам которых вы значительно отклоняетесь от нормы.

4.5. Нелинейность

Помимо вероятностной природы, в мире сплошь и рядом проявляется нелинейность, когда одно и то же увеличение причины не приводит к одному и тому же увеличению следствия. Кроме того, не бывает вещей, которые полезны сами по себе, без уточнения:

— для кого (мы же помним, что люди разные, очень разные);
— для какой цели;
— в каком количестве.

Вы можете получать выгоду от дождей, но не от наводнений.

Нассим Талеб. Рискуя собственной шкурой

Часто польза от чего-то переходит в насыщение (увеличивая количество этого чего-то сверх определенного уровня, мы больше не получаем от него пользы) или вообще имеет форму перевернутой параболы (по достижении определенного количества то, что раньше приносило пользу, начинает приносить вред). Один из таких примеров — эффект отравления информацией. Например, попробуйте слушать аудиокниги. Сначала будет здорово, они будут вас развивать. Потом наступит фаза «Ну, уже ничего нового», а если повысить дозу, то и вовсе можно сделать себе хуже (подробнее об этом в разделе 6.2.14). В книге «Рискуя собственной шкурой» я встретил очередную хорошую мысль:

Для тех, кто знаком с идеей нелинейных эффектов из «Антихрупкости», обучение — это повторение и выпуклость*, иначе говоря, про-

* Здесь под выпуклостью подразумевается форма кривой, показывающей зависимость получаемой пользы от количества причины этой пользы.

честь один и тот же текст дважды выгоднее, чем прочесть две разные книги один раз.

Нелинейная зависимость характерна не только для пользы от количества потребленной информации. Так же нелинейно зависит польза от количества часов сна, еды, витаминов, физических нагрузок, отдыха, уровня стресса... Практически от всего.

Все усложняется тем, что основные параметры не измеримы, а основные пределы не определены и не нормированы. У каждого они свои, их придется нащупывать осторожно, опытным путем.

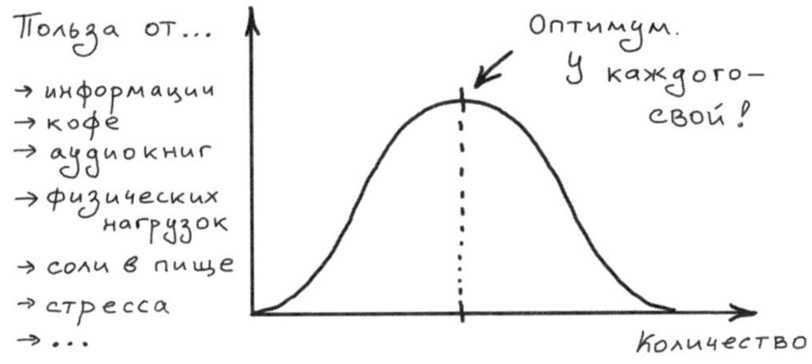

Рис. 31. Колокол пользы

Нелишне бывает задуматься, в какой степени предлагаемый совет или решение приближает нас к этой цели. Например, конечно же, большинству людей, желающих похудеть, полезны физические нагрузки. Однако их вклад в потерю веса существенно ниже правильного питания и полноценного сна (о чем нам не всегда рассказывают продавцы абонементов в фитнес-клубы).

4.6. Волшебной таблетки нет

> Универсальное поведение на бумаге — красота, а на практике — катастрофа.
>
> Нассим Талеб.
> Рискуя собственной шкурой

Часто, сталкиваясь с нежелательным явлением, мы ожидаем, что есть некий рецепт, трюк или прием, который поможет нам полностью от этого явления избавиться. К сожалению, такое происходит редко. Как правило, большинство приемов и методов влияют на нежелательное явление, но глубина эффекта редко бывает значительной. Вот пример плюс-минус типового результата исследований психологов.

Их целью было выяснить, как «процент продуктивного времени» зависит от того, в какой трактовке вам сообщают о ваших результатах: в позитивной («вы провели 83% времени продуктивно») или негативной («вы провели 17% времени непродуктивно») [35]. С точки зрения сухой математики разницы никакой, а для реальных людей разница есть, но опять же — незначительная, на грани погрешности измерений. Конечно, научпопблогеры наверняка бы сделали из этой статьи какой-нибудь заголовок вида «Ученые доказали: позитивные формулировки не работают!», но это будет далеко от истины. Хотя для большей убедительности можно использовать известный прием — изменение масштаба шкалы. Приведу пример из статьи [67], в которой исследовалось, какие результаты тестов показывали студенты в зависимости от того, где находился их смартфон (на столе, в рюкзаке или в соседней комнате).

Вроде бы ясно, что смартфон, лежащий на столе, негативно влияет на результат. А вот те же самые данные, но изображенные на шкале, начинающейся с 0.

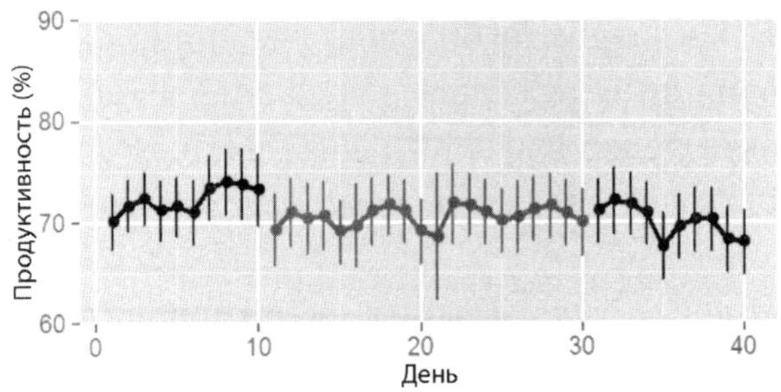

Рис. 32. Позитивные формулировки

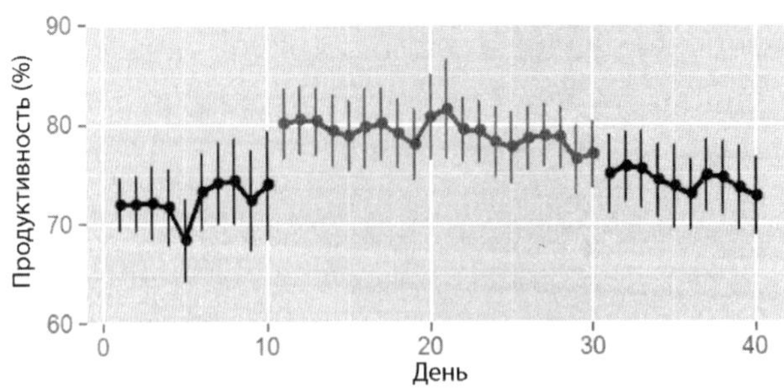

Рис. 33. Негативные формулировки

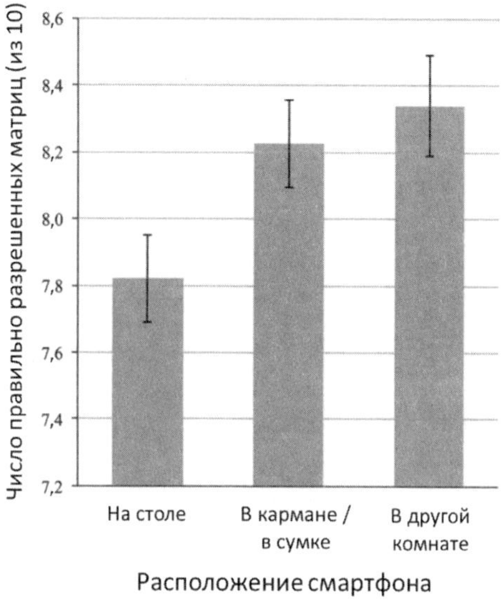

Рис. 34. Исходный график из статьи

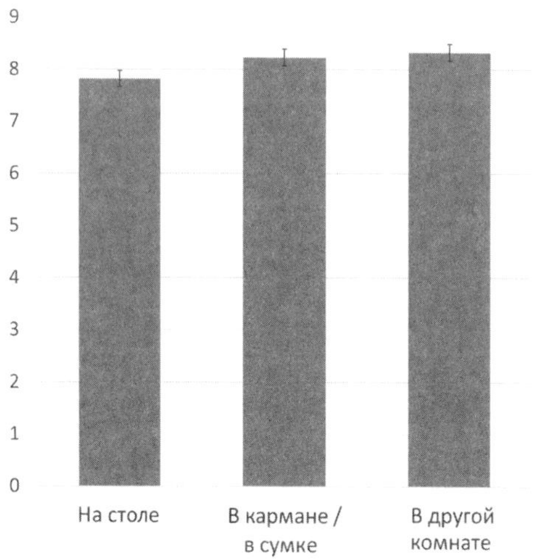

Рис. 35. Тот же график, но шкала начинается с нуля

Так менее эффектно, да? Чем-то напоминает старую шутку:

Рис. 36. О важности грамотного менеджера проектов

И дело не в том, что я выбрал какие-то неубедительные статьи, нет. Просто большинство интервенций в психологии не обладают большой глубиной эффекта. Особенно когда этот эффект усредняют по большому количеству разных (очень разных) людей.

Рис. 37. Командная работа

Это говорит о том, что, скорее всего, единой волшебной таблетки нет и не было. Возможно, и не будет. Все, что мы имеем, — это источники надежды, набор маленьких рецептов, каждый из которых по отдельности не дает значительного результата, но стоит применить эти рецепты одновременно, и шансы на значительный эффект существенно возрастают.

В одном из исследований [36] перечислялись сорок (!) различных верхнеуровневых стратегий для изменения поведения. И ни одна из них не является не то что панацеей, а сколько-нибудь ощутимо полезной. По крайней мере, мне не удалось найти ни одной научной работы, где сравнивалась бы их эффективность в деле изменения поведения.

4.7. Почему опасно равняться на великих

В интернете существует отдельный жанр статей, в которых описываются подходы к различным аспектам жизни всяких великих людей, как будто, если ты начнешь делать то, что делают они, тоже станешь великим.

В рамках примитивной логики в мире, где все известно и случайностей нет, такой подход, возможно, и сработал бы. Но в реальном мире есть некоторые закавыки.

Во-первых, в этих статьях и книгах, как правило, описано *далеко не все*, что делают великие люди, а лишь то, что можно наблюдать снаружи. Наверняка есть еще что-то, но мы этого просто не видим. А вдруг именно оно и есть самое важное? Мало того, это могут быть не секреты, которые сознательно оберегаются, а что-то неосознанное.

Рис. 38. Внешнее и внутреннее

Во-вторых, многие внешне заметные действия — это не просто действия сами по себе, а следствие определенного взгляда на жизнь, определенных внутренних установок и определенного ви́дения мира. А вот его-то мы как раз напрямую не видим и судить о нем можем лишь по косвенным проявлениям. Например, человек пишет свои задачи в блокноте и на стикерах не потому, что задачи, записанные в смартфон, «ни у кого и никогда не выполняются», а потому, что именно у этого человека есть определенные особенности восприятия информации. Может, сам процесс записи задачи на бумагу помогает ему подумать о ней дополнительные несколько секунд, и они оказываются решающими. Или мы формулируем задачи определенным образом не потому, что это какая-то сакраментальная тайна и ритуал, ублажающий богов самоорганизации. Нет, формулировка задачи соответствующим образом возможна только при определенном понимании этой задачи. И по большому счету нам нужно именно это понимание.

Как правило, приступая к работе над своей (не)организованностью, мы начинаем искать ответы на внешние вопросы.

- — Что скачать на смартфон? (Как будто есть какая-то универсальная программа, которой достаточно для того, чтобы больше успевать.)
- — Как часто проверять почту и мессенджеры? (Как будто частота проверки сообщений определяется чьим-то ответом, а не вашей внутренней тревогой и страхом упустить что-то важное.)
- — Как разлиновать блокнот и в какой форме записывать свои жизненные цели? (Как будто порядок букв на бумаге играет решающую роль в воплощении цели в жизнь.)

Но подавляющее число внешних вопросов — следствие ответов на вопросы внутренние.

— Чего вы хотите от жизни?
— А что ради этого вы готовы начать делать и от чего ради этого вы готовы отказаться?
— А вы готовы рискнуть?
— А вы готовы вписаться в проект, не имея детального плана и без гарантий успеха?

При этом с внутренними вопросами все куда сложнее: очень тяжело отличить честный ответ от того, который вам бы хотелось дать. В разделе 3.4 я описал модель двойных убеждений, согласно которой на один и тот же вопрос человек может дать совершенно противоположные ответы в зависимости от того, дадут ли ему подумать.

Помните анекдот про актера из эпиграфа к разделу 3.1? Так и у нас: мы можем многое знать, но в реальной рабочей ситуации вести себя совершенно иначе — на первый план будут пробиваться глубинные убеждения, менять и перезаписывать которые долго и сложно (но возможно). А вдобавок к убеждениям часто приходится менять и привычки, особенно привычки мышления, что тоже очень небыстрое занятие. Из-за этого, например, советы «Да не бери ты это в голову» или «Просто не переживай из-за этого» имеют практически нулевую эффективность при лечении тревожности или депрессии.

Вернемся к великим людям.

Предположим, что:

— мы видим абсолютно все, что они делают;
— по их действиям мы узнали абсолютно все о том, как они думают и как устроен их внутренний мир;
— мы научились точно повторять их действия и образ мышления.

Теперь-то мы получим все те же результаты, что и великие люди? Если так, это будут *все* полученные ими результаты, а не только та видимая их часть, из-за которой мы решили им подражать. Как правило, на виду оказываются богатство, известность, власть и прочие любимые нами пороки и искушения. Но часто вместе с этим идут фанатичность, одержимость, одиночество, злобный шепот за спиной, подлянки от завистников и лучи поноса со стороны хейтеров. Они идут в комплекте — учитывайте это.

Мы видим и знаем далеко не все, мир более сложный, чем нам кажется, а случайности в нем больше, чем мы ожидаем. Если это все помножить на очень загадочное поведение людей, которые, как правило, иррациональны, импульсивны, непонятно чего хотят, думают одно, говорят другое (даже самим себе), а их поступки вообще свидетельствуют о чем-то третьем, получается довольно сложная картина, к которой просто так не подойти.

4.8. О сложности нашего мира

После разговоров с Анатолием Левенчуком у меня появилось подозрение, что инструменты системного мышления могут помочь приручить всю эту сложность. В своем учебнике «Системное мышление» [37] Анатолий Игоревич пишет, что существует два вида подходов к работе со сложными системами: условно восточный и условно западный.

> **Условная «восточность»** состоит в признании непостижимой сложности мира, невыразимости и непередаваемости человеческого опыта в постижении этого мира.
>
> **Условная «западность»** состоит в опоре на рациональность. «Рациональность» происходит от латинского ratio, означающего «причину», «объяснение», но также и «отношение», т. е. ассоциируется с делением на части, анализом.

В своей книге я придерживаюсь условно восточного подхода и считаю, что вся правда нам недоступна, умом мы многого постичь не сможем, и, если мы хотим улучшить сложную систему, которую до конца не понимаем, единственный возможный путь — эмпирика-практика, когда мы аккуратно пробуем, смотрим, что получилось, и так до достижения удовлетворяющего нас результата.

Тем не менее я не исключаю, что методы системной инженерии помогут находить ответы без танцев на граблях на пути проб и ошибок. Но вот насколько сложным может оказаться системное описание и какого уровня подготовка может потребоваться? У меня есть подозрение, что это окажется под силу далеко не каждому человеку.

Например, авторы работы [38] попытались построить системное описание и циклы обратной связи для такого психического явления, как депрессия:

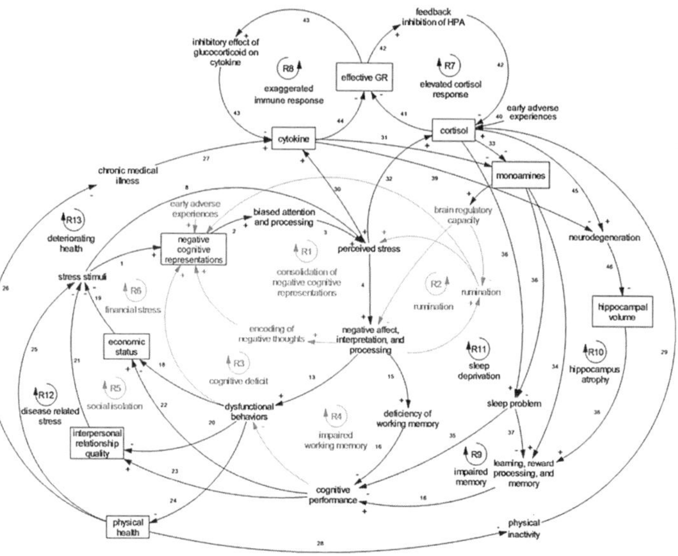

Рис. 39. Депрессия как систематическое явление

Эту картинку мы не переводили. Мы разместили ее здесь просто для того, чтобы показать, как много моментов связаны друг с другом и таким образом опосредованно влияют на самих себя, и это всего лишь в одном из аспектов психического благополучия. Так что не исключаю, что условно западный путь возможен, но будет ли легче идти по нему, чем по условно восточному?..

4.9. Основания уверенности

Еще чуть-чуть, и дальше в этой книге пойдут конкретные советы и рекомендации. Вообще в нашем мире советов и рекомендаций очень много. Когда-то давным-давно даже ходили саркастические шутки о том, что у нас целая страна — страна советов, но на самом деле эта ситуация глобальна. Мы живем в мире советов. Людей, считающих, что они знают, что надо делать, как надо делать и почему надо делать именно так, очень много. Иногда мне кажется, что даже больше, чем тех, кто занят деланием. А если это действительно так, то не исключено, что многие советы, которые мы будем слышать от других людей, не будут основаны на убежденности, происходящей из собственного (или хоть какого-то) опыта. А на чем вообще может быть основана наша уверенность в разумности какого-либо совета или рекомендации?

На мой взгляд, у основания для уверенности есть две шкалы или два измерения: теоретическое и практическое.

I. Теоретическое основание:
   1. Я не понимаю почему, но мне кажется, что это так.
   2. Я понимаю, почему это так, но в общих чертах.
   3. Я понимаю, почему это так, и могу строго логически это обосновать.

II. Практическое основание:
   1. Нет никакого опыта.
   2. Есть собственный опыт.
   3. Есть собственный опыт и результаты осмысления опыта других людей.

Соответственно, под каждым советом или рекомендацией лежит основание, и хорошо бы явно понимать его теоретические и практические компоненты.

Каждый раз, когда вы слышите совет, будет крайне полезно докапываться до оснований, на которых этот совет основан: в какой степени у автора совета есть теоретическое обоснование и в какой мере его убежденность в работоспособности этого совета основана на опыте? И на чьем опыте?*

В мире без готовых ответов невозможно всегда опираться только на самые сильные доводы. Иногда

* Если применить совет по проверке основания совета к самому себе, то в теоретическом плане мне кажется, что это так. С точки же зрения практики могу дополнить, что вас будут часто называть занудой и буквоедом.

ценными оказываются те советы, за которыми нет никаких оснований, кроме интуиции и предчувствия. Я не хочу сказать: «Следуйте только тому, что доказали ученые» или «Не применяйте непроверенных на опыте советов». В нашем мире нет готовых ответов, вы же помните? Но, прислушиваясь к той или иной рекомендации, будет нелишним понимать, на каких основаниях она держится. Как минимум чтобы проявить дополнительную осторожность, пробуя на себе то, что не имеет прочного основания.

Стоит добавить, что теоретическое понимание и практическая убежденность ортогональны. В мире есть много такого, что мы можем логически объяснить, но в жизни так не получается. А есть масса примеров, когда мы что-то успешно используем на практике, но так и не понимаем, почему это работает. Если мы с вами заинтересованы именно в достижении практического результата, то убежденность, основанная на опыте, будет цениться выше, чем теоретическое обоснование.

5. Взращиваем свое будущее поведение

5.1. Бизнес-тренер по боксу

> Подтягиваться на перекладине — это легко. Вы крепко сжимаете перекладину ладонями, а дальше просто сгибаете руки в локтях.
>
> Из анекдотов

Из раздела 3 вы помните, что концептуальное понимание никак не гарантирует соответствующего поведения: мы можем знать, что не надо закрывать глаза, когда в тебя летит удар, но при этом все равно зажмуриваемся при виде приближающихся перчатки или кулака. Мы можем знать, что прямой удар рукой начинается с толчка задней ноги, поворота бедра, выбрасывания плеча вперед и лишь потом собственно движения руки; можем знать, что при боковом ударе не нужен замах, а во время спарринга не нужно опускать руки. Но почему-то простой просмотр роликов обо всех этих нюансах бокса не делает из нас первоклассных боксеров*. Почему? Между пониманием «как правильно» и соответствующим поведением часто не хватает подводящих, или модельных, упражнений. Они довольно простые, но помогают закреплять элементы нужного поведения. Об этом прекрасно знают тренеры по боксу**.

---

* Бокс — это же серьезно... И ежу понятно, что одной теории и просмотра роликов на YouTube тут недостаточно. Все как с рыбалкой. Это не какое-нибудь программирование, управление бизнесом, строительство или политика.

** Как и в любом другом виде спорта. Я пишу о том, что опробовал на собственном опыте.

— Если они видят, что у ученика не идет правый прямой, они не продолжают кричать и рассказывать уже известное «Переноси вес! Подкручивай бедро!», а начинают работу в парах: второй номер стоит позади первого и держит его за плечи. Задача первого номера — выдернуть из захвата плечо поворотом одноименного бедра и переносом веса тела на противоположную ногу.
— Чтобы боковой удар был без замаха, тренер не будет орать: «Да что у тебя удар идет от ж*пы! Да так только пьяные трактористы дерутся!» — а поставит человека практиковать боковые удары спиной в углу, чтобы в случае неправильного движения локти просто упирались в стену.
— Чтобы научить бить быстро, тренер не орет что есть мочи: «Да что ты так медлишь, бей резче!» — а ставит работать с резиной или отжиматься с полной амплитудой и с хлопком.
— Для постановки сильного удара тренер не будет кричать: «Да моя бабушка бьет сильнее, слабак!» — он даст в руки кувалду, поставит перед покрышкой, ты ее долбишь, и со временем удар становится сильнее.
— Тренер не будет кричать: «Не опускай руки!», когда они опускаются после 5–6 раундов спарринга. Он просто порекомендует бегать с гантелями...

Почему-то спортивные тренеры понимают: если человек что-то делает неправильно, это не потому, что он *не знает*, как правильно. Обычно люди понятливы и запоминают теорию после очень небольшого количества повторений (даже боксеры).

Сравните это с типичным поведением в жизни и бизнесе. Еще циничнее будет сравнение с воспитанием детей: прекрати забывать, не отвлекайся, не допускай глупых ошибок, перестань опаздывать, занимайся сначала важными делами, не говори глупостей! Да елки-палки, я это все и без вас знаю! Как, ка-а-а-ак?!

> Если я вижу, что человек взволнован или расстроен, я стараюсь накричать на него как следует, чтобы он успокоился. Этому меня научили мои родители.
>
> Из анекдотов

Или вот еще.

> Жена уже практически успокоилась, но тут муж сказал: «Успокойся».

Именно по этой причине дальше в этой книге будут описаны всякие приемы и методы, которые могут показаться вам странными и имеющими примерно такое же отношение к продуктивности, как бег с гантелями к сильному удару, то есть на первый взгляд — никакого, но это лишь на первый взгляд…

Рекомендации «как надо делать» и «что надо делать, чтобы делать «как надо», отличаются как небо и земля.

5.2. Имплантация знаний в образ жизни

Однажды женщине приснился сон, что за прилавком магазина стоял Господь Бог.

— Господи! Это Ты! — воскликнула она с радостью.

— Да, это Я, — ответил Бог.

— А что у Тебя можно купить? — спросила женщина.

— У меня можно купить все, — прозвучал ответ.

— В таком случае дай мне, пожалуйста, здоровья, счастья, любви, успеха и много денег.

Бог доброжелательно улыбнулся и ушел в подсобное помещение за заказанным товаром. Через некоторое время он вернулся с маленькой бумажной коробочкой.

Рис. 40. Семена

— И это все?! — воскликнула удивленная и разочарованная женщина.

— Да, это все, — ответил Бог и добавил: — Разве ты не знала, что в моем магазине продаются только семена?

Опять же, эта мысль хорошо знакома спортивным тренерам, но в бизнесе мы часто не задумываемся об этом. Узнать о правильном поведении — дело нескольких минут, а наработка поведения в соответствии с этим знанием может длиться годами! Часто непонимание масштабов пропасти между знанием и поведением приводит к очень нехорошим последствиям в виде всяческих комплексов и прочих интересных задач для психотерапевта: «Да что же я такой тупой! Я же знаю, что не надо отвлекаться на мелочи, когда я работаю над важной задачей, почему же я отвлекаюсь?»

Процесс изменения своего поведения (даже если вы очень-очень этого хотите) будет далеко не тривиальным. Мало того, он потребует времени. И не того времени, о котором мы ноем, что нам его не выделяют или нам его не хватает, а настоящего, которое существует вне зависимости от того, что мы вообще делаем. Времени как одной из переменных во всех законах физики, которое все лечит, если верить народной мудрости, и убивает все хрупкое, если верить Талебу.

В каком-то смысле формирование нового образа жизни напоминает процесс восстановления после операции. Например, имплантации зуба.

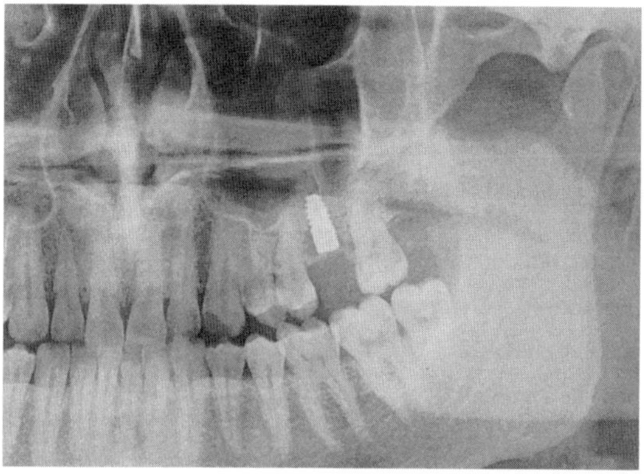

Рис. 41. Рентгеновский снимок имплантата

Если вам нужно поставить себе имплантат, будьте готовы, что это не произойдет слишком быстро, даже если вы не будете прокрастинировать* эту задачу. Технологически процесс устроен так, что нужны длительные временны́е отрезки, на протяжении которых организм адаптируется к изменениям. В моем случае сначала удалили зуб: 15 минут работы и три месяца ожидания, пока заживет. Потом посмотрели, как идет процесс заживления, и решили подождать еще немного (пять минут работы и три месяца ожидания). Потом вкрутили имплантат (на снимке) и добавили костной ткани: 20 минут работы и три месяца ожидания, пока кость примет костную ткань и имплантат.

* Если вдруг вы прокрастинируете этот процесс из-за страха боли, по опыту могу сказать, что все это вообще не больно. Но если вы впечатлительны, лучше не пытаться представить этот процесс.

Но это упрощенная аналогия. Очень хорошо процесс изменения образа жизни охарактеризовал Тони Крэбб в своей книге «Безумно занят» [22].

> Чтобы изменить свой образ жизни, нужно сделать нечто большее, чем признать справедливость чьих-то аргументов, — нужно раскачать свои глубинные убеждения.

В случае имплантата процесс удаления мешающего зуба или его остатков — дело нескольких минут, бóльшую часть из которых вы ждете, пока подействует анестезия. Но если речь идет об убеждениях и вы не строите их с нуля на ровном месте, замена существующих убеждений на новые — это очень непростая задача, как я уже писал в разделе 3.4.

Буддисты очень часто прибегают к аналогии с растениями и семенами. В духе буддийской традиции можно сказать так: все, что я могу сделать, — это посадить семена своих будущих результатов, а потом создать и поддерживать условия для того, чтобы они взошли и дали свои плоды. И возможно, аналогия с семенами и растениями будет больше напоминать те процессы, которые происходят при изменении собственного поведения, особенно если представить, что сначала нам приходится выкапывать ненужные сорняки, чтобы посадить желаемое растение. Но сорняки все равно будут регулярно напоминать о себе и растения нужно будет пропалывать (а не поучать: «Просто не позволяйте сорнякам расти рядом с вами»).

5.3. Об опыте и самонаблюдении (если ученые не помогут, то кто?)

> Опыт показывает, что многие вещи можно понять только с опытом.
>
> Из анекдотов

Из-за того что все мы разные и нет универсального рецепта счастья, нам надо будет экспериментировать на себе и подбирать методику под себя. Пробовать, смотреть, думать и принимать решение, продолжать ли это дальше в таком виде или стоит что-то изменить.

Первый важный момент, касающийся самонаблюдения. Чтобы понять, подходит нам та или иная практика, крайне важно осознавать, что **справедливым будет сравнение опыта с опытом, а не опыта с умозаключениями**, так как у этих видов информации совершенно разные уровни достоверности. Помните цитату из раздела 3.1 о концептуальном знании?

Концептуального знания недостаточно... У вас должна быть убежденность, происходящая из собственного опыта.

Для того чтобы принять решение, полезна для вас та или иная практика, нам нужна именно убежденность (не догадки или предчувствия) и именно та, которая основана на собственном (а не чьем-то еще) опыте (а не на умозаключениях и логических цепочках). Многие люди попадаются в ловушку, отождествляя результаты своих умозаключений с результатами, которые они наблюдали бы на опыте (как будто они точно и без ошибок умеют предсказывать последствия тех или иных действий): «Я вот делаю X, и у меня все более-менее получается, но вот вы предлагаете попробовать Y. Я **подумал** про Y, и мне кажется, что из-за Z_1, Z_2, .., Z_n получится плохо, значит, и Y мне не подходит»*.

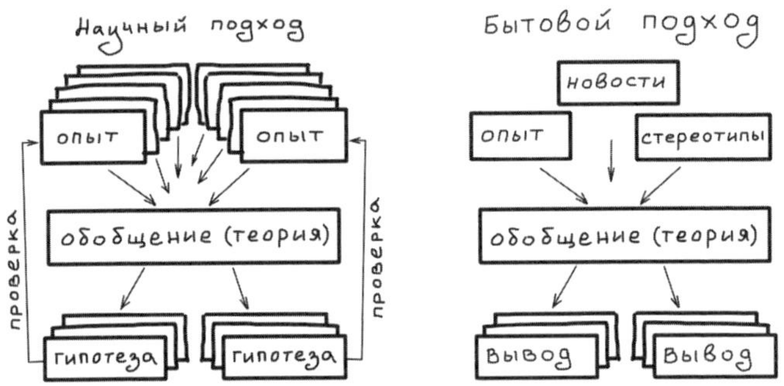

Рис. 42. Роль опыта и теории в научном и бытовом подходах

Чувствуете? Здесь идет сравнение непосредственного опыта и размышлений. Размышляем мы очень плохо, особенно о будущем и уж тем более — о том будущем, где мы делаем то, чего никогда в жизни не делали. Конечно, существует какой-то класс действий,

* У меня создается впечатление, что некоторые люди, неправильно понимающие ту или иную практику, в момент объяснения не пытаются ее понять, а судорожно ковыряются в своей памяти в поисках чего-то максимально похожего на объясняемый прием из того, что им точно не подойдет.

последствия которых предсказываются более чем точно, но этот класс не так уж широк.

Когда в ходе дискуссии кто-то предлагает то или иное изменение, он нередко встречает возражения вида «это не сработает, потому что…» Мы крайне редко задумываемся, откуда пришло это «потому что», является ли оно результатом наблюдения чего-то на практике (и если да, то насколько эти наблюдения релевантны нашей текущей ситуации) или же это плод умозаключений (и если да, то на основании чего они построены? Есть ли там что-то, кроме стереотипов, домыслов и результатов интуитивного мышления?).

Талеб писал: «Знания, которые мы получаем через прилаживание, через пробы и ошибки, через опыт и по прошествии времени, другими словами, через контакт с землей, — несравненно лучше знаний, полученных через рассуждения» [26].

По умолчанию справедливым будет сравнение либо опыта с опытом, либо умозаключения с умозаключениями. Сравнение непосредственного опыта с умозаключениями (нередко поспешными) рискованно и нечестно по отношению к опыту.

Второй момент. Не доверяйте своей памяти. В «Джедайских техниках» этому вопросу посвящен раздел 1.3, там я рассказываю, насколько хрупка и ненадежна наша память. Ведите дневник.

Иногда я слышу такие аргументы против, например, списка задач: «Зачем мне что-то записывать, все важное я и так помню». Очень шаткое утверждение. Человек не может сказать, что все важное он помнит, опираясь только на свою память, так как для этого нужно сравнить то, что человек помнит, с тем, что он забыл, и убедиться, что все забытое — неважное, а все важное сохранено в памяти. Однако объективно воспроизвести такой эксперимент, не прибегая к записям, не получится, так как большинство людей просто не помнят того, что они забыли.

«Раз я это забыл, значит, это было неважно». Ну да. Раз он помер, значит, был неизлечимо болен и вообще давно этого заслуживал (моя собственная репутация как хирурга тут даже не обсуждается). Прекрасное определение важного получается: важное — это то, что долго сохраняется в памяти. Если посмотреть, какие факты и события крепче всего держатся за нашу память, это окажутся всякие эмоционально заряженные вещи, и маловероятно, что они будут хоть как-то коррелировать с важностью. Но опять же, чтобы подтвердить или опровергнуть мои слова, нам придется наблюдать за собой.

Вот история, рассказанная мне одним из участников тренинга. Ниже от первого лица.

«Еще в старшей школе я уже жил довольно осознанно и наблюдал за собой. Меня крайне интересовала странная моя особенность, касающаяся выполнения уроков. Я обратил внимание, что иногда сесть за уроки для меня было легким и естественным делом, а иногда словно какая-то нечистая сила налетала на меня и уносила в другую сторону. Наблюдая за собой, я обнаружил: если стул за моим рабочим столом был отодвинут, то я в какой-то момент легко и непринужденно садился за стол, доставал тетради и начинал делать уроки. Но если мама убиралась в моей комнате и стул оказывался задвинут, заставить себя сесть за уроки было на грани невозможного».

Рис. 43. История про стул

Если вы думаете, что это, должно быть, какой-то псих, раз на его желание делать уроки влияет всего лишь положение стула, ознакомьтесь с результатами исследования Элдера и Кришны [27]: рекламная картинка с йогуртом, где ложка ориентирована на рабочую руку (правую для правшей, левую для левшей), существенно повышает желание купить этот йогурт по сравнению с контрольной группой (ложка ориентирована на нерабочую руку). Аналогичным образом обстоят дела и с кофейной кружкой, если ее ручка повернута в сторону рабочей руки (см. картинки ниже).

Рис. 44. Правши чаще покупают йогурт, рекламируемый правой картинкой

Рис. 45. Правши с большей вероятностью купят кружку, если ее рекламируют картинкой справа

На сайте Ника Коленды [28] собрано множество советов по ~~манипуляциям~~ маркетингу и продвижению товаров, подкрепленных научными работами. При изучении этого сайта я испытывал смешанные чувства: с одной стороны, я люблю, когда советы и рекомендации подкреплены ссылками на эксперимент, поставленный по всем канонам экспериментальной науки, а с другой стороны... я осознавал, сколько хорошо финансируемых институтов с хорошо подготовленными учеными занимаются изучением глюков нашего сознания, чтобы научиться впаривать нам очередную ерунду.

Самое ценное знание о том, как вы устроены и что вам может помочь, вы сможете получить, только наблюдая за самим собой. Знание, полученное в ходе самонаблюдения, нередко будет более значимым, чем все то, о чем пишут ученые, даже великие. Но, повторюсь, это вовсе не означает, что работа ученых бесполезна, — все зависит от цели. Если вы хотите научиться продавать кружки большому количеству людей — нужно исследовать большое количество людей. Если вы хотите научить чему-то самого себя, то обращать внимание нужно прежде всего на себя.

5.4. Дневник самонаблюдения, или Как тренируются буддийские монахи

Впервые описание этого метода я встретил в книге Майкла Роуча «Алмазный огранщик» [18]. Майкл писал, что таким образом буддийские монахи воспитывали в себе обеты. Надо понимать, что обет по своей природе — это не закон, который можно либо нарушить, либо не нарушать, и, если ты нарушаешь закон, тебя ждет наказание, а не нарушаешь — хорошо, у тебя все еще есть шансы (его нарушить, ха-ха). Обет у буддистов — это намерение жить в соответствии с каким-то правилом. Намерение. Не клятва, потому что, согласно буддийской философии, изначально мы не способны управлять своим умом. Мы можем научиться этому, и мы будем стараться сделать это, но это получится не сразу, и первое время я могу вести себя совсем не так, как хотел.

О воспитании своего нового поведения Майкл Роуч пишет так.

> Лучший способ претворить эту теорию в практику — завести свободную от понятий греха и кары систему самоконтроля, которую вы будете на постоянной основе использовать исключительно для записи своих успехов и неудач.

В качестве этой системы самоконтроля Майкл Роуч использовал шестиразовый дневник — дневник, в который буддийские монахи делают записи по шесть раз в день: три раза до обеда и три раза после обеда. Порядок работы с дневником выглядит так. Мы выбираем на ближайший период (например, неделю) несколько обетов. Затем несколько раз в день (у буддийских монахов шесть, но, думаю, нам — светским людям — хотя бы один-два раза уже принесут пользу) мы останавливаемся и в «режиме, лишенном понятий греха и кары» делаем пометки напротив каждого обета: какие мои поступки с момента последней записи можно считать успехом в соблюдении того или иного обета, а какие — неудачей.

Я опробовал этот подход на себе, только в качестве обетов взял вполне мирские активности:

1) тренировать английский язык (слушать, писать, читать, говорить);
2) обретать мудрость, учиться новому;
3) готовить интеллектуальное наследие;
4) вести здоровый образ жизни;
5) воспитывать Мишу и готовить его к взрослой жизни.

Дальнейшая процедура ведения этого дневника напомнила мне ритуал ежегодного планирования в больших компаниях: сначала ты быстро-быстро записываешь какие-то непонятные фантазии, выдавая их за свои цели, потом на девять месяцев забываешь об этом, вспоминаешь, когда уже совсем поздно, и думаешь, как бы притянуть за уши то, что ты уже сделал, к тому, что ты тогда нафантазировал.

Сначала ведение дневника казалось мне чем-то нарочитым, а потом выяснилось, что тренировать английский несложно. Мало того, иногда я ловил себя на очень приятных комбинациях дел: смотришь с ребенком какое-то видео на английском из разряда «невероятные факты» или что-то около того. Эта активность могла быть зачтена и как тренировка языка, и как интеллектуальное фланирование, и как воспитание*.

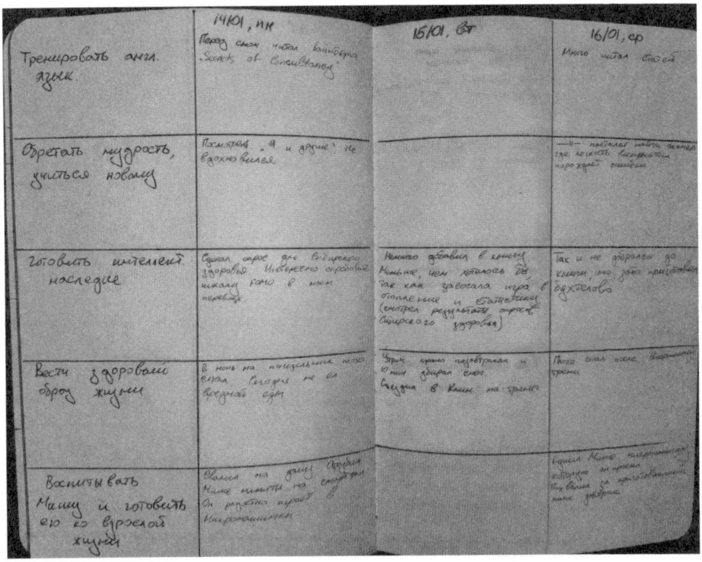

Рис. 46. Дневник самонаблюдения (фото)

Я предлагаю попробовать понаблюдать подобным образом за тем, как у вас получается следовать рецептам из этой книги, описанным в разделе 6: вы выбираете 2–3–5 компонентов рецепта и в течение недели смотрите, какие результаты они дают, насколько сложно им следовать, как часто вы срываетесь и как выглядят ваши срывы.

* В деталях мой механизм ведения дневника мы обсуждали с Никитой Маклаховым (автором очень хорошей книги по целесообразному образу жизни [39]). Запись этой беседы доступна на YouTube [21].

В режиме, лишенном понятий греха и кары: помните, применять к себе что-то новое — это всегда сложно.

Рис. 47. Дневник самонаблюдения

Тот факт, что эта практика существует несколько тысячелетий, уже характеризует ее с положительной стороны. Но мне все равно захотелось понять, что думает об этом современная психология*. Посвятив некоторое время поискам в интернете, я нашел докторскую диссертацию Чарльза Мэйса [19], в которой сравнивались разные теории того, что в психологии называется «реактивность при самонаблюдении» (reactivity in self-monitoring,

* Ссылками на современные научные работы я ни в коем случае не хочу умалять заслуги буддийской культуры. Стоит заметить, что современная западная наука лишь в середине 70-х годов прошлого века дала теоретическое объяснение тому, что буддисты уже пару тысячелетий с успехом использовали на практике.

если в оригинале). Это был положительный знак: современное научное общество изучает данный эффект. А наличие более чем одной теории свидетельствует (хоть и косвенно) о серьезном интересе к теме.

Основные теории кратко описаны в статье Нельсона и Хайеса [20], там же есть намек на то, что метод не всесилен и одна из этих теорий (теория Канфера) подозрительно напоминает три столпа обучения в буддийской традиции. Согласно взглядам Канфера, модель реактивного поведения состоит из трех компонентов.

1. Самонаблюдение.
2. Самоосмысление (сравнение результатов самонаблюдения с ожидаемым поведением).
3. Самоподдержка (запуск мотивационных процессов в соответствии с результатами самоосмысления).

Остальные теории реактивного поведения имеют различные взгляды на механизм формирования этой самой реактивности, но не оспаривают само его существование.

Кроме того, Нельсон и Хайес в [20] рассматривают основные свойства самонаблюдения и их влияние на запуск реактивных механизмов изменения поведения.

1. Точность наблюдений не играет существенной роли. Часто важен сам факт наблюдения. Именно поэтому мы легко можем

использовать в том числе и субъективные наблюдения.
2. Реактивность запускается даже с нежелательным поведением (которое в идеале вообще не должно наблюдаться).
3. Использование какого-либо инструмента (блокнота, листа и т. п.) очень важно.
4. Внешнее наблюдение (или вера во внешнее наблюдение, что не одно и то же) также запускает механизмы реактивного изменения поведения.

Рис. 48. Открытия самонаблюдения

Напоследок еще одна полезная идея для дневника — писать благодарности вчерашнему себе. Например: «Спасибо тебе, вчерашний я, за то, что ты подготовил каркас отчета и сегодня мне осталось лишь сверить основные цифры и отправить его руководству. В итоге у меня даже остались силы, чтобы сходить в кино с женой».

5.5. Ежедневный чек-лист

— Мойша, вы спали с моей женой?

— Одну минуточку, сейчас посмотрю (листает блокнот). Да, спал.

— Я недоволен.

— Минуточку (листает блокнот). Я тоже…

Из анекдотов

Изначально эта идея была описана в «Джедайских техниках» (см. разделы 4.3.1 и 4.3.2) по наводке Севы Устинова [23] и представляет собой более простую версию дневника самонаблюдения. Здесь вместо словесного описания успехов и неудач мы ставим галочки и пишем цифры в таблице.

Два важных момента, касающихся ежедневного чек-листа. Первый: чек-лист не дополнение к дневнику из предыдущего раздела, а возможная более простая альтернатива*.

Второй момент: ежедневный чек-лист не то же самое, что и список задач, о котором еще пойдет речь ниже. Тонкое отличие этих сущностей заключается вот в чем. Список задач — это как будто бы список моих обязательств. Список заявок для моей внутренней обезьяны на выполнение. В идеале над ним не нужно думать, надо брать и делать. А ежедневный чек-лист — это список вакцин, индикаторов и практик, которые

* А то я уже слышу тяжелые вздохи: «Ка-а-ак? Мне еще и это нужно?»

имело бы смысл попробовать на себе. Мы не должны и не обязаны их пробовать и применять. Уж тем более нет никаких требований относительно того, что именно делать и как часто. Ежедневный чек-лист — это скорее инструмент отчетности, который показывает (в «режиме, лишенном понятий греха и кары»), что и в какой мере я выполнял. Если я выполнил какую-то практику — хорошо. Поставлю напротив нее плюсик. Если не выполнил... что ж, тоже хорошо, поставлю напротив нее минус...

Рис. 49. Мой ежедневный чек-лист в сервисе http://hwyd.ru

Ежедневный чек-лист, как и дневник самонаблюдения, может быть и временным инструментом, пока не прирастет новая практика. Вы не обязаны вести его постоянно под страхом того, что вся ваша система самоорганизации тут же рухнет, как только перестанете это делать.

Она не рухнет. Но использование этого инструмента может (может, а не обязано) ее укрепить.

В качестве еще одной возможной альтернативы для закрепления у себя принципов джедайских техник можно попробовать участие в марафоне, который мы разработали совместно с компанией HYLS*. Опять же, это альтернатива, а не еще одно дело, которым надо начать себя «мучить». Выбирайте что-то одно: дневник самонаблюдения, ежедневный чек-лист, марафон — и смотрите, что из этого вам помогает.

5.6. О маленьких рецептах (для результата, будь готов к его отсутствию)

Продолжая мысль о том, что рецептов, дающих какие-то поразительные результаты, практически не существует, имеет смысл затронуть вопрос о формировании привычек.

Рассмотрим хитрую форму зависимости сложности внедрения какой-либо привычки от ее «размера». Например, «размер» привычки делать по утрам

* http://links.mnogosdelal.ru/hyls.

зарядку — это количество повторов всех упражнений или количество затраченных на нее минут. Если речь идет о привычке бегать по утрам, то «размером» может быть количество метров пробега.

На интуитивном уровне многие наверняка понимают, что привить себе привычку ежеутренне отжиматься один раз или медленно пробегать 20 метров довольно просто. Но после некоего размера $s_р$ внедрение этой привычки становится почти невозможным.

А теперь посмотрим на зависимость ощущения (ощущения! это важно) пользы привычки от ее «размера».

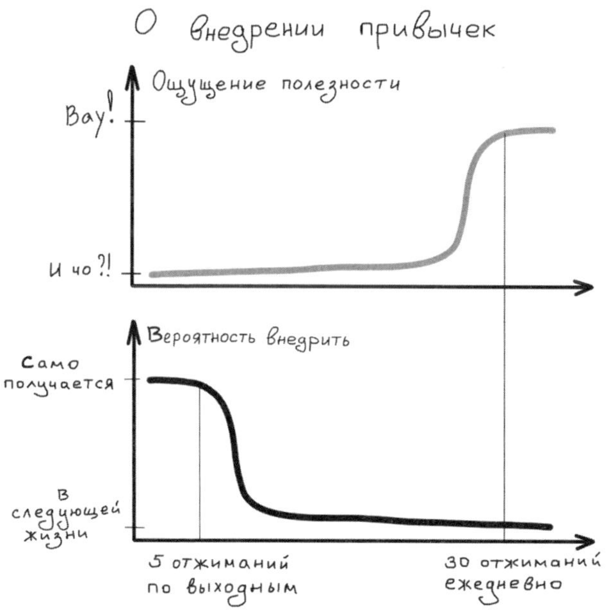

Рис. 50. О внедрении привычек

Если мы мыслим только в статичной картине, то есть считаем, что после достижения определенного «размера» привычки она останется на этом уровне навечно, то пользы от зарядки с одним отжиманием в нашей картине мира нет практически никакой. Польза будет ощущаться только после определенного порогового уровня s_u, например после 30 отжиманий. Плохо, если s_p где-то в районе 5. Иными словами, запустить привычку отжиматься больше 15 раз уже невозможно, при этом кажется, что отжиматься меньше 30 раз бесполезно. Но здесь важна позиционная борьба. Если у меня появится привычка отжиматься один раз перед чисткой зубов, моя физическая форма от этого лучше не станет, но мне будет проще расширить эту привычку до трех раз. Потом до пяти. Потом до десяти… И вот здесь уже польза начнет проявляться.

Основной смысл сказанного таков: будьте готовы играть вдолгую и не надейтесь получить какие-либо заметные результаты. Опять парадокс: чтобы результат получить, его не стоит ожидать. Помните аналогию про семена и растения? Карлсон посадил в горшок персиковую косточку в надежде получить персиковое дерево и регулярно ее оттуда выкапывал, чтобы понаблюдать за прогрессом…

5.7. Закон фастфуда

Не ждите от практик и рекомендаций какого-то чуда. Скорее всего, ни одна из рекомендаций из этой книги сама по себе не даст вам какого-то ощутимого прироста (разве что ваша ситуация очень сильно запущена). Но это вовсе не означает, что следовать советам не стоит.

Если от одного конкретного приема практически нет никакой заметной пользы, это вовсе не означает, что если вы примените к себе десять приемов, то от них тоже не будет никакой пользы.

Аналогичные рассуждения справедливы для вреда. Если вы не ощущаете, как оповещения, рекламные баннеры, раздел «смотри также» и тому подобные влияют на вас по отдельности, то это не значит, что они не влияют вовсе. Предположим, что шанс каждого отдельно взятого капкана внимания схватить и отвлечь вас — всего 10%, тогда вероятность отвлечься хотя бы раз, хотя бы на что-то, имея дело с десятью капканами, — уже 70%...

Эту мысль я встретил в книге Джеральда Вайнберга «Закон малинового варенья и еще 103 секрета консалтинга» [40].

Вайнберг описывал этот закон так: представьте, что мы имеем дело с транснациональной компанией по продаже фастфуда. В эту компанию приходит менеджер с желанием оптимизировать расходы. Сначала он предлагает класть в булочки на одно кунжутное зернышко меньше. Разницы от этого нововведения клиенты не заметят, но в масштабе всей компании это может принести заметную экономию. Затем еще на одно кунжутное зернышко меньше. Опять никто не заметит разницы. Потом добавим чуть-чуть муки второго сорта, затем подмешаем чуть-чуть жира и субпродуктов в фарш… Каждое конкретное нововведение будет незаметно для конечного потребителя, однако сумма большого количества этих незаметных нововведений будет более чем ощутима.

Рис. 51. Закон фастфуда

Очень хорошей метафорой к этому принципу со мной поделилась Наташа Свешникова. В качестве примера можно посмотреть на рисунки в стиле зентангл (zen tangle). Когда смотришь на картинку справа, кажется, что это невозможно воспроизвести. Это чертовски сложно. Однако за этой картинкой стоит всего лишь *огромное* количество повторений простых графических примитивов. Нарисуйте шестиугольник. Затем скосите немного каждый его угол, как показано на рисунке. Получится шестиугольник чуть меньшего размера и чуть повернутый по часовой стрелке. Повторяйте операцию, пока не дойдете до центра. А теперь нарисуйте еще несколько таких шестигранников. Можно «закручивать» их в разные стороны, тогда эффект будет разным.

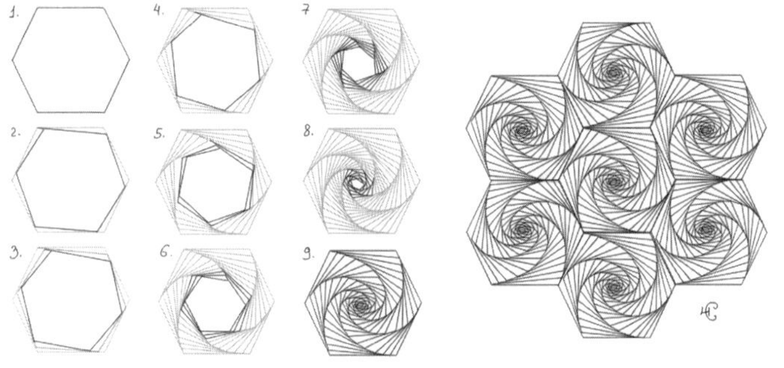

Рис. 52. Медленные процессы

5.8. Как работать с этой книгой дальше

> Хочешь изменить жизнь, сесть на диету, бросить курить или найти новую работу? Специально для тебя каждую неделю — понедельник!
>
> Из анекдотов

Дальше будет описание уровней джедайской зрелости и вакцин, индикаторов, практики и мыслей для каждого из них.

Грубо оценить свой текущий уровень вы можете, просто посмотрев, какое место в вашей жизни занимает срочное по отношению к долгосрочному, в начале раздела 6. Ваш текущий уровень — это рекомендуемый потолок практик. Это значит, что вам стоит проработать практики низших и текущего уровней, но пока не торопиться приступать к практикам верхнего уровня.

Ваш текущий уровень не тот, до которого можно все пропустить, а тот, дальше которого пока не стоит идти.

Как определить свой текущий уровень? Просто посмотрите, какое из нижеперечисленных утверждений лучше всего описывает ваше текущее состояние.

1. Я не успеваю выполнять даже необходимый минимум.
2. Я едва-едва успеваю выполнить необходимую текучку, но на долгосрочные планы не остается сил.
3. Я успеваю разобраться с необходимой текучкой и даже изредка могу посвящать силы долгосрочным планам.
4. Я вполне продуктивно продвигаюсь к своим долгосрочным целям. Завалы если и случаются, то нечасто.
5. Все происходит легко и естественно, и временами мне кажется, что лучше и быть не может.

Что значит «проработать»? Вы берете небольшую порцию (три — пять) компонентов рецепта (вакцин, индикаторов, практик), знакомитесь с их описанием, после чего вносите их в свой инструмент самонаблюдения (дневник из раздела 5.4 или ежедневный чек-лист из раздела 5.5) и наблюдаете за этим какое-то время. День, два, может, неделю — все зависит от того, какими будут результаты.

После этого просматриваете записи и думаете, какие из компонентов рецепта:

- оставить в своей методике и продолжить использовать;
- видоизменить как-то и попробовать еще раз;
- выбросить, так как вам это не подходит.

Затем берете новую порцию вакцин, индикаторов и практик и прорабатываете ее. Кроме того, на каждом уровне перечислены мысли.

Ознакомившись с мыслью, отложите книгу в сторону и подумайте над следующим.

1. Есть ли в вашей практике примеры, подтверждающие и опровергающие эту мысль?
2. Как эта мысль дополняет вашу текущую картину мира?
3. К каким дальнейшим рассуждениям это вас подталкивает?
4. Как это влияет на вас?

Дальше действуйте по ситуации. Кому-то определенные мысли покажутся простыми и понятными, кому-то не очень. Иногда будет достаточно обдумать мысль буквально пару минут, а в другом случае разумно оставить ее на пару дней. Или даже недель.

В общем, здесь я не готов дать какую-то общую рекомендацию. Один из немногих, на мой взгляд, универсальных советов был описан в «Джедайских техниках».

В любой непонятной ситуации — думай.

Это обобщение и развитие универсального правила, которое я услышал от своего научного руководителя.

Когда сомневаешься — доверяй своей ж*пе.

Важное напутствие.

1. **Не торопитесь.** Помните про баланс между получением информации, осмыслением и практикой. Прочитать все за один вечер и потом сетовать на отсутствие пользы — то же самое, что запихнуть в рот целую курицу и удивляться, что не получается ее проглотить. К сложным навыкам нужен постепенный подход*.

---

* Как в анекдоте.

Как родители приучали меня к самостоятельности.

Прихожу домой, вижу записку: «Сосиски на столе».

В следующий раз: «Сосиски в кастрюле на плите, разогрей».

Затем: «Сосиски в холодильнике. Свари».

Потом: «Сосиски в магазине. Деньги на столе. Сходи, купи и свари».

Последняя записка гласила: «Сосиски в магазине. Деньги — на работе».

2. **Действуйте осмотрительно.** Часто люди, начав ту или иную практику, тут же доводят ее до абсурда и потом говорят, что в таком виде эта практика им только вредит. Если практика или вакцина вызывает опасения — пробуйте ее осторожно, небольшими порциями. Например, не стоит разом выключать все оповещения на всех своих устройствах, закрываться в кабинете и пытаться плодотворно поработать. Отключите сначала самые громкие чаты. Поживите с этим. Потом отключите еще порцию чатов... Потом оповещения о новых письмах на смартфоне... Потом на компьютере... Осторожно, постепенно.
3. **Размышляйте над комментариями.** К большинству вакцин, индикаторов и практик прилагается список комментариев. Их дали люди, которых я опрашивал в процессе работы над этой книгой. Комментарии вошли не все, я выбирал преимущественно информативные и с акцентом на негатив. Целью такого выбора было показать, что ни одна вакцина или практика не всесильна. Ничто из этого не является гарантией успеха. Это все — источники надежды. Они могут помочь. А могут и навредить. И это нормально. Все как в анекдоте.

Чем бы я ни решил заняться, у моей бабушки обязательно найдется история про человека, который делал то же самое... и умер...

6. Вакцины, практики, индикаторы и уровни джедайской зрелости

Повторю: мы все разные. Мы различаемся по множеству параметров: как мы воспринимаем информацию, как реагируем на неопределенность, насколько мы успешны и продуктивны в текущий момент...

Хочу заострить внимание именно на текущем уровне продуктивности. От того, насколько хорошо вам удается расправляться с делами, будут зависеть дальнейшие рекомендации. Думаю, понятно, что рецепты и практики для того, кто не может оторвать задницу от дивана, будут совершенно другими, чем для человека, кому нужно оптимизировать свою работу, чтобы запустить третий бизнес.

Основная идея этой книги — показать различные точки приложения усилий в зависимости от того, что вы уже умеете. В принципе, можно было дифференцировать подходы по любому аспекту, не только по уровню «успевания». Например, по весу, возрасту, хобби... Тайм-менеджмент для толстых, секреты эффективности для подростков, подходы к продуктивности для коллекционеров моделей автомобилей... Думаю, любая из этих сегментаций (может быть, не настолько утрированная, как в моих примерах) имеет право на существование, но будет правильным показать различные методы успевания для тех, кто успевает по-разному.

Осталось только понять, как отличить человека, успевающего много, от человека, успевающего мало. Это одна из ситуаций, в которых я могу найти ответ в большинстве частных случаев, но при этом мне очень тяжело ответить на вопрос в общем виде. Другими словами, я могу плюс-минус точно сказать, действительно ли конкретный Вася работает более продуктивно, чем конкретный Петя, но вот дать формулу для сравнения продуктивности Вась и Петь в общем случае я не могу. И не только я. В разделе 4.2 я упоминал статью Нембарда и Рамиреса [34], где они рассмотрели кучу всяких подходов к измерению продуктивности умственного труда и показали, что каждый подход обладает тем или иным недостатком и довольно узкой областью применимости. Общего рецепта нет, но можно придумать способ измерения эффективности для каждой конкретной задачи.

Я думал над этим довольно долго. Озарение пришло, когда я разглядывал классическую буддийскую фреску*, показывающую основные этапы, которые проходит монах на пути к умиротворению ума.

Эта фреска называется «Ум на стезе шаматхи». Шаматха в буддийской традиции — состояние спокойного, умиротворенного ума.

На этой фреске присутствуют слон — он символизирует наш ум, обезьяна — олицетворение наших мыслей, оценок и убеждений, на определенных этапах появляется кролик — притупленность ума.

---

* Объяснение тут: https://tenchoy.livejournal.com/33713.html.

Рис. 53. Фреска «Ум на стезе шаматхи»

Основные этапы, которые проходит монах, вставший на путь просветления, таковы.

1. На начальном уровне обезьяна сломя голову бежит вперед, слон следует за обезьяной,

и монах не в состоянии как-либо повлиять на их движение.

2. Монах накидывает лассо (оно символизирует практику памятования) на шею слону. Слон поворачивает голову в сторону монаха, и вся процессия замедляется. Обезьяна и слон бегут впереди, но они уже подозревают, что, кроме них, есть кто-то еще. Слон и обезьяна начинают белеть — очищаться.
3. Монах встал впереди, а животные, похоже, признали, кто в доме хозяин. Они еще не стали светлыми окончательно, но уже серьезно продвинулись на этом пути.
4. На определенном этапе монах прощается с обезьяной — своими убеждениями и оценками. Слон (ум) становится абсолютно белым.
5. Монах верхом на слоне устремляется вперед к ~~светлому будущему~~ миру, гармонии и нирване.

Тут я решил провести параллель между обезьяной-убеждениями с фрески и обезьяной Тима Урбана как стремлением решать что-либо сиюминутное (не обязательно, кстати, получая при этом удовольствие).

В итоге получились пять уровней.

1. Обезьяна в панике (из-за того, что мы ничего не успеваем) бежит впереди, ломая все, что только можно. Она еще не догадывается, что причиной нашего неуспевания является

ее поспешность, поэтому она старается бежать еще быстрее, а от этого мы не успеваем еще больше (ведь надо еще успевать чинить то, что мы в спешке сломали). В этом состоянии я не справляюсь даже с текучкой, все постоянно валится из рук или я уже на все забил (слабоизученный уровень)*. Основные задачи на этом уровне:
— наладить сон (насколько возможно);
— снизить уровень информационного шума;
— по возможности снизить уровень стресса и начать приучать себя к спокойствию;
— приучить себя к списку задач в любом виде (пока пренебрегая формулировками).

2. Обезьяна время от времени останавливается... Ей кажется, что в голове, кроме нее, есть кто-то еще, но она не уверена... В этом состоянии я изредка могу остановиться и подумать. Это позволяет, хоть и с трудом, справляться с текучкой, но я никак не могу приступить к чему-то долгосрочному. Задачи на этом уровне:
— взять под контроль текучку и минимизировать расход сил на нее, насколько это возможно;

* Из анекдотов: «Порой мне кажется, что половину своей жизни умная часть человечества занимается тем, что ликвидирует последствия деятельности глупой части человечества». По аналогии с этим: иногда мне кажется, что наши редкие проблески сознания расходуются на исправление того, что мы наворотили в режиме «Да что тут думать, сейчас быстренько все сделаю».

Рис. 54. Путь джедая

— выделить проекты, использовать «тест волшебной феи»;
— начать работать с вниманием, чтобы стать более собранным и меньше отвлекаться.

3. Обезьяна замечает, что, кроме нее, в голове есть еще некто рациональный. Иногда она

спрашивает у него разрешения заняться тем или иным делом и радуется, когда рациональный ей это позволяет. Иногда, правда, он просит сделать что-то не очень сложное, что нередко оказывается полезным и даже приятным. Мы уже играючи справляемся с текучкой и даже иногда можем позволить себе делать заделы на будущее. Дальнейшие направления работы на этом уровне:

- учимся работать на будущее и думать о нем;
- поддерживаем порядок в своих инструментах самоорганизации;
- многие вещи начинаем делать заранее, а не в последний момент (оказывается, и так можно было).

4. Обезьяна понимает, что рациональный тип может быть полезен, и просит его о помощи в сложных ситуациях. Начинаем планомерно двигаться к своим долгосрочным целям, подчинять им все больше и больше своих повседневных задач. Потихоньку избавляемся от лишних задач и проектов. Многие нам жаль, с ними было хорошо, но мы понимаем, что хорошие проекты не уходят в небытие, они освобождают пространство для лучших.
   - Практикуем «чтобычтотор».
   - Вводим практику «интеллектуальное фланирование».

5. На пятом уровне мы уже не можем понять, кто на самом деле рациональный, а кто — обезьянка сиюминутного удовольствия. Грань между этими персонажами стирается, и они плодотворно сотрудничают в атмосфере полного взаимопонимания и гармонии. Как бы ситуация вокруг меня ни сложилась, я все равно легко и естественно делаю ее выгодной себе и окружающим.

6.1. Первый уровень. Все горит… И ты в аду…

— Папа, а сложно ли <вставьте сюда любое подходящее дело>?
— Нет, это как кататься на велосипеде… Только велосипед горит… И ты горишь… И ты в аду…

Из анекдотов

Основная задача на этом уровне — взять под контроль стресс и тревожность, наладить регулярные поставки мыслетоплива. Иными словами, процесс восстановления.

Часто люди, находящиеся в цикле суеты и стресса, видят причины такого положения вещей вовне: жизнь такая, времена такие, ритм нашей жизни растет, все ускоряется и т. п. Но часто подобное восприятие имеет место из-за того, что состояние тревоги, стресс и усталость искажают картину мира (вы же помните, мы не видим мир таким, каким он является, см. раздел 3.2) и делают так, что любая ерунда кажется нам срочной, важной и горящей.

Скорее всего, такая реакция на стресс и тревожность оправдана эволюцией. Когда ты встревожен, тут уже не до долгосрочных стратегий и планов, тут главное — выжить, и все оставшиеся ресурсы организм пускает на обеспечение сиюминутного выживания. Все то, что не имеет значения в рамках ближайших минут, — лишнее, нужно решать то, что прилетает прямо здесь и сейчас.

Например, в одном из исследований [42] в ходе экспериментов было доказано, что в состоянии тревоги* мы становимся более внимательными к оповещениям и они сильнее влияют на наши реакции. В другом [43] говорилось, что депривация (недостаток) сна повышает реактивность нашего поведения: на первый план выходят устоявшиеся привычки и рефлексы, а не осмысленные реакции.

Часто оказывается, что этот кажущийся ад на самом деле — ответ организма на переутомление и стресс, как правило, вызванный тем, что нам очень хочется отдохнуть, но мы не позволяем себе этого, так как «надо же хоть что-то сделать». Очень часто, когда мы говорим, что жизнь движется в высоком темпе, — это лишь симптом внутренней суеты и беспокойства.

---

* Именно в состоянии, а не привычке тревожиться. В научных статьях разделяют два феномена: состояние тревожности (state anxiety) и тревожность как черту характера (trait anxiety). Эти виды тревожности по-разному влияют, в частности, на наше внимание.

Рис. 55. Обезьяна впереди всех!

Первое, с чего имеет смысл начать, строя базу для самоорганизации, — режим отдыха и восстановления.

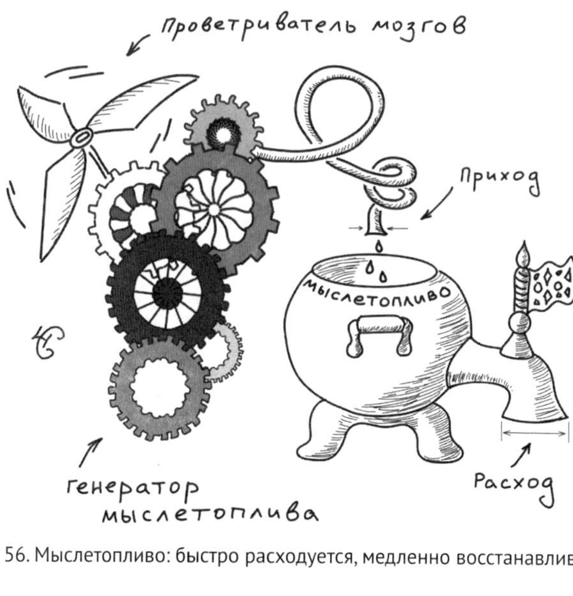

Рис. 56. Мыслетопливо: быстро расходуется, медленно восстанавливается

К сожалению, в нашем организме наблюдается злостная асимметрия: мы расходуем энергию во много раз быстрее, чем восстанавливаем. Тем, кто серьезно занимался силовыми тренировками, наверняка знаком этот эффект. Как пишет мой однокурсник и друг Игорь Катков в книге про любительские силовые тренировки [102], полноценное восстановление после хорошей тренировки может занимать до десяти дней. Понимаете? Час в спортзале и десять дней на восстановление. А еще почему-то мне на ум приходит робот-пылесос: он целый час старательно убирается в квартире, но потом ему нужно обязательно часов пять заряжаться.

Примерно такое же соотношение между скоростью восстановления и затратами мыслетоплива: два-три часа умственной работы и потом всю ночь нужно восстанавливаться. Целую ночь! И то при условии, что мы это делаем правильно.

Итак, поехали...

6.1.1. Мысль: лень, усталость и «заставить себя»

> Лень — это психосоматический признак исправности выработанного за годы эволюции механизма интуитивного распознавания бессмысленности выполняемой работы.
>
> Из анекдотов

«Как заставить себя...» — одна из частых словесных форм, которую я встречаю в вопросах: «Как заставить себя учить английский?», «Как заставить себя заниматься фитнесом?», «Как заставить себя прочитать интересную книгу?» и так далее.

Создается ощущение, что люди убеждены: единственная причина, по которой они не могут выполнить полезные и важные задачи, — это недостаток насилия по отношению к самому себе. Обычно я вспоминаю Добби из Гарри Поттера — домашний эльф всякий раз наказывал себя за то, что плохо подумал о своем хозяине: «Добби плохо подумал о своем хозяине, Добби должен прижечь себе руки утюгом». Так и мы: «Каким утюгом и что мне надо себе прижечь, чтобы наконец заняться саморазвитием?»

Само по себе слово «заставить» имеет негативный оттенок. Как будто мы ленивы и просто не хотим что-то делать. Иногда мы действительно не хотим, но в сочетании с процессом, который человеку вроде как приятен и интересен, слово «заставить» звучит очень забавно. В этом случае мы нередко имеем дело не с ленью, а с усталостью и склонны их путать. Особенно пребывая на низких уровнях зрелости.

По внешним признакам эти два состояния очень похожи: отсутствует желание делать даже (казалось бы) хорошие дела, и любые попытки приступить к ним наталкиваются на чудеса прокрастиногенной изобретательности, так как организм из последних сил пытается если уж не отдохнуть, то избежать дальнейшей усталости.

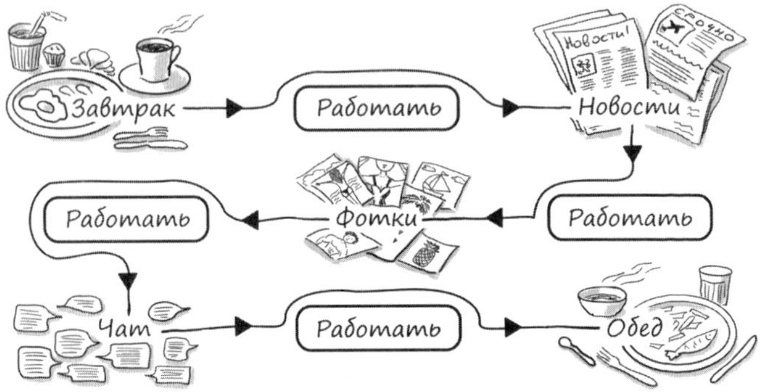

Рис. 57. Работать — это тяжело

Перед тем как приступать к лечению, крайне важно точно поставить диагноз, так как методы лечения тут взаимоисключающие. Это как запор и диарея, и в том и в другом случае вы очень долго будете сидеть на унитазе вместо (казалось бы) более важных дел. Но вот если вы перепутаете лекарства...

Еще из курса школьной биологии мы знаем, что организм любого живого существа содержит в себе механизмы самоизлечения. Даже человека и даже от усталости. Это очень хорошо оказалось описано цитатой* с «Башорга»:

#453851 27.12.2018 в 10:45

xxx: Когда в организм попадает слишком много работы, он начинает вырабатывать антидела

Рис. 58. Еще один аспект иммунитета...

* https://bash.im/quote/453851.

Я бы к этому утверждению еще добавил, что эти антидела в первую очередь атакуют хобби и личную жизнь. Если продолжать, превозмогая усталость, «заставлять себя», то в какой-то момент в нашем организме окажется столько антидел, что изменения могут стать почти необратимыми. Вот очень хорошее наблюдение от Дмитрия Волошина:

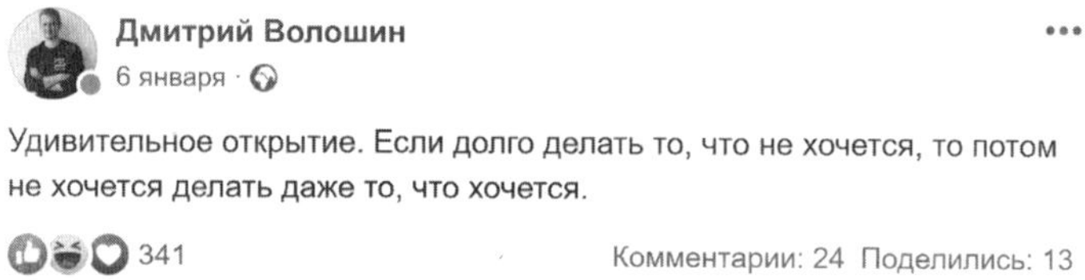

Рис. 59. Удивительное открытие...*

Естественный вопрос: как отличить усталость от лени? Если вы уже обладаете определенным уровнем осознанности по отношению к своему организму, это довольно просто. Но если нет, то... По мотивам статьи Бикбулатовой, Кутулбаева и Ахмедеевой [105] я подготовил опросник, который может хоть как-то помочь с определением наличия признаков усталости. Проверьте себя**.

Как пишут авторы этой статьи, «выявление у пациента выраженной патологической усталости указывает врачу на необходимость исключения

* Оригинал здесь: http://links.mnogosdelal.ru/Voloshin.

** http://links.mnogosdelal.ru/FAS.

соматической патологии (эндокринно-обменных нарушений, анемий, воспалительных и неопластических заболеваний), а также анализа проводимой фармакотерапии. Выраженная усталость может быть основной жалобой при депрессии, а также при некоторых нервных болезнях (например, при рассеянном склерозе, после церебральных инсультов). Усталость в рамках депрессии, как правило, успешно лечится антидепрессантами. Однако при нервных болезнях патологическая усталость может развиваться при отсутствии депрессии и требует особых подходов: когнитивно-поведенческой терапии, дозированных физических нагрузок, фармакотерапии (модафинил, D2-агонисты) и т. д.».

Если перевести это на более понятный нам язык, то прежде, чем называть человека ленивой ж*пой, стоит проверить, здоров ли он, не принимает ли какие-то препараты, не страдает ли депрессией или нервными болезнями.

Если у человека депрессия или астеническое расстройство, то «Да ты уже третий год не можешь выучить английский и записаться в бассейн, ленивая жирная ж*па, как же ты не понимаешь, что для тебя это полезно!» вряд ли будет хорошим лекарством.

А еще усталость очень часто ходит рука об руку с тревожностью. И ты даже не поймешь, где причина, а где следствие: либо я тревожусь и от этого устаю, либо я устал, и от этого мне стало тревожно.

В любом случае, прежде чем называть себя ленивым, имеет смысл проверить себя еще и по шкале тревожности*. Этот опросник я взял из работы [104], если он покажет высокий уровень тревожности, то это можно рассматривать как повод поговорить об этом с психиатром. Это не шутка. Увы, но очень многие состояния, которые мы в быту называем ленью, прокрастинацией, тупняком, «не могу себя заставить», на самом деле на являются той или иной формой сбоя в нашем организме и часто имеют уже отработанные протоколы коррекции.

6.1.2. Практика: лечь спать без экранов

> Завтра тебе сильно не понравится, что сегодня ты еще не спишь...
>
> Из анекдотов

Это самая первая практика, которую я рекомендую для нормализации режима сна. Практика далеко не универсальна и не каждому окажется полезной, но она по крайней мере безопасна, так как базируется на стратегии вычитания (из книги Талеба «Антихрупкость» [41]). Суть в том, что если мы хотим вернуться к своему нормальному состоянию, то прежде всего нужно не добавлять что-то такое, чего у нас не было (например, успокоительные или снотворные), а убирать что-то, что у нас уже есть. При этой стратегии меньше вероятность

* https://links.mnogosdelal.ru/GAD7

столкнуться с риском непредвиденных побочных эффектов.

Рис. 60. Лечь спать без экранов

В ходе одного из исследований [44] изучали связь между использованием смартфона в постели, симптомами депрессии и расстройствами сна и пришли примерно к такой модели явления:

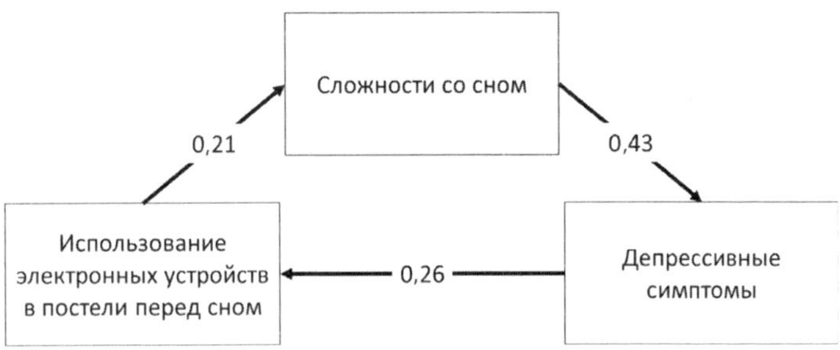

Рис. 61. Расстройство сна → депрессия → смартфон в постели → расстройство сна…

Коэффициенты регрессии, полученные в эксперименте, не назовешь ужасающими, но тот факт, что у явления наблюдается четкая положительная обратная связь, усугубляет дело.

Часто меня спрашивают: «А что считается экраном? А считается ли планшет? А телевизор? А электронная книга?..» Перед тем как дать ответ на этот вопрос, я пытаюсь выяснить, почему он возник. Нередко оказывается, что у человека есть уже сложившаяся привычка (например, засыпать под телевизор), и он хочет услышать что-то такое, что позволит ему эту привычку не менять. Например: «Нет, телевизор не считается. Это только смартфоны — плохо, а телевизор в спальне оставляйте включенным хоть на всю ночь и на полную громкость — ничего не будет».

Рис. 62. Лечь спать без смартфона

Но нет. Если вы хотите поменять что-то в себе в лучшую сторону — будьте готовы что-то поменять. А так как никто не знает, что и на что надо поменять, давайте экспериментировать и наблюдать за собой.

Конечно, зависимость от экранов иногда принимает чудовищную форму. Нередки случаи, когда люди, входя в какую-либо комнату, первым делом включают телевизор или радио. Часто этим грешит старшее поколение, зависимость от телевизора у молодых — редкость, они в основном зависят от смартфона. Если вы стали жертвой подобной аддикции, экспериментировать будет непросто. Но попробуйте хотя бы понаблюдать и фиксировать, насколько ваша зависимость сурова.

Есть мнение, что мало от какой зависимости можно избавиться, но ее можно заместить чем-то менее вредным.

И тут опять поле для экспериментов. Попробуйте вместо смартфона в постели:

- почитать бумажную книгу (сразу масса вариантов: художественную, на иностранном языке, профессиональную, научно-популярную, детям и т. п.);
- заняться какой-нибудь практикой осознанности (например, в книге Марка Уильямса и Денни Пенмана «Осознанность» [45] есть хороший набор практик);
- послушать музыку;
- если вы женаты/замужем, тут тоже есть масса вариантов;
- самый неожиданный вариант: спать…

Некоторые комментарии к этой практике из опросов

*«Г***оконтент отвлекает от реальных проблем — что перед сном как раз норм»*.*

«Каждый раз адский зуд, ну хоть один видосик, ну одну серию сериала, жизнь проходит. Постоянная битва...»

«Нет проблем не брать с собой телефон в постель, когда засыпаешь. Актуальнее — не брать его в туалет перед сном или сразу после сна».

«Самому сделать это довольно просто. А вот жену уговорить никак не могу».

«Заметил по себе, что чем выше тревожность, тем чаще смотрю телефон перед сном или сразу по пробуждении».

---

* В опросах было огромное количество комментариев, сводящихся к утверждению: «Смартфон/планшет/телевизор помогает мне отвлечься от реальных проблем, которых у меня в жизни много». Неоднозначный момент, кстати. Может, наоборот, от этих проблем не стоит прятаться в смартфоне, а нужно взглянуть на них и начать что-то с ними делать?.. Ну как идея... А то получается: «Я не смотрю на эти приборы, они все грустное показывают, бензина мало, давление масла упало, тормозные колодки стерлись — одно расстройство. Я лучше в окно буду смотреть...»

«Перед отходом ко сну в голову часто приходят мысли о планах на будущее, о неприятном опыте, о том, что произошло за день. Порой это мешает уснуть, и телефон спасает именно тем, что отвлекает от мыслей до момента, когда сон организму становится крайне необходим, и тело быстро засыпает, не успевая вернуться к мыслям».

«В дополнение к тому, чтобы засыпать без экранов, я бы также посоветовал принимать пищу без экранов».*

«Смартфон — рабочий инструмент. Смешно будет выглядеть колхозник, который берет в кроватку лопату».

*«Когда встаешь рано и работаешь много + тренировка, вечером мгновенно засыпаешь с телефоном в руке или под урлы-урлы телевизора, даже не успев начать потреблять контент»**.*

6.1.3. Вакцина: установить ночной режим (фильтр синего) на экранах

Эта практика базируется на современном взгляде на биологию сна. Если кратко***, природа создала

* Все так, вот даже исследование [46], где это продемонстрировано экспериментально.

** Если все так, тогда тем более — зачем?..

*** Подробности, например, в научной работе Брейнарда, Роллага, Ханифина [53].

нас так, чтобы ночью мы хотели спать, а днем не хотели. «День», «ночь», «хотеть спать», «не хотеть спать» — это все наши человеческие понятия, которые природе по большому счету безразличны. На уровне физиологических процессов «день» — это время суток, когда в спектре окружающего света много синей составляющей, а «ночь» — когда ее мало (ночью, кстати, тоже светло, но этот свет находится в невидимой человеческому глазу части спектра). Хотим мы спать или нет, определяет наличие в крови гормона мелатонина, который также называют гормоном сна. И пока глаз принимает синюю составляющую спектра, мелатонин не вырабатывается. Как только синей составляющей спектра глаз видит мало, гормон сна начинает поступать в кровь*. В итоге получается забавно: человек ложится в постель, а ему не спится. Он думает: «Какой смысл просто так лежать, как дурак, возьму-ка я смартфон и что-то почитаю, пока не сплю», — и начинает смотреть в экран, в спектре излучения которого, как правило, очень много синей составляющей.

При этом не важна и ее яркость. Даже если вам в глаза светит тусклый экран или синий светодиод от зарядки, это может подавить выработку гормона сна. Из этой вакцины естественным образом вытекает следующая…

---

* Кстати, в инструкциях по применению препаратов, содержащих мелатонин, рекомендуется избегать яркого освещения. Неспроста.

Рис. 63. Полуночные лучи бодрости

Некоторые комментарии к этой практике из опросов

«Я пошел еще дальше. Существует движение go grey campaign — делать экран телефона черно-белым (в настройках эмуляции ограниченных возможностей). Это офигенно. Гораздо меньше развивается зависимость, соцсети не такие залипательные, мемасики не такие смешные, начинаешь относиться к телефону как к инструменту, а не источнику дофаминов. Очень рекомендую такой радикализм».

«Изменение цветов на экранах вгоняет меня в уныние. Я слишком заранее узнаю, что день заканчивается».

6.1.4. Вакцина: провести ревизию спального места на предмет светового шума

Если для подавления выработки мелатонина действительно важен спектр, а не интенсивность света, разумно будет провести ревизию спального места и посмотреть, не светит ли на вас какой-нибудь светодиод (от зарядки, телевизора*, кондиционера)... Надо понимать, что белый или бело-лунный светодиод — это гарантированное попадание в нужную часть спектра, так как белый свет содержит все спектральные составляющие.

Помимо этого, обратите внимание на то, какие лампы вы используете для искусственного освещения. У них есть такая характеристика, как цветовая температура, которая измеряется в кельвинах. Скорее всего, у вас либо энергосберегающие, либо светодиодные лампы. Обычные лампы накаливания светят теплым светом, их цветовая температура, как правило, находится в диапазоне 2600–3000 К — это чуть желтоватый свет. Светодиодные и энергосберегающие лампы выпускаются с различной цветовой температурой: они могут быть «теплыми» (2700 К), но могут иметь и более высокую температуру: 4500 К, 5000 К и даже выше. Все, что выше 4500 К, — это холодный свет, отдающий в синеву. У некоторых людей он подавляет выработку мелатонина сильнее, чем теплый. При случае попробуйте

* Телевизор вообще можно удалить из спальни — тоже очень хорошая вакцина.

заменить лампы в спальне, ванной, туалете и тех местах, где вы бываете перед сном*, на лампы более теплого света с цветовой температурой 2700 К.

6.1.5. Практика: спать с выключенным светом и маской на глазах

Логичным образом следует из того факта, что циркадные ритмы ломает не столько яркость света, сколько его спектральный состав. Мы все в разной степени зависим от этого механизма, но пока не попробуешь, не узнаешь наверняка, насколько. Вы же помните, как работать с практиками? Попробовали несколько раз; если стало лучше, то оставили, если нет — отказались. Попробуйте маску для сна в таком режиме.

6.1.6. Вакцина: установить автоматический режим «не беспокоить»

Бывает ли такое, что утром (рано утром) смартфон будит вас оповещением о чем-то ну совсем неважном в этот момент? О том, что ожидается гроза или что с вас списали десять рублей за мобильный банк? А потом у вас ну никак не получается уснуть. Хуже, когда неотключенные оповещения в родительском чате заставляют вас в три часа ночи спорить о политике министерства образования с человеком, которого вы не знаете, но его ребенок учится вместе с вашим. Даже если эта ситуация вам незнакома

* Например, в холодильнике ☺

(или вы думаете, что это не самое страшное, что случается с вами в жизни), все равно попробуйте сделать так, чтобы ваш смартфон автоматом уходил в режим «не беспокоить» по расписанию.

Если страшно, внедряйте эту вакцину постепенно. Сначала настройте автоматическое включение «не беспокоить» с часу ночи до пяти утра. Потом действуйте смелее: с 23:00 до 7:00. Потом можете расхрабриться еще больше. Например, выставьте этот режим с 10:00 до 12:00 — дайте себе время поработать: а) головой и б) над теми задачами, которые вы сами выбрали. Совсем же смелые могут попробовать автоматически включать режим «не беспокоить», скажем, каждый четверг.

Реализовать это технически можно по-разному. На момент написания книги в большинстве современных версий Android есть функция включения режима «не беспокоить» по расписанию. Не у всех iPhone это есть, но тут может помочь бесплатный сервис If This Then That*.

Ясное дело, если ваша работа заключается в быстром и незамедлительном реагировании на телефонные звонки, то уровень смелости надо выбирать осторожно. Однако, по моим наблюдениям, мы очень часто переоцениваем необходимость всегда быть на связи. Хуже того, во многих компаниях я слышал призывы так не делать, но они не работали. Это казалось мне странным, но однажды

---

* http://ifttt.com.

я нашел объяснение этому факту. Я прочитал статью о выгорании у миллениалов [57]. Статья написана американкой и во многом отражает особенности американского общества, но как минимум один из моментов интернационален: «Призывы не работать сверхурочно не приводят ни к чему, так как миллениалы воспринимают их не как разрешение отложить работу в сторону, а как способ еще больше выделиться, будучи доступным для дополнительной работы вопреки подобным заявлениям». А выделяться — в эпоху социальных сетей и высокой конкуренции (как минимум воспринимаемой) за хорошие рабочие позиции — для миллениалов крайне важно. Все как в анекдоте.

> Пришел мужик как-то в баню, помылся, а потом обнаружил, что забыл дома полотенце. Стоит, растерянно шарит глазами по сторонам. Вдруг видит — табличка: «Занавесками не вытираться!»
> — О! А ведь это идея!

Некоторые комментарии к этой практике из опросов

«Телефон переводится в режим полета на всю ночь. Утром во всем разберемся».

«Периодически использую этот режим, но максимум на несколько часов. Мой телефон знают в основном близкие, и в два часа ночи будут звонить только по действительно важному поводу. А вот интернет отключаю на ночь всегда».

«Если отключены уведомления, эту функцию считаю бессмысленной».

«Долгое время использовала прием постоянно, потом отключила почти все уведомления на телефоне, кроме рабочих программ, и проблема решилась. По работе среди ночи не пишут :)

Но на встречах, в том числе личных, часто включаю режим "не беспокоить", чтобы случайный звонок не отвлекал от общения».

«Риск пропустить важный звонок или СМС выше, чем риск случайной эсэмэски с анекдотом в два часа ночи».

«У меня сейчас телефон практически постоянно без звука и без вибрации, просто в наше время мы настолько часто смотрим в экран, что надобность в этом в принципе отпадает, на мой взгляд. А боязнь пропустить срочный звонок — это миф, ну или у меня не так. Если при очередном взгляде на экран я вижу пропущенный — я перезваниваю, все просто».

«Android позволяет задать избранным контактам высокий приоритет. Тогда и волки целы, и овцы сыты».

«Если ночью по работе или еще по какому-то поводу звонят, значит, что-то случилось. В противном случае не очень хорошо товарищ поступает».

«Если случится действительно нечто крайне важное, то нужен какой-то канал связи».

6.1.7. Индикатор: количество часов сна (число часов в фазе глубокого сна)

Моя сексуальная фантазия на выходные — выспаться во всех позах.

Из анекдотов

Из большинства вакцин и практик этого раздела можно заключить, что сон важен, на начальных уровнях ему отводится центральная роль. Очень часто все вокруг кажется срочным и горящим лишь потому, что ум, которому так и не дают нормально восстановиться, находится в стрессе и придает всякой ерунде куда больше значения, чем она того заслуживает.

Кроме того, совершенно понятно, что вряд ли человек, который систематически не высыпается, делает это лишь потому, что не знает о пользе сна. Скорее всего, проблема в другом. Хотя в некоторых случаях люди могут даже гордиться тем, что не высыпаются, перерабатывают и годами обходятся без отпуска. Для них это синоним успеха!

Когда-то я прочитал такой анекдот:

Чем больше я сплю, тем меньше от меня вреда.

Vlad :: gwer
@webholt

Прекратите романтизировать овертаймы и отсутствие выходных и отпусков. Если повезет, пожалеете об этом. Если не повезет — даже не поймете источник кучи проблем.

6:28 ПП · 26 авг. 2018 г.

Рис. 64. Очень хорошее высказывание о переработках*

Знаете, это не анекдот, это чистая правда. Когда человек не высыпается, по ряду параметров (в том числе по когнитивным способностям) он приближается к состоянию алкогольного опьянения, а по ряду параметров становится даже хуже**. При этом в нашей культуре принято хвастаться тем, как мы работаем, не высыпаясь, хотя, по сути, это примерно то же самое, что и хвастаться тем, что ты работаешь пьяным («пили водку, меняли пароли»).

Нередко, используя для измерения параметров сна смарт-часы или смарт-браслеты, люди говорят, что никаких выводов им сделать не удалось. Оно и понятно: для этого важно «прикасаться умом» к этим цифрам. Например, регулярно вручную переносить их из смарт-часов в ежедневный чек-лист или дневник, чтобы хоть какое-то мгновение эти цифры побывали в уме. Если это все будет делать автоматика, то и выводы

* Оригинал здесь: http://links.mnogosdelal.ru/OvertimeRomantic.

** И такое тоже исследовалось, см. например: [58], [59].

будет делать автоматика. Но вряд ли она с вами этими выводами поделится (а вот с тем, кто ее разрабатывал, она поделится наверняка...).

Измеряя продолжительность глубокого сна при помощи фитнес-браслета, важно понимать, что у каждого устройства свой алгоритм определения фазы глубокого сна. Плюс у каждого человека свои физиологические особенности. По этой причине будет некорректно сравнивать цифры разных людей (например, устраивая конкурс, кто спит лучше всех). Здесь важную информацию будет нести относительное изменение продолжительности глубокого сна, измеренное одним и тем же прибором у одного и того же человека.

Некоторые комментарии к этой практике из опросов

«Со мной это сработало. Как в случае со сном, так и с числом шагов и кучей других привычек. Есть риск, про который писал, кажется, Талеб, что самоцелью становится трекинг, а не изначальная цель (сон, число шагов или же сама привычка). Вроде бы он приводил пример со своим знакомым, который не поехал кататься на велике, потому что сломался одометр. Так что тут надо быть осторожным ☺».

«Нормально я сплю, с 23 до 7, встаю без будильника, что тут оптимизировать ☺ Ну, то есть уже оптимизировал ☺».

«Более того, когда начинаешь что-то отслеживать, внезапно улучшается не только этот аспект, но еще и куча других, которые, казалось бы, никак не связаны».

«Не всегда есть прямая зависимость между количеством сна и общим самочувствием. Для меня более актуально поспать получше, желательно где-нибудь за городом на природе».

«Ранее решил таким образом проблему со сном. Сейчас пробую так бороться с перееданием».*

«Если не высплюсь — весь следующий день испорчен».

«Когда начались проблемы с сердцем и жуткая усталость, стал искать источники проблемы. Недосып — главнейший из них. Теперь фитнес-браслет подсказывает. И сам начал больше следить за собой, и, если допускаю недосыпы, стараюсь в ближайший день-два "вернуть долг", иначе потом сложнее восстановиться».

6.1.8. Практика: прятал смартфон от себя (не держал его на виду)

Моя рабочая гипотеза заключается в том, что практически от любого экрана исходят лучи

---

* Я тоже...

отупения — стоит вам только направить его себе в лицо, как вы становитесь в два раза тупее. Эффект «высасывания мозга» (оригинальная статья, в которой описан этот эксперимент, так и называется: Brain Drain) наблюдали так.

Рис. 65. Гаджет выкачивает мозг

Испытуемых (молодых людей, студентов, в количестве 548 человек) позвали проходить тесты на определение объема рабочей памяти и на так называемый текучий интеллект. Случайным образом их поделили на три группы в зависимости от того, где будет находиться их смартфон:

— на столе в зоне видимости;

— в сумке, но рядом с ними;

— в соседней комнате.

После тестов на объем рабочей памяти испытуемых попросили заполнить опросник на тему того, что они думают о влиянии смартфона на умственную работу. Глубина эффекта оказалась не пугающей (на графиках ниже применен типичный прием — начало шкалы не от нуля), но статистически значимой.

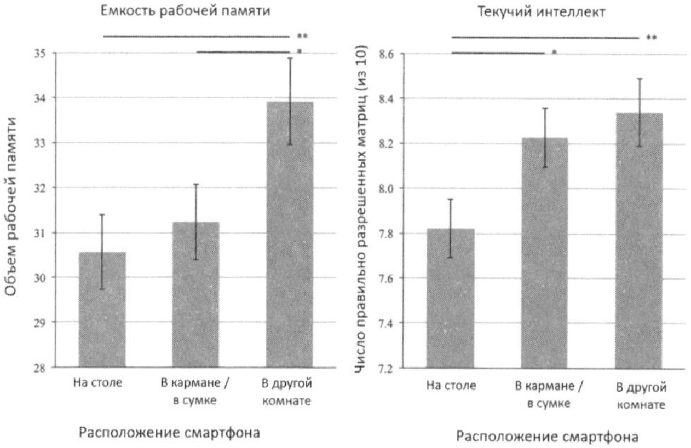

Рис. 66. Влияние расположения смартфона на емкость рабочей памяти и текучий интеллект*

Важно отметить, что всех попросили выключить и звук, и вибрацию, и все равно место, где находился смартфон, оказало заметный эффект на объем рабочей памяти.

В реальных (не лабораторных) условиях ваш смартфон будет пищать и вибрировать.

---

* Текучий интеллект — это способность мыслить логически, анализировать и решать задачи, выходящие за пределы предыдущего опыта. Термин ввел Раймонд Кэттелл.

И вам отнюдь не будет неловко брать его в руки (как во время исследований), скорее наоборот — подсознательным вашим желанием будет продемонстрировать (хотя бы самому себе), что вы заняты чем-то полезным.

Рис. 67. Прятал смартфон от себя

На семинарах и мастер-классах часто возражают: «Ну я же обязан отвечать на звонки, вдруг там что-то срочное».

По какой-то непонятной причине ставят знак равенства между «положить смартфон в сумку или за монитор» (чтобы он не попадался на глаза) и состоянием «я никогда никому не отвечаю». Но это вовсе не одно и то же.

В реальной жизни не одно и то же — спрятать от себя смартфон в карман или же в сумку. Один из пользователей на моем форуме натолкнул меня на мысль*, что очень хорошая разновидность этой

* Ссылка на исходную ветку: links.mnogosdelal.ru/HideSmartphone.

практики — по дороге класть смартфон не в карман, как это многие делают, а в рюкзак.

Некоторые комментарии к этой практике из опросов

«Здесь, на мой взгляд, важно не запрещать себе категорически, иначе появится детский соблазн сделать наперекор. Надо понимать, что этого делать не хочется. И, например, выделять какое-то время, когда спокойно погружаешься в свой смартфон или что-то еще».*

«Недавно понял, что прогулки (больше часа) без телефона повышают тревожность. Вот он лежит — тихий, экраном вниз, не мешает, но ты уверен, что до тебя дозвонятся, когда будет нужно, или ты сам свяжешься. Без телефона ты сразу в дисконнекте и с fear of missing out».

«Ощущаю смутное удовлетворение, когда смартфон остается в сумочке. Но о конкретной практике узнала только сейчас».

«Положительный опыт, когда во время работы убирала телефон в ящик стола. Легче сосредоточиться, более продуктивно работается».

---

* Вспоминается серия из «Южного Парка» про Будда-бокс (8-й эпизод 22-го сезона).

«Я построила свою жизнь так, что мне необходимо видеть и принимать сообщения и звонки. Я бы убрала его из зоны видимости, но... В числе прочих мне звонят или пишут дети, чтобы сказать, где они находятся, — это для нашего спокойствия».*

«Если увлечен каким-то делом, телефон не отвлекает, даже находясь под рукой. А вот если нужно приступить к выполнению скучного дела, которое велик соблазн отложить на потом, совет убрать гаджеты подальше весьма уместен».

*«У Курпатова, если не ошибаюсь, в книге "Информационная война" об этом написано»**.*

«Замечала, что какая-то часть меня тянется к тому месту, где он лежит ☺».

6.1.9. Практика: две минуты ничего не делать

Желая закончить затянувшийся спор, муж говорит жене:

– Дорогая, давай не будем ссориться, а обсудим все спокойно...

– Нет! Каждый раз, когда мы что-то спокойно обсуждаем, ты оказываешься прав.

Из анекдотов

* Частая, кстати, ошибка: ставить знак равенства между «убирать из зоны видимости» и «не проверять, не отвечать и вообще всех игнорировать».

** Не ошибается.

Чтобы выполнить это простое упражнение, ничего особенного делать не надо. Вообще ничего не надо делать. Попробуйте поставить таймер на две минуты и, пока он не прозвенит, просто сидите и не делайте ничего.

Если это окажется непосильной задачей, попробуйте начать с одной минуты ничегонеделания. Если же две минуты даются с легкостью, поднимите планку до четырех.

До определенного предела (от пяти до двадцати минут) ценность практики будет увеличиваться, однако вместе с этим будет и возрастать вероятность ее прокрастинации. Этому свойству времени будет посвящен отдельный раздел, но здесь имеет смысл заметить, что шансов выполнить пять дел по пять минут больше, чем одно дело, занимающее 25 минут*.

Самый частый вопрос об этой практике, который мне задают: «Надо ли ни о чем не думать в этот момент?» Как будто люди могут просто так взять и перестать думать. По большому счету мы не очень-то влияем на наш мыслительный процесс и не можем по заказу включить его или выключить. Часто мы его даже направить в нужное русло не можем. Так что мы просто наблюдаем за ним. В каком-то смысле это можно назвать медитацией. Мне понравилось определение, данное этому процессу

---

* Прокрастинация выпукла по отношению ко времени выполнения задачи, как сказал бы Талеб.

Тимом Феррисом: «Наблюдать странную фигову комедию в своей голове»*. Тим Феррис известен своими подкастами с людьми, лучшими в своем деле. В своем выступлении [47], отвечая на вопрос «Что общего между всеми опрошенными вами людьми?», он первым делом сказал, что минимум 80% из них выполняют по утрам те или иные медитативные практики.

Эта практика нужна для того, чтобы приучить себя к спокойному состоянию. Для многих людей (особенно на низких уровнях джедайской зрелости) ничегонеделание оказывается очень неприятным, они могут начать делать что-то просто ради того, чтобы избежать этого дискомфорта. Хотя нередко большой вопрос, что принесет больше вреда: «упущенное время» (особенно в ситуации, когда нас ограничивает мыслетопливо), сляпанный в спешке результат важной работы или сдуру запущенная бестолковая активность.

Чуть подробнее хочу остановиться на «сдуру запущенной бестолковой активности».

Весной 2017 года я был на маленьком ретрите с чаньскими монахами (чань — это то, что в Японии называют дзен). Ведущий, Го Син, рассказывал об успокоении ума. Механику суетливого ума я понял так: весь рой наших мыслей в каждый конкретный момент времени — это всего лишь одна-

* В оригинале звучало: "Just observe this weird shitty comedy inside your head" [47].

единственная мысль. Но так как мы цепляемся за эту мысль или реагируем на нее, появляется вторая мысль, она порождает третью, третья — четвертую, и в итоге у нас в голове быстро-быстро крутится клубок мыслей, порожденный ими же самими.

Один из важных навыков на пути успокоения ума — научиться (именно научиться путем тренировок и практики) «не отвергать и не цепляться» за возникшую в голове мысль, чтобы она не породила следующую.

Опять же, я не призываю вас совсем прекратить думать и никогда больше этим не заниматься. Речь о том, что, если хочешь успокоиться, нужен прокачанный навык «нецепляния». Если не хочешь успокаиваться в данный конкретный момент — ну и не надо, можно отвергать и цепляться.

Я немного развил тему: мысль может породить действие, действие опять может породить одну или несколько мыслей, а какие-то из них, в свою очередь, опять породят действия... Если мы не умеем «не отвергать и не цепляться», то можем прийти к расходящемуся вееру тупых мыслей и бестолковых действий (аналог темной площадки для игр у Тима Урбана [48]).

На картинке ниже мысль — закрашенный кружок, а действие — белый.

Эта практика помогает нам приучить себя (вы же помните, что просто знать что-то недостаточно для изменения поведения) не реагировать на все мысли подряд действиями и мыслями и вместо расходящегося роя не пойми чего, неизбежно ведущего в облако бестолковой активности, приучать себя «сворачивать» мысль в никуда до того, как она разбушевалась в голове и выжгла все мыслетопливо.

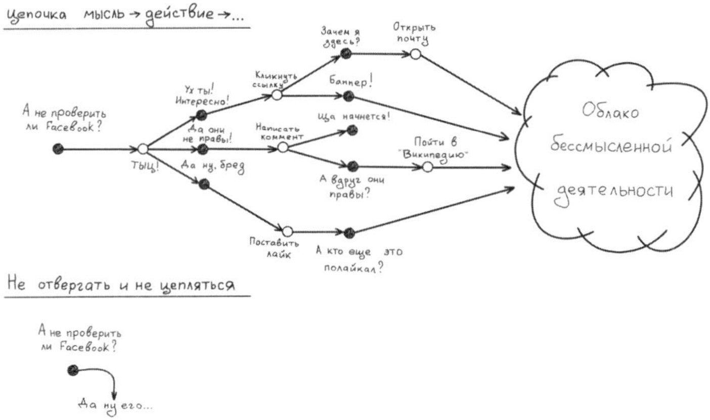

Рис. 68. Не отвергать и не цепляться

Может быть, для лучшего понимания будет уместна следующая метафора. Наверняка вы знаете про хватательный рефлекс у младенцев: если положить ребенку в ладошку палец, он автоматически его схватит. Вот такой же хватательный рефлекс есть и в нашем уме: стоит в нем появиться какой-либо мысли, как он ее сразу — хвать! — и начинает раскручивать дальше. Смысл этой практики — выключить хватательный рефлекс ума.

Опять же, для моих маленьких любителей возводить все в абсолют подчеркну: мы не стремимся к тому, чтобы состояние ничегонеделания стало для нас постоянным (на тренингах меня часто спрашивают, должны ли мы стремиться к тому, чтобы восемь часов в день ничего не делать). Мы хотим прокачать навык «контраварийного вождения самого себя»: как только вы чувствуете, что мысли в голове идут вразнос, вы с помощью «нецепляния» аккуратно помогаете этому процессу затухнуть*.

Если вы никогда раньше не практиковали ничего подобного, то «ничего не делать две минуты» может оказаться очень непростой задачей. Некоторые участники моих семинаров утверждают, что готовы ничего не делать по восемь часов в день, но эксперименты говорят об обратном. Один из довольно забавных опытов показал, что люди от скуки готовы на многое, даже на неприятное. В одной из статей [49] описан эксперимент, в ходе которого испытуемых закрывали в лабораторной комнате на 6–15 минут с инструкцией «развлекать себя мыслями». У них забирали смартфоны и письменные принадлежности, в помещении не было ничего, кроме кресла и… кнопки, которая била испытуемого не сильным, но неприятным разрядом тока (исследователи предупреждали об этом заранее). Так вот, 12 из 18 мужчин и 6 из 24 женщин ударили себя током минимум один раз. Некоторые даже несколько раз. Чем люди только не занимаются, лишь бы не думать…

---

* Опять нелинейность: всегда тормозить — плохо, никогда не тормозить — плохо. Правда где-то посередине.

+76 rnull 201 день назад

Хрен с ним, после работы я стал ловить себя на том, что выходные могу проваляться на диване. Решил проблему просто: пишу список дел. На вечер или на выхи. Пока не выполню, *опа не присядет.

ответить

+283 nedobryignum 201 день назад

лол, пробовал, в выходные лежу и с тоской смотрю на список, и мне становится так мерзко что я валяюсь и список не делаю,что не остается никаких сил,даже встать с дивана...

ответить

+106 rohana 201 день назад

Ведро плюсиков этому господину.
Надо сделать кучу всего, сил нет, решаешь отдохнуть. Ненавидишь себя за то, что лежишь и не делаешь дела. В результате от ненависти к себе устал еще больше и так ни хрена и не сделал.

Рис. 69. Не всегда все так просто...*

Еще один аргумент в пользу этой очень простой и изящной практики «нецепляния». Мы очень часто недооцениваем имеющиеся у нас возможности восстановления. Мало того, очень часто мы идеализируем необходимые для отдыха условия. Конечно, если все-все дела сделаны, вы находитесь на тропическом острове, у вас нет интернета, есть еда и крыша над головой и вам не надо думать о том, что делать дальше, отдыхать в таких условиях сможет любой дурак. А вот немного перевести дыхание и восстановиться в круговороте повседневной суеты (которая вообще не собирается заканчиваться) — ценный навык. И его можно и нужно развивать. Начиная с малого. Хотя

* Оригинал здесь: http://links.mnogosdelal.ru/VedroPlusikov.

бы с двух минут. Например, прямо сейчас. Попробуйте...

Частый аргумент против небольшого двухминутного отдыха: вот все доделаю и тогда отдохну. Но нередко ситуация такова, что ты не сможешь что-то доделать, пока не отдохнешь...

Помимо прочего, эта практика учит останавливаться... Сейчас интернет полон статей из разряда «как мотивировать себя», «как заставить себя», и все в таком духе. Как будто естественное состояние человека — лежать и не шевелиться, и если он не делает чего-то, то только потому, что кто-то не дал ему в свое время пинка. Очень часто непонятное избегание работы — попытка организма восстановиться.

В большинстве же ситуаций мы не просто не лежим, ничего не делая, а что-то быстро-быстро фигачим, не понимая, что именно. От своего бывшего коллеги Димы Мазуркевича лет пятнадцать назад я услышал очень хорошую фразу: руки опережают мысль. Это ужасный эффект, проявляющийся в состоянии усталости и стресса одновременно: нам хочется побыстрее доделать дело и пойти отдыхать, поэтому мы начинаем торопиться. Если к этому моменту еще и закончилось мыслетопливо, то мы осознаем сделанное с небольшой задержкой. Реально небольшой, в считаные секунды. У вас было такое, что вы отправили электронное письмо и через пять секунд поняли, что этого делать не стоило? Оплатили товар и через несколько мгновений осознали, что поторопились? Это и есть руки, опережающие мысль.

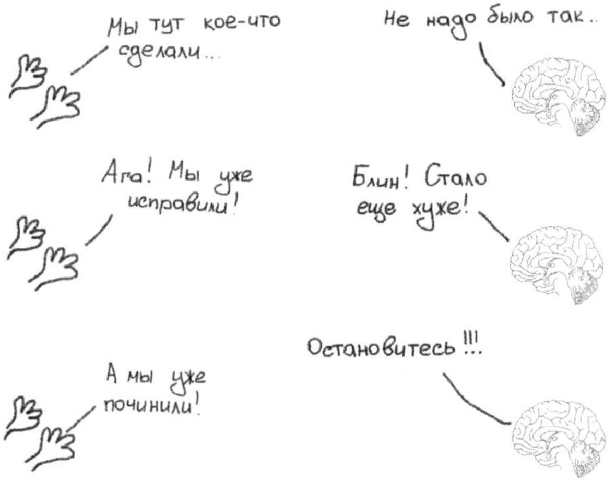

Рис. 70. Руки опережают мысль

Самое ценное в эти моменты — уметь остановить себя. Но если ваши тормоза слабы, сделать это не получится. Вы как будто бежите по крутому холму вниз, набирая скорость. Остановиться вы не можете, лишь разгоняетесь, пока не упадете... Знакомо?

Если в таком состоянии вы пребываете часто, две-три минуты ничегонеделания будут прекрасным упражнением для тренировки внутреннего тормоза. Понятно, что ни руки, опережающие мысль, ни безделье не приблизят вас к нужному результату. Но лишь остановившись, мы можем подумать. А думать — это полезно, ведь не так много проблем появилось из-за того, что кто-то не смог себя заставить что-то делать. Куда больше проблем возникло потому, что кто-то не смог себя вовремя остановить, чтобы подумать.

Рис. 71. Тренируй свой внутренний тормоз

Некоторые комментарии к этой практике из опросов

«Использую в другом формате — каждый час 5–7 минут хожу и не думаю ни о чем специально».

*«Это очень похоже на технику Pomodoro с пятиминутными перерывами»**.

---

* Эту тему мы еще затронем в разделе 6.3.5.

«Мне посоветовал психотерапевт. Использую, если замечаю, что застряла на какой-то задаче».

«Вместо этого иногда делаю пальминг по методу Бейтса: закрываю глаза руками и смотрю в черноту».

«Очень много где встречал подобный прием. Медитация, советы по выходу из невроза у Курпатова, Кастанеда в одной из книг учит подобной технике...»

«Мне нравится сидеть и пытаться вообще не думать. Иногда практикую. Если просто сидеть и думать, мало полезного приходит в голову. А вот если вообще не думать, то потом концентрация повышается, и можно как будто взглянуть на мир по-новому».

«Пробовал эту медитацию, как описано в книге "Сила воли" Келли Макгонигал [50], сначала был полон энтузиазма, примерно на десять раз хватило (около двух недель). Но потом забросил и не пользуюсь, так как эффект не мгновенный, не гарантируемый и не очевидный. Какой-то эффект есть, наподобие включения в неожиданные моменты "остановись и подумай", но связь с медитацией не очевидна».

«Осознал, что у меня страх оставить мозг без контента, мне прямо физически больно от скуки, не могу ее выносить».

«Впервые про этот прием узнал из книги Эндрю Смарта "О пользе лени" [51]. В ней подробно

описана механика работы мозга и рассказано, почему так полезно порой ни о чем не думать и дать мозгу упорядочить и связать полученную ранее информацию».

«Очень трудно! Иногда в помощь использую сайт http://donothingfor2minutes.com».

«Очень сложно, но очень дельно. Когда стала пытаться так делать, заметила, что мы настолько погрязли в постоянном “фоне”, что настоящее “ничего не делать” без телефона — это действительно сложно».

«Дать слегка отдохнуть голове помогают звуки моря/дождя/etc. В тишине или в офисе мозг тяжелее замедляется и очень громко паникует ☺».

«Помогает даже пара глубоких вдохов-выдохов с закрытыми глазами».

6.1.10. Практика: разгружать память спусковыми крючками

> Совет всем, кто ставит суп на плиту и идет за комп: берите с собой ложку. Этот предмет напомнит вам, что вы что-то готовите.
>
> Анекдот о спусковых крючках

Часто это напоминание служит добрую службу, так как, согласно другому анекдоту, картошка начинает жариться сразу же после того, как заканчивает вариться.

Рис. 72. Суп и интернет

Спусковой крючок — это и есть слово, словосочетание, объект, который может напомнить вам о чем-то потенциально забытом.

Рис. 73. Разгрузка памяти

В приложении «Джедайских техник» был пример одного из множества возможных видов списков спусковых крючков: интеллект-карты со словами-напоминаниями*.

Как пользоваться спусковыми крючками.

1. Найдите спокойное тихое место, сядьте.
2. Начните вдумчиво просматривать слова (обычно интеллект-карты просматривают «с двенадцати часов» по часовой стрелке).
3. Если вдруг какое-то слово напоминает вам о чем-то, что вы должны сделать, над чем подумать или «не забыть» по какой-то другой причине, — запишите то, что вылезло из головы (важно записать именно то, что вылезло, а не тот спусковой крючок, на котором оно вылезло).

И естественно, если эта техника вам зайдет, список спусковых крючков имеет смысл заточить под себя**.

Сейчас я все реже и реже встречаю взрослых людей, которые брезгуют записями, но тем не менее такие есть. Они говорят: «Я же и так все помню».

Если разобраться, действительно, у них нет свидетельств обратного. Ведь для того, чтобы четко увидеть, что я что-то забыл, мне нужно иметь возможность сравнить два списка: список того, что мне

---

* Текущую версию этой интеллект-карты вы можете найти по ссылке: http://links.mnogosdelal.ru/triggers.

** Например, вот во что превратились спусковые крючки у одной из учениц 179-й московской школы: http://links.mnogosdelal.ru/179/triggers.

нужно было запомнить, и список того, что я фактически помню, но я ведь не помню того, что забыл…

Есть еще один момент. Предположим, в моей кладовке лежит шуруповерт. Но шуруповерт мне нужен то дома, то на даче. Значит ли это, что шуруповерт у меня есть? На этот вопрос можно посмотреть с нескольких сторон. С юридической точки зрения «у меня есть шуруповерт» означает, что у меня есть в отношении него право собственности (если, конечно, я не стащил его из магазина). С бытовой точки зрения шуруповерт у меня есть, даже если я его стащил. А вот с точки зрения усилий, затрачиваемых на закручивание шурупов вручную то в гараже, то на даче (из-за того, что постоянно забываю инструмент дома), шуруповерта у меня нет.

Примерно так же происходит и с понятием «я помню». Время от времени человек обращается к своей памяти и находит кусок информации, который он там сохранил. Например, вспоминает, что вечером по дороге с работы нужно купить молока… Он вспоминает об этом по дороге на работу, на работе, на совещании, в столовой во время обеда… Значит ли это, что человек не забыл купить молока? С практической точки зрения это ничего не значит, решающую роль играет тот факт, купит ли он в итоге молоко или нет. Не исключено, что именно в тот момент, когда мысль о покупке молока наконец понадобилась, она и не появится, хотя весь день не вылезала из головы. То есть неважно, что вы можете вспомнить задачу. Важно уметь ее вспомнить в нужный момент.

Этот эффект характерен не только для задач, но и для идей. Если вы когда-либо пытались написать курсовую, диплом, книгу или вести блог, то наверняка сталкивались с такой ситуацией: пока вы не можете сесть и начать (например, на прогулке, в дороге или еще где-то), вам в голову лезут мысли. Хорошие мысли. Они вас радуют, укрепляют веру в себя: вот какой вы креативный! Но когда вы садитесь за компьютер, все эти мысли куда-то прячутся. В «Джедайских техниках» этот эффект назывался «я мегакреативный и разносторонне развитый». Если такая ситуация вам знакома, это может быть тонким намеком, что состояние, в котором к вам приходят идеи, и состояние, в котором вы можете ими воспользоваться, — это два разных состояния, и наш штатный «мыслепровод» между ними крайне ненадежен. Так что разумно использовать в качестве мыслепровода внешний источник информации.

> Жизнь преподнесла мне два важных урока. Первый я уже забыл, а второй заключается в том, что все надо записывать.
>
> Из анекдотов

Пара слов о разумности ведения задач (или как минимум записи спусковых крючков) в одном месте.

Старый эксперимент 1975 года [52] демонстрирует зависимость памяти от контекста. Испытуемым (дайверам) давали заучивать список слов на поверхности и под водой, а потом проверяли, как они могут его воспроизвести. Оказалось, что запомненное под водой было тяжело вспомнить на поверхности (но легко под водой), а то, что запоминали на поверхности, плохо вспоминалось под водой, но хорошо — на поверхности.

Рис. 74. Где запомнил, там и вспомнишь...

Не исключено, что похожие эффекты имеют место и для личных либо рабочих задач: если дома вас попросили купить молока, то проще всего вам будет вспомнить об этом... дома. Когда все магазины остались позади. А если дома после работы вам пришла в голову интересная мысль по поводу работы, вспомнить ее в офисе будет сложнее.

Часто мы пренебрегаем внесением в список каких-то примитивных задач. Это ошибка. Решая, записывать задачу в список или нет, надо исходить не из того, сколько времени она займет, а из того, с какой вероятностью вы ее продолбаете. Всякую мелочь продалбывают чаще и обычно со словами: «Это же сделать — 30 секунд, сейчас только до компа доберусь...»

Рис. 75

Тем, у кого много входящей информации идет через звонки, может оказаться полезным следующий трюк: при помощи сервиса IFTTT настройте себе отправку ежедневного дайджеста со списком всех входящих или исходящих звонков. Этот список также можно будет использовать в качестве спусковых крючков: просматриваете всех, кто звонил сегодня, и задаете себе вопрос: «Я все сделал, чего этот человек от меня хотел? Если я чего-то не сделал, то записано ли у меня это в списке задач?» Часто бывает, что в рабочей горячке ты только пообещал кому-то прислать какой-то документ, как следующий телефонный звонок выбивает это воспоминание из головы, и оно с большой вероятностью теряется.

Рис. 76

Иногда люди боятся проводить упражнение по разгрузке памяти спусковыми крючками, так как «получится большое количество задач». Как будто задачи появляются именно от этого упражнения. Хотя иногда вы сможете вспомнить что-то такое, что вы в свое время очень хотели сделать и не сделали. Возможно, это будет неприятно, но, как правило, боль — это важный сигнал: что-то идет не так. Может, вы вспомнили о какой-то навязанной вам задаче, и сейчас самое время четко сказать себе (и прочим заинтересованным лицам), что делать ее вы не будете.

Некоторые комментарии к этой практике из опросов

«Использую не так часто, при постоянном использовании методики надобность в этой практике отпадает».

«Использую спусковые крючки обычно в том случае, если снова пытаюсь внедрить джедайские техники ☺».

«Страшно будить идеи в голове. Задач сразу становится много».

«Понял, что делал мой тимлид на последнем месте работы ☺».

6.1.11. Вакцина: установить задержку для залипабельных сайтов

Продолжаем отвоевывать пространство для размышлений у смартфона и интернет-ресурсов.

А вы уже сталкивались с проблемным использованием какого-либо сайта? Социальной сети, новостей, форумов... Сейчас об этом смешно думать, но изначально интернет создавался для экономии времени.

Частая реакция людей, заподозривших у себя зависимость от того или иного ресурса, — запретить себе посещать этот сайт и удалить со смартфона приложение. Шаг, в принципе, в правильном направлении, но слишком уж радикальный и оттого не очень-то продуктивный.

Как так получается, что вы проводите на том или ином сайте больше времени, чем вам хотелось бы? Скорее всего, механика процесса такова: внутри у вас рождается импульс «а не зайти ли на этот сайт», и прежде чем он успеет дойти до рациональной части сознания, вы уже там. Одна из хитростей состоит в том, чтобы намеренно встроить задержку в загрузку определенных «вредных» сайтов, чтобы между моментом, когда вы щелкнули по ссылке или ввели адрес такого сайта, и моментом его загрузки прошло время, достаточное для реакции нашей медленной рациональной части. Секунд 15–20 будет достаточно. Попробуйте.

Рекомендую установить в свой браузер специальное расширение для создания этой паузы. Например*:

— LeechBlock для Firefox и Google Chrome;
— Impulse Blocker для Firefox;
— 20 seconds rule и StayFocusd для Chrome;
— Cold Turkey.

* Пополняемый список инструментов со ссылками лежит здесь: http://links.mnogosdelal.ru/DelayPlugins.

Некоторые комментарии к этой практике из опросов

«Совет не сработал ☹ Но сработал другой совет — ставить таймер перед открытием залипабельного сайта. Смотрю залипабельные сайты каждый день, по 25 минут. Мозгу хватает, чтобы оставшуюся часть дня не отвлекаться. Смотрю даже в хорошие с точки зрения силы воли дни. Я просто знаю, что завтра будет очередная доза, поэтому не парюсь сегодня по поводу того, что вотпрямщас нет возможности залипнуть».

«Использую RescueTime, чтобы блокировать отвлекающие сайты, когда сижу на них больше часа».

«Задержка только выбешивает. Точнее, так. Если я уставший и невыспавшийся, то только раздражаюсь, а если бодр (не в смысле упился кофе), то я и не захожу на сайты, как бы и незачем».

«По ощущениям в этом залипании часто есть какая-то потребность. Делать удовлетворение этой потребности неудобным не имеет большого смысла, надо копать, что за этим стоит. Ну единственное, в соцсети я захожу только

из браузера, никаких удобных мобильных приложений с уведомлениями».

«Меня так не остановить ☺ больше помогает отключение автопоказа следующего ролика на YouTube».

«Для меня залипание — симптом, а не проблема. Если я залипаю, обычно это значит, что я избегаю чего-то. Разбираюсь с тем, чего и почему. Когда дела нравятся и сопротивления им нет, залипания тоже нет».

«Подмечал такую вещь: у многих ссылки в браузере открыты на постоянной основе. Мало того что их много и они рябят, так там еще и присутствуют ссылки на всякие социалки и залипалки. У меня как-то так получилось, что я всегда закрываю все ссылки после работы, а в начале открываю только самые нужные, постоянно по ходу дня вырубая ненужные. Мне кажется, это позволяет мне не зацепиться за какую-нибудь залипательную ссылку и не залипнуть».

«Я просто удаляю такие сайты из закладок и панелей быстрого доступа. Для меня это более эффективно».

6.1.12. Вакцина: вычистить залипабельные ресурсы из закладок браузера

Продолжая отвоевывать время и силы у бестолковых и бессмысленных прогулок по интернету, разумно попробовать (кстати, это очень просто) убрать из закладок и мест, куда падает взгляд, иконки тех ресурсов или программ, которые забирают больше вашей жизни, чем вы готовы им отдать.

Есть одно более-менее универсальное правило: чем проще какое-либо действие, тем быстрее вы начнете выполнять его неосознанно.

Рис. 77. Избавиться от...

Чем проще зайти на вредный сайт, тем чаще вы будете делать это в режиме обезьяны. Мало того, если что-то лежит прямо под носом, то время от времени вы будете этим пользоваться, даже если еще секунду назад у вас не было такого намерения. Это как шоколадки у кассы в супермаркете. Пожалуй, одна из самых страшных угроз любой диете.

Проведите ревизии закладок и иконок быстрого доступа. Удалите все, относительно чего нет четкой уверенности, что оно вам нужно. В этом нет никакого радикализма. Захотите потратить полчаса жизни на просмотр отфотошопленных фотографий незнакомых вам людей — пожалуйста.

Только уж потрудитесь набрать адрес этого сайта руками. Какой смысл экономить на этом лишние 3–5 секунд, если все равно вы сейчас профукаете минимум полчаса своей жизни?

Некоторые комментарии к этой практике из опросов

«С глаз долой — из сердца вон ☺ Применяю этот принцип к физическим вещам (выкинуть, раздать и продать хлам, усложняющий жизнь), а не только к пикселам. Книжка Мари Кондо про уборку перевернула мой мир».

«Например, первый экран смартфона — пустой, там нет ни одной иконки».

«Автоподсказка в адресной строке браузера сводит на нет все усилия».

«На мобильных устройствах прячу такие приложения в папку и опционально перемещаю эту папку на второй экран. Этого оказывается достаточно».

«Пробовала использовать в обратную сторону — вешать те штуки, которые обычно прокрастинирую (например, тот же Telegram, куда надо отвечать, но лень), на самое легкодоступное место. Не работает».

«Недавно настроил с помощью программы auto hot key по нажатию Ctrl+Q закрытие всех окон, кроме doit.im, Evernote (справочная) и музыки. Частенько теперь жму, так как мусор из окон быстро скапливается, и хаос в голове появляется. После закрытия иду на doit.im, выбираю задачу и пишу, какие программы и файлы открыть и что делать обезьяне».*

6.1.13. Вакцина: спрятать залипабельные приложения в глубину смартфона

Недоскроллить до любимого приложения — это как не дойти ночью до холодильника, в котором лежит вкусный торт ☺

Из присланного читателями

Обеззаразив свой компьютер, имеет смысл провести похожую процедуру и в своем смартфоне.

Как вы понимаете, если первое, что вы видите на экране смартфона после его разблокировки, — это иконка соцсети и рабочей почты (обязательно с красным кружочком на ней и числом внутри этого кружочка), то уже как-то неудивительно, что соцсеть крадет у вас много сил, а в почте постоянно находятся срочные сообщения. Особенно обидно, когда ты берешь в руки смартфон, чтобы просто посмотреть, который час, через полчаса понимаешь, что залип в ленте с картинками, в ужасе

* Один из множества сервисов для ведения списка дел: http://doit.im.

откладываешь смартфон в сторону и... Понимаешь, что нужно посмотреть, который час, чтобы решить, можно ли взяться за очередную задачу.

Опять же, без экстрима с запретами сделайте так, чтобы до большинства вредных программ вы не могли добраться быстрее, чем за четыре прокрутки. Просто попробуйте, не понравится — вернете как было. В вашем распоряжении папки и возможности создания дополнительных экранов. Основная мысль — сделать себе *неудобно*.

Можно поступить так не только с программами, которые считаются вредными, но и с теми, в которых вы проводите много времени. Про методы измерения экранного времени мы поговорим в разделе 6.1.18.

Для приложений социальных сетей на смартфоне есть один очень полезный трюк — не пользоваться ими. Вместо них можно использовать веб-версии этих сервисов. Будет немного неудобно, а именно это нам и надо.

Некоторые комментарии к этой практике из опросов

«Я поставил Microsoft launcher, и на первом экране у меня теперь календарь. И беджей нет».

«Пустой рабочий стол iPhone, папка со всеми приложениями, пользуюсь поиском по названию».

«Со временем находить спрятанные приложения становится привычным. Видимо, с какой-то периодичностью их надо перепрятывать».

«Все собрал в одну папку и оставил один экран — теперь никаких свайпов влево/вправо: как разблокировал, так оно и будет. А заходить в папку со всеми приложениями не хочется из-за бардака ☺».

«В некоторых случаях удаляю приложения и использую вместо них сайты, это отдаляет еще сильней».

«Уже полгода не использую уведомления в приложениях и чувствую себя независимым от смартфона, благодаря чему мысли чище, легче браться за работу и в целом жизнь ярче».

«В мои обязанности входит оперативно реагировать на эти кружочки, так что увы».*

6.1.14. Вакцина: установить пустоту на новую вкладку в браузере

По смыслу это продолжение вакцины 6.1.12. Дополнение. Легкое и полезное.

Вы сидите за компьютером и тут понимаете, что нужно кое-что проверить в интернете. Заходите

---

* Опять знак равенства между «спрятать» и «перестать оперативно реагировать». Справедливо ли?

в браузер, открываете новую вкладку (потому что в сорока уже открытых вкладках что-то очень нужное) и...

Обычно новая вкладка браузера содержит последние или часто посещаемые сайты, какие-нибудь рекомендации «чтобы было удобно» и все такое. И тут вы цепляетесь глазом за какую-то картинку на этой странице, сворачиваете в сторону от первоначального плана и, повинуясь импульсу, полчаса страдаете какой-то неведомой фигней. Припоминаете такое?

Скорее всего, нет. Наша память аккуратно подчищает воспоминания, в которых мы выглядим не очень*. Но это не значит, что такого с вами не происходит. Сколько раз в день вы открываете новую вкладку? Если вы подрываетесь только в каждом десятом случае, уже это может привести к ощутимой утечке сил.

Рис. 78. Чистый лист браузера

* Я серьезно, на эту тему даже было исследование [54].

Рис. 79. Препятствие на пути к залипанию

На момент написания этой книги ситуация с браузерами выглядела так:

— Firefox, Opera, Internet Explorer — пустая страница просто устанавливается в настройках;
— Google Chrome — в настройках к данному браузеру просто так пустую новую вкладку не сделать (совпадение? Не думаю). Но эту

задачу можно решить при помощи расширения. Например: Empty New Tab Page, Blank New Tab или Momentum.

Пустота на новой вкладке может быть излишней, если вы сознательно подходили к ее настройке. Например, удалили с нее все, оставив только ссылки на часто используемые сервисы.

Некоторые комментарии к этой практике из опросов

«Не понравилось. Мне проще оказалось удалять иконки вредных сайтов с главной страницы Chrome, оставляя там только то, что нужно в работе: Jira, Confluence, Grafana, Dynalist и т. д.».*

«У меня стоит Feedly — приложение для Chrome, в новой вкладке показывает прикольную фотку, в последнее время одни руины...»

«В Chrome по умолчанию стоит ненавистная страничка, где нужно фиксировать, сколько и чем занималась в течение дня, отчет

* Очень хороший комментарий: человек попробовал, сравнил опыт с опытом, сделал вывод, понял, что в его случае удобнее не стало, и вернул все назад. Без скоропалительных рассуждений.

по требованию работодателя. Один раз в неделю заполняю, ни разу не зависла на ней».

«Использую расширения типа Tabliss или Ultidash. Крупно по центру отображает дело, которым надо сейчас заниматься ☺».

«Лично у меня на стартовой странице показываются нужные страницы, которые существенно ускоряют доступ в наиболее нужные места, что позволяет экономить мыслетопливо, а не вспоминать каждый раз, на какой же адрес надо идти, чтобы открыть главную страницу, например, трекера».

«Я, наоборот, закрепляю ссылки на сайты, содержащие учебные материалы, которые я хочу изучить, но редко нахожу время. Своеобразная такая напоминалка».*

6.1.15. Вакцина: установить плагин против рекламы

> Вас раздражают рекламные баннеры? Просто сходите в «Яндекс» и выполните десяток запросов на тему женского белья... После этого баннеры вас будут только радовать.
>
> Из анекдотов

Те, кто говорит, что настала эпоха информационной экономики, немного неправы. Информации сейчас много, и доступна она чуть ли не всем. Основное

* Лишь бы она не превращалась в очередное средство укора.

ограничение сейчас — это внимание. Это куда более абстрактная сущность, которую очень тяжело измерить и ощутить, но она значительно более ценна. Внимание — ворота в разум. Они имеют ограниченную пропускную способность, а желающих пройти через них очень много. Особенно сейчас, когда по большому счету мы живем во времена перепроизводства. Какой бы товар ни пришел вам на ум, вы с легкостью найдете в интернете безумное количество его разновидностей с немыслимым числом параметров, о существовании которых даже не подозревали несколько минут назад. Производители очень хотят все это вам продать, но затеряться в толпе легко, а каждый хочет, чтобы заметили именно его. Что делает, например, ребенок в классе, когда хочет, чтобы учительница его заметила? А теперь представьте, что все дети в классе этого хотят. Представляете, какой будет стоять шум? Примерно так выглядит современный интернет. Хотя нет... в реальности он ближе к восточному базару.

Для многих из нас реклама стала настолько привычной, что мы и не задумываемся над тем, сколько ресурсов мозга она съедает (нередко незаметно для нас). Попробуйте на некоторое время заблокировать рекламу и посмотрите, что поменяется.

— Спокойной ночи, сынок, надеюсь, тебе уже снится сон про ежика и зайчика.

— Нет, пока еще только реклама.

Из анекдотов

Наиболее популярные плагины для вырезания рекламы из web-страниц*:

— AdBlock Plus,

— AdGuard (платный),

— AdNauseam,

— UBlock.

Не факт, что на момент выхода этой книги что-то будет достойно работать, поскольку сейчас идет ожесточенная война рекламодателей с блокировщиками рекламы. И пока побеждают те, на чьей стороне больше денег...

И да, есть мнение, что реклама позволяет нам иметь бесплатный контент** и без рекламы интернет был бы беднее***.

Некоторые комментарии к этой практике из опросов

«Я директор по маркетингу. Хочу видеть рекламу и кликать по ней».

---

* Пополняемый список инструментов со ссылками есть здесь: http://links.mnogosdelal.ru/AdBlockers.

** Созданный исключительно с целью размещения в нем рекламы.

*** Об этом я высказывался в своем видео: http://links.mnogosdelal.ru/about-ads.

«Я к этой же сфере отношу и комментарии в интернетах (такой же отвлекающий и периодически раздражающий фактор, как и баннеры). Так что глушу их дополнением Shut Up».

«Чем больше поток коммуникаций в работе, тем чувствительнее я становлюсь к излишкам информации в любом виде. Думаю, вскоре приду к тому, что не захочу тратить ресурс на “незамечание баннеров”».

«Научился не обращать внимания на баннеры. Хотя вот YouTube нашел неплохой подход к моей защите: они стали делать опросы, и я заметил, что пытаюсь запоминать рекламу, чтобы потом более точно дать ответ на вопрос. Мой перфекционизм и тяга к честности начали играть против меня... но недолго. Хотя иногда забываюсь ☺».

6.1.16. Мысль: о зависимости (в том числе от смартфона)

В свое время мне очень понравился рассказ Джона Хари об альтернативном взгляде на природу (наркотической) зависимости [55]: зависимость развивается потому, что ее нечем заменить. Больше ничего не остается.

Во время войны во Вьетнаме многие солдаты принимали наркотики, доступные в то время и в том регионе чуть ли не каждому. Естественно, это вызывало беспокойство: сами понимаете, когда война закончится и домой вернется большое количество наркоманов, умеющих убивать, — это не самая благоприятная ситуация. Но в реальности, когда американские солдаты вернулись домой, те, кому было чем конструктивным себя занять, быстро и легко от зависимости избавились.

Возможно, где-то рядом кроется подсказка про высвобождение времени и отказ от смартфона. Это задача не для силы воли, а для рациональной части, которая найдет любимое дело, *вместо того чтобы* трогать себя за смартфон. Ведь очень часто альтернатива использованию смартфона — скука или делание «ничего», а для человека без подготовки это может оказаться хуже, чем удар электрошоком, о котором шел рассказ в разделе 6.1.9.

На первый взгляд, очень хорошее упражнение: чем еще можно заниматься, вместо того чтобы пыриться в смартфон?

Но не все так просто. Если опять придерживаться (несостоятельной) теории человеко-часов, на что можно было бы потратить час времени, отвоеванного от экранов (или у трудоголизма)?

Кто-то скажет:

— проводить время с детьми;

— заниматься спортом;

— учить английский.

А вы уверены, что вам это понравится? Нет, честно. Может, вы и пыритесь в смартфоны просто потому, что в реальной жизни видите лишь навязанные обществом идеалы и цели? Вы тестировали на себе эти занятия? Почему вы думаете, что они вам понравятся? Не являются ли эти задачи дополнительным «надо», которого в жизни большинства из нас и так переизбыток? А может, сама реальная жизнь не ощущается вами как что-то интересное? Когда-то давным-давно я беседовал с человеком, избавившимся от суровой формы игровой зависимости, и услышал от него фразу, которую помню до сих пор: «Подумай сам, что может предложить реальный мир подростку, который способен с пистолетом без патронов в одиночку захватить авианосец?» И ведь чем дальше, тем страшнее: развитие технологий достигло такого уровня, что реальности становится очень сложно с ними конкурировать. В 2013 году группа исследователей из Южной Кореи разработала опросник для диагностики степени зависимости от смартфона [56]. В разделе 6.1.17 есть анекдот на тему того, что опросники далеко не самый точный метод психологического исследования, но если вам интересно, то вы можете проверить себя, насколько вы зависимы от смартфона, при помощи таблицы, которую я для вас подготовил*.

6.1.17. Индикатор: количество разблокировок смартфона

Многие из нас существенно недооценивают как степень зависимости от смартфона, так и частоту

* https://links.mnogosdelal.ru/SAS.

и длительность его использования. Салли Эндрюс и ее команда сравнили параметры использования смартфона (время и количество сессий), о которых сообщали пользователи, и показатели, которые были замерены при помощи специального программного обеспечения [60]. Если общее время использования смартфона пользователи худо-бедно угадывали, то с количеством разблокировок телефона ошибались радикально. Во-первых, не было обнаружено корреляции между тем, что говорили пользователи, и тем, что реально имело место на практике, а во-вторых, среднее количество разблокировок в день со слов пользователей было вдвое меньше среднего измеренного. Напоминает анекдот:

> В деревне Виллариба средняя длина полового члена — 30 см, а в деревне Виллабаджо — 15 см. Все потому, что в Виллариба проводили опросы, а в Виллабаджо — замеры.

Рис. 80. Количество разблокировок

Инструменты, которые помогают отслеживать количество разблокировок телефона*:

— YourHour (для Android),
— MyAddictometer (для Android),
— StayFree (для Android),
— SPACE (для Android и iPhone).

Некоторые комментарии к этой практике из опросов

*«Приложение Forest решает проблему с телефоном»***.

«Вначале помогает, потом привыкаешь и не смотришь вообще на эти цифры».

6.1.18. Индикатор: экранное время

Количество времени, проведенного в приложении, не самый точный индикатор пользы или вреда. Но в терминах времени привычно мыслить и его легко измерить. Хотя каждый из вас может привести массу примеров, когда для достижения выдающегося результата или для превращения целого дня в руины было достаточно считаных минут.

---

* Пополняемый список приложений со ссылками на них находится здесь: http://links.mnogosdelal.ru/SmartphoneUse.

** http://forestapp.cc.

Некоторые комментарии к этой практике из опросов

«Я знаю, что часто. Это просто индикатор того, что проблема есть. Но я и так знаю, что она есть. Иногда я забываю достать телефон из сумки. И вуаля: оказывается, он и не особо нужен ☺ Когда его нет в зоне внимания, он и не отвлекает».

«Вот это круть! Спасибо! Поставил, запустил, ужаснулся. В среднем четыре часа в день, мать его!»

«Я поставила на все устройства RescueTime — помогает отслеживать не только смартфонное время (которое меня мало интересует), но и компьютерное».

«Страшно».

«Меня очень раздражает эта фича iPhone. Мне неприятен контроль смартфона надо мной».*

«Пробовала, но эти цифры действовали как немой укор и лишний повод себя поругать. Выключила. Стараюсь думать о том, как сделать нужные задачи простыми, понятными и прикольными. Самобичевание за соцсети в моем случае делает все только хуже».

---

* Хорошо, если без этой фичи смартфон его не контролировал...

«Попробовала. Получила данные. Мне они показались спокойными. Не увидела необходимости что-то менять. Так что отказалась».

Мало того, так можно заработать напрасное чувство вины. Типа: «Как много времени я провел за просмотром сериалов! Я же мог бы за это время подготовиться к марафону, выучить английский и запустить стартап».

Увы, нет. Время — один из необходимых ресурсов, но далеко не всегда самый важный (вы же помните про мыслетопливо). И конечно же, наблюдение за временем может сместить фокус с главного. Так что рекомендую относиться к его результату не как к диагнозу, но как к симптому. Если те или иные приложения долгое время находятся у меня на экране, это может говорить о том, что я:

— не замечаю, когда и как в них захожу (Дэниел Смайлек и его коллеги выявили очень сильную связь между интенсивностью использования смартфона и импульсивностью его использования — в оригинале Absent-Minded Smartphone Usage, что можно дословно перевести как «безмозглое использование смартфона» [61]);
— устаю и думаю, что это помогает мне отдохнуть (ошибочно или нет — еще вопрос);
— нередко вообще перестаю себя контролировать и срываюсь.

6.1.19. Мысль: смартфон... друг или враг...

Из написанного выше может сложиться впечатление, что я злостный противник смартфонов, но это не совсем так. Очень часто я сравниваю смартфон с... радиацией. С одной стороны, если вы уважительно к ней относитесь, то радиация — это и мощное средство диагностики (рентгеновские снимки), и прекрасный инструмент в руках онколога, например в виде киберножа — устройства, позволяющего лечить некоторые формы рака без хирургического вмешательства. Если к радиации подходить с осторожным и осведомленным уважением, она может спасать жизни. Но неосторожного человека она может убить. Медленно и мучительно.

То же самое и со смартфонами. Они дали нам много новых возможностей, но вот вопрос — какой ценой? Нередко та наивность, с которой мы используем смартфоны, сравнима с той доверчивой неосведомленностью, которая в свое время подталкивала компанию Auer добавлять радиоактивный торий в зубную пасту и в рекламных слоганах говорить: «...ее радиоактивное излучение усиливает защиту зубов и десен. Клетки насыщаются новой энергией жизни, бактерии теряют свои болезнетворные свойства!»* Примерно так же сейчас звучат призывы: «Включите оповещения, чтобы не пропустить важные сообщения»... Как будто без оповещений

* http://links.mnogosdelal.ru/Doramad.

я их гарантированно пропущу, а с оповещениями со мной ничего плохого не случится...

Если же вы относитесь к технологии с уважением и осторожностью, то сможете застраховаться от нежелательных побочных эффектов и в то же время с успехом использовать ее преимущества.

> Когда он ее увидел, умные часы померили пульс и умный мобильный банк заблокировал карту.
>
> Из анекдотов

6.2. Второй уровень. Ночь простоять да день продержаться

> Винни-Пух спускался по лестнице вслед за своим другом Кристофером Робином, головой вниз, пересчитывая ступеньки собственным затылком: бум-бум-бум. Другого способа сходить с лестницы он пока не знает. Иногда ему, правда, кажется, что можно бы найти какой-то другой способ, если бы он только мог на минутку перестать бумкать и как следует сосредоточиться. Но увы — сосредоточиться-то ему и некогда.
>
> А. Милн. Винни-Пух и все-все-все

Я надеюсь, что после работы на предыдущем уровне у вас стала чаще появляться возможность (хотя бы на минутку) сосредоточиться и подумать: а обязательно ли бумкать головой? Иными словами, обдумывать не только текущие дела, но и *способ* их выполнения. Думать, как лучше делать свою работу, — это тоже работа, жаль, что многие этот процесс так не воспринимают.

Основная задача на этом уровне — взять под контроль текущие обязательства, минимизировать ситуации, когда какая-то задача оказывается невыполненной только потому, что о ней забыли. Кроме того, мы стараемся уменьшить количество авралов за счет того, что многие (пусть даже и не все) пожары можно заметить заранее, если остановиться и присмотреться.

Рис. 81. Обезьянка начинает что-то замечать...

Мне очень понравилась метафора из книги Тома Демарко и Тима Листера о работе с рисками в проектах по разработке ПО [62]: за каждым выкатившимся на дорогу мячом последует бегущий ребенок. Когда мы находимся в суете и стрессе, наши фильтры восприятия не пропускают информацию, которая не относится к текущему моменту, но стоит только успокоиться и немного замедлиться, как мы сможем замечать катящиеся мячики. Обезьяна начинает останавливаться и время от времени видеть, что она в голове не одна. Рядом с ней есть рациональный, он не настолько плох, каким казался, и изредка даже способен подкинуть ценную мысль.

6.2.1. Мысль: о связи работы и личной жизни

Как только мы ввели понятие уровней успевания, естественным образом встает вопрос: а надо ли вводить эту шкалу отдельно для работы и отдельно для личной жизни и как вообще может быть связано успевание на работе и за ее пределами?

Чтобы ответить на этот вопрос, я провел небольшое исследование аудитории*, в рамках которого попросил участников оценить свой уровень успевания в работе и в личной жизни. Мне было интересно посмотреть, будет ли обнаружена связь между уровнями успевания. И действительно, опрос показал сильную, статистически значимую** **положительную** корреляцию между уровнями успевания

---

* Исходные данные опроса доступны по ссылке: http://links.mnogosdelal.ru/survey/02.

** Для тех, кто в теме деталей: $p < 0{,}00001$. Для остальных: такое значение уровня статистической значимости для психологии и социологии — о-о-о-о-очень хорошее.

дома и на работе. Непонятно, что здесь причина, а что следствие, но ясно, что если человек успевает, то *и* на работе, *и* в личной жизни, и наоборот, если у человека проблемы с успеванием, они есть *и* на работе, *и* в личной жизни*.

Приведенные ниже графики показывают распределение респондентов (их в этом опросе было 723 человека, что вполне солидно): среди тех, кто низко оценил свой уровень успевания на работе, многие низко оценили и свой уровень успевания в личной жизни. И наоборот: высоко оценившие свой уровень успевания на работе также довольно высоко оценили таковой в личной жизни (рис. 82). Точно такая же зависимость видна и с другой стороны: среди тех, кто низко оценил свое успевание в личной жизни, многие аналогично отозвались об успевании на работе, и наоборот (рис. 83).

Конечно, здесь есть над чем подумать, и трактовать полученные результаты можно по-всякому. Мне кажется (и очень хочется надеяться), что такие результаты говорят нам: существует какой-то третий фактор (например, внутренняя «джедайская сила»), и, если такая сила у человека есть, она помогает ему во всех аспектах жизни. Если ее нет, то страдают опять же все аспекты жизни, и любые попытки починить работу в ущерб личной жизни в долгосрочном плане лишь усугубляют наше положение.

---

* *Говорит*, что успевает, если быть до конца точным.

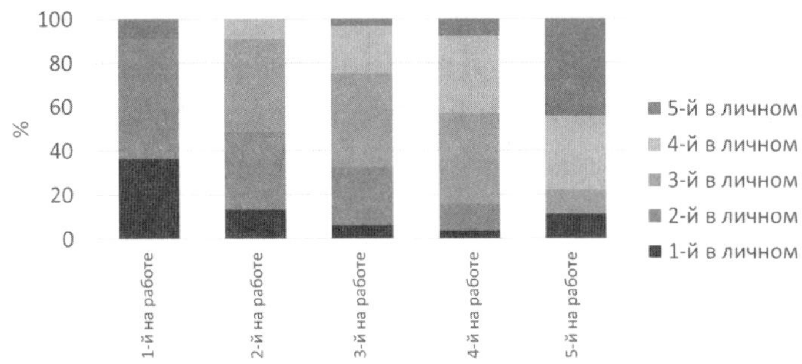

Рис. 82. Как дела с личной жизнью в зависимости от успевания на работе

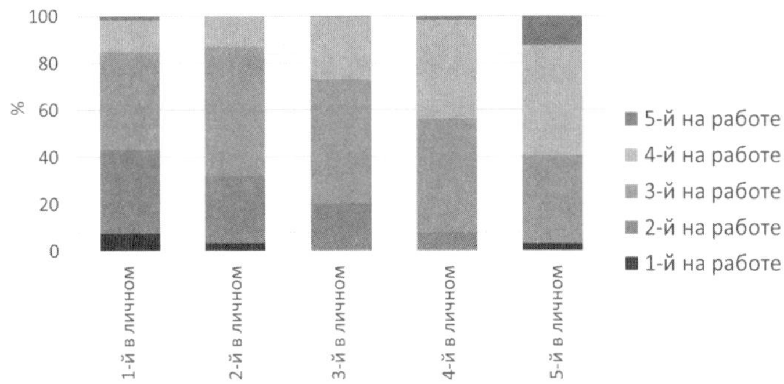

Рис. 83. Как дела с работой в зависимости от успевания в личной жизни

Когда я обсуждал результаты опроса с Михаилом Саламатовым, тот заметил, что наблюдал в своей работе нечто похожее. Регулярные оценки персонала в его компании выявили закономерность: сотрудники, которых хорошо оценивали коллеги и руководство, как правило, имели насыщенную жизнь за пределами офиса (бегали марафоны, строили свой дом, помогали животным в приюте, преподавали в детских кружках, играли в музыкальной группе, а уж спортом занимались чуть ли не все). А те, кого и руководство, и коллеги оценивали без восторга, и личную жизнь имели не особо успешную.

И если уж рассуждать о приоритете той или иной сферы, невольно вспоминаются предполетный инструктаж и правила пользования кислородными масками. Те, кто часто летает самолетом, наверняка уже наизусть выучили, что «в случае разгерметизации кабины кислородные маски выпадут автоматически. Если вы путешествуете с ребенком, наденьте маску сначала себе, а затем ребенку». Сначала себе! А потом ребенку.

Мне кажется, что примерно такого же принципа имеет смысл придерживаться и в сочетании работы с личной жизнью: сначала уделите немного внимания себе, а потом работе. Я не хочу сказать, что до того, как вы разберетесь со всеми проблемами в личной жизни, вам вообще не стоит думать о работе. Совсем нет. Я хочу сказать, что если вы уже научились формулировать маленькие конкретные задачи, каждая из которых выполнима максимум за 20 минут (это будет одной из целей на текущем уровне зрелости), то сначала посвятите 20 минут своим задачам, а уж потом 8–10–12 (или сколько у вас обычно) часов — работе. Примерно на эту же тему есть очень хорошая история, которую в интернете называют еврейской притчей [103].

Жила-была бедная еврейская семья. Детей было много, а денег мало. Бедная мать работала на износ: готовила, стирала, кричала, раздавала подзатыльники и громко сетовала на жизнь.

Наконец, выбившись из сил, отправилась за советом к раввину: как стать хорошей матерью?

Вышла от него задумчивая. С тех пор ее как подменили. Нет, денег в семье не прибавилось. И дети послушнее не стали. Но теперь мама не ругала их, а с лица ее не сходила приветливая улыбка. Раз в неделю она шла на базар, а вернувшись, на весь вечер закрывалась в комнате.

Детей мучило любопытство. Однажды они нарушили запрет и заглянули к маме. Она сидела за столом и... пила чай со сладкой булочкой!

«Мама, что ты делаешь? А как же мы?» — возмущенно закричали дети.

«Ша, дети! — важно ответила она. — Я делаю вам счастливую маму!»

Мораль! Чтобы отдавать себя другим, нужно прежде приготовить раздаваемое.

6.2.2. Практика: выдергивать гвозди

Это очень маленькая и легкая практика, помогающая остановиться и провести ревизию своей памяти — нет ли там чего-то такого, что стоило бы записать?

Выполняется она так.

1. Сядьте спокойно, отложите в сторону источники лучей отупения (см. раздел 6.1.3).
2. Промотайте в памяти свой день в обратном хронологическом порядке от текущего момента до его начала. Посвятите этому буквально минуту.
3. Если что-то потенциально забытое всплывает в сознании — записывайте это в список, куда вы обычно разгружаете память.

Я узнал об этой практике от Андрея Степенко, но она стара как мир. Очень часто в горячке дня мимо нас пролетает кусок информации, о котором мы говорим: «Надо не забыть», после чего благополучно о нем забываем или пытаемся записать его в нужное место нашей системы... И тут же прилетает новая порция входящей информации, мы переключаемся на нее, забывая то, что хотели записать. Этот кусок потенциально забытой информации называется гвоздем. Гвоздем, вбитым в голову.

Одно из самых неприятных свойств гвоздей — самопроизвольно вспоминаться. Мы особенно уязвимы перед этим эффектом во время тонкой грани между сном и бодрствованием, когда после тяжелого напряженного дня ты засыпаешь... засыпаешь... засыпа... *А-а-а-а-а-а! Отчет!* Ну а дальше до трех часов ночи ворочаешься и думаешь, что же тебе будет за то, что ты его вовремя не сделал, какую бы отговорку придумать и как бы не забыть сделать его вовремя в следующий раз.

Рис. 84. Гвозди в голове

Время от времени гвозди в нашей голове будут появляться — это нормально. Конечно, многие люди говорят: «Надо записывать мысль в момент ее прихода». Они правы. Надо. Но в реальном мире не всегда получается делать все, что надо, и эта практика служит своего рода страховкой. Если она окажется ненужной — прекрасно. По умолчанию я рекомендую эту практику перед сном, но, если ритм жизни и работы у вас достаточно высок, будет не вредно повторять ее несколько раз в день.

Может показаться, что это копия практики из раздела 6.1.9, но не совсем. В практике «Ничего не делать две минуты» мы не стараемся делать что-либо, в то время как здесь мы сознательно, проматывая день задом наперед, смотрим, нет ли в нем каких-то потенциально забытых вещей.

Некоторые комментарии к этой практике из опросов

«Думаю, что останавливаться с вопросом: “Я понимаю, что я делаю?” — вообще довольно полезно. Стараюсь делать это почаще».

«Можно, конечно, попробовать. Но не всегда это может сработать из-за большой эмоциональной загруженности. Для меня действенней всегда держать наготове ручку и блокнот для записи мыслей, идей или задач».

«Если забыл — значит, не настолько важное это дело».*

«Похоже на спусковые крючки, только в меньшем масштабе».

«Постоянно так делаю, чтобы вспомнить на работе, закрыла ли входную дверь, выходя из дома».

«Использую этот прием в лайт-версии, отматываю не весь день, а небольшие кусочки».

6.2.3. Практика: отделять задачи от проектов, идей и встреч

В первой книге я не осветил этот момент и хочу восполнить упущенное. Задачи, проекты и идеи

---

* Люблю эту точку зрения. Как будто мы никогда с обидной легкостью не забывали действительно важное ☺

не просто различные сущности, они требуют разного состояния ума для работы с ними. А раз так, то крайне настоятельно рекомендуется хранить их в разных местах и не смешивать друг с другом.

То есть у нас отдельно будет список проектов, отдельно список задач (по всем проектам), отдельно список идей. Большинство современных инструментов для управления списками задач содержат в себе и список проектов (где-то проекты могут называться целями, где-то списками). В итоге они дают возможность, с одной стороны, смотреть на список задач через призму проектов и видеть только те задачи, которые относятся к тому или иному проекту, а с другой стороны — видеть все задачи из всех проектов одним сплошным списком. Последнее очень важно.

Рис. 85. Задачи

Смысл этой практики заключается в том, что мы регулярно просматриваем свой список задач и то, что не является задачей (а является проектом или идеей), выносим в соответствующее место. Ниже будет описано, как отличать эти сущности, исходя из понятия «состояние ума».

Вы замечали, что иногда в течение дня мы бываем собранны, сконцентрированы и способны принимать решения, а порой наш ум начинает увиливать от сложного, но при этом все равно остается способным выполнять что-то простое и понятное? Мы можем находиться то в высокоосознанном состоянии (символизируется рациональным персонажем у руля), то в слабоосознанном (у руля — обезьянка). Мало кто может сознательно переключаться между состояниями. Для начала было бы здорово научиться распознавать свое текущее состояние (понимать, кто сейчас у руля) и направлять в список этого состояния соответствующих персонажей: обезьяну — в список задач, рационального типа — в список проектов. Задачи — это сущности, над которыми не надо думать, просто берешь и делаешь. Все понятно даже нашей обезьяне. Вот как раз правильное занятие для слабоосознанного состояния.

Рис. 86. Проекты

Проекты — там точно надо что-то делать, но без размышлений не обойтись. Стоит подумать (и наверняка не раз) над тем, что же именно и как надо сделать. Этот список пригодится рациональному типу, чтобы он подумал и определил задачи для внутренней обезьянки.

А вот идеи — там еще надо подумать: а стоит ли вообще что-либо с этим делать? Здесь нужна будет доза креатива, фантазии и легкого настроения — этим имеет смысл заняться в момент конструктивного взаимодействия между рациональным типом и нашей внутренней обезьяной.

Рис. 87. Идеи

В процессе вызревания идеи (в предыдущей книге был подробно описан один из возможных методов инкубации) от нее могут отпочковываться задачи, проекты, а возможно, и другие идеи. В конечном счете исходная идея может превратиться в новый большой проект, а может ни во что не превратиться.

Таким образом, чтобы понять, с чем мы сейчас имеем дело (с задачей, проектом или идеей), нам нужны ответы на два вопроса:

1. Понятно ли моей внутренней обезьянке, ***как*** это надо делать?
2. Я уверен в том, что это ***надо*** делать?

В зависимости от ответов на эти вопросы при помощи матрицы на рисунке ниже вы легко сможете понять, с чем конкретно имеете дело и как дальше с этим работать.

Рис. 88. Матрица классификации

Эта матрица не дает ответа на вопрос, что и когда надо выполнить, как это пытается сделать матрица

Эйзенхауэра, но к матрице Эйзенхауэра у меня есть отдельная пачка вопросов… Если кто не помнит, это матрица 2 × 2, где параметрами являются важность и срочность. В итоге получается четыре класса задач.

1. Важно и срочно.
2. Важно, не срочно.
3. Неважно, срочно.
4. Неважно и несрочно.

Вроде все красиво и логично. Но, во-первых, важность и срочность зависят от куда большего количества аргументов, чем собственно задача. Например, от человека (для меня эта задача важна, а для вас нет), от цели (для меня это важно, чтобы написать книгу, но неважно, чтобы купить мотоцикл), от моего состояния, окружения, состояния других задач и еще многих факторов. Еще раз: задача не бывает ни важной, ни срочной сама по себе.

Рис. 89. Выбор между важным и срочным

И во-вторых, вы же помните, что между важным и срочным обезьянка, как правило, выбирает понятное.

Эти два момента, к сожалению, существенно портят такую красивую и изящную концепцию, как матрица Эйзенхауэра.

Надеюсь, теперь стало понятно, что сущностей для организации у нас несколько. Как минимум это задачи, проекты и идеи. Давайте теперь разберемся, почему плохо смешивать их все в одном списке.

Хранить задачи отдельно от проектов и идей важно вот по какой причине. Часто наша внутренняя обезьянка обобщает редкие события на всю их совокупность. Например, увидит она один проект (или что-то такое, над чем надо еще думать) в списке задач, обожжется, подумает, что там *все* пункты такие, и в следующий раз на предложение заглянуть в список задач ответит: «Конечно-конечно, обязательно загляну! Но так как там *все* непонятное, надо бы сначала с мелочью разобраться». Здесь хочется сразу заметить, что наша внутренняя обезьянка не плохая. Она искренне хочет нашего преуспевания, но из-за неполноты ее картины мира эти благие намерения превращаются в нечто ужасное (подробнее об этом — в разделе 6.3.1).

Список проектов нам нужен для того, чтобы мы думали. Это инструмент рационального типа или нашего высокоосознанного состояния. Замечали, что иногда, когда вы пытаетесь погрузиться в сложные размышления об очередном проекте, а на горизонте появляется какая-то мелочь, вас тут же тянет взять эту мелочь и быстренько сделать? Если да, вот вам еще один аргумент в пользу раздельного хранения задач и проектов: держа их вместе, мы можем растрачивать редкие минуты нашего высокоосознанного состояния на всякую мелочь из списка задач.

Что касается идей, наличие этой сущности в нашем меню лишний раз подталкивает задуматься над вопросом: а это точно надо делать или пока еще не точно? А также может снизить вероятность распространенной ошибки, когда мы превращаем чужое мнение в свое обязательство. Вот пример: знакомый в разговоре восхищенно отзывается о какой-то книге: «Она классная! Ты просто должен ее прочесть!» Самоорганизатор с задатками перфекциониста тут же пойдет добавлять в свой список задач: «прочитать...» Что произошло? Фактически ваш знакомый поделился с вами своим мнением о книге. Ему она настолько понравилась, что в его картине мира было бы прекрасно, если бы вы тоже прочли ее. Но по сути это все же идея: «Не прочитать ли мне эту книгу, раз этот уважаемый человек так хорошо о ней отзывался?» Один из очень простых критериев, помогающих отличить идею от проекта или задачи: у вас внутри ничего не екает, если к их формулировке добавить слова: «подумать, а стоит ли...»

Есть еще один элемент, которому мы не уделяли достаточного внимания: встреча.

От Михаила Саламатова я узнал формулу:

Встреча = место + участники + время + повестка

Рис. 90. Формула встречи

Если чего-то не хватает, то, скорее всего, у нас должны появиться задачи вида «спросить у Васи, где и когда встречаемся», «позвонить Оле, уточнить список вопросов...»

На организации встреч я не останавливался подробно в «Джедайских техниках», не буду и в этой книге. Мне кажется, здесь все просто и интуитивно понятно: как только вы поняли, когда, где, с кем и зачем, просто добавляйте эту запись в свой единый календарь*.

* Если со списком задач еще возможны размышления, должен ли он быть единым для работы и для личной жизни, то с календарем все куда очевиднее — временна́я ось у вас точно одна.

Некоторые комментарии к этой практике из опросов

«Ушло несколько лет на то, чтобы понять это. Спасибо за совет, помогает сказать "нет" многим вещам, которые никогда не будут сделаны».*

«Я немного по-другому делю — на конкретные задачи, конкретные факты (описание ситуации), цели. На проекты и идеи делил довольно долго, но мне не понравилось».

*«Труднее всего сесть и поделить проект на задачи. Иногда выделяю одну задачу — первую. Но потом надо же вторую выделить, когда с первой покончено...»***

*«И вот тут опять есть Проект — это проектище, на пару месяцев, а есть проект — написать инструкцию, что тут делать — три дня, и все готово. И тут возникает мысль: а зачем приседать и заводить проект в микромайлзе, это же капец какой-то будет»***.*

---

* У меня тоже...

** Ну да... Не надо сразу все проекты делить на все задачи. Записали одну-две, и хватит. Сделали что-то из них — подумали над следующими шагами.

*** Тоже ценное замечание. Не каждый проект достоин того, чтобы заводить под него отдельную запись в списке проектов. Если вы уверены, что после выполнения первого

«Неудобно. Оставила задачи и идеи. Проекты отдельно не выписываю. Если я к нему уже приступила — по нему есть задача в задачах, если не приступила, то он лежит в идеях».

«Это же самая суть. Если ты не используешь эту практику, то можно сказать, что ты вообще не используешь джедайские техники».

«У меня складывается ощущение, что такое разделение — это, возможно, полезное симптоматическое лекарство, но в то же время нужно какое-то фундаментальное, более действенное средство для "лечения" застоя в списке задач».

*«Все еще настраиваю для себя эту систему. Столкнулась с проблемой, что идеи живут в одном приложении, а задачи — в другом. Хочется все и в одном месте, так и не нашла пока инструмент, соответствующий потребностям»**.

6.2.4. Практика: делать задачи только из списка (хотя бы N часов)

Эта практика помогает минимизировать влияние бонуса к ощущению важности. Этот эффект описан в разделе 7.5 «Джедайских техник»: недавно прилетевшая задача, которая прямо сейчас находится

шага по проекту не забудете сформулировать и записать следующий шаг в список задач, то отдельного проекта можно и не заводить.

* Есть такая фигня: нет нормальных инструментов. Придется смириться.

в вашей рабочей памяти, ощущается более важной, нужной и срочной, чем те задачи, которые вы запланировали, записали в список и выгрузили из ума.

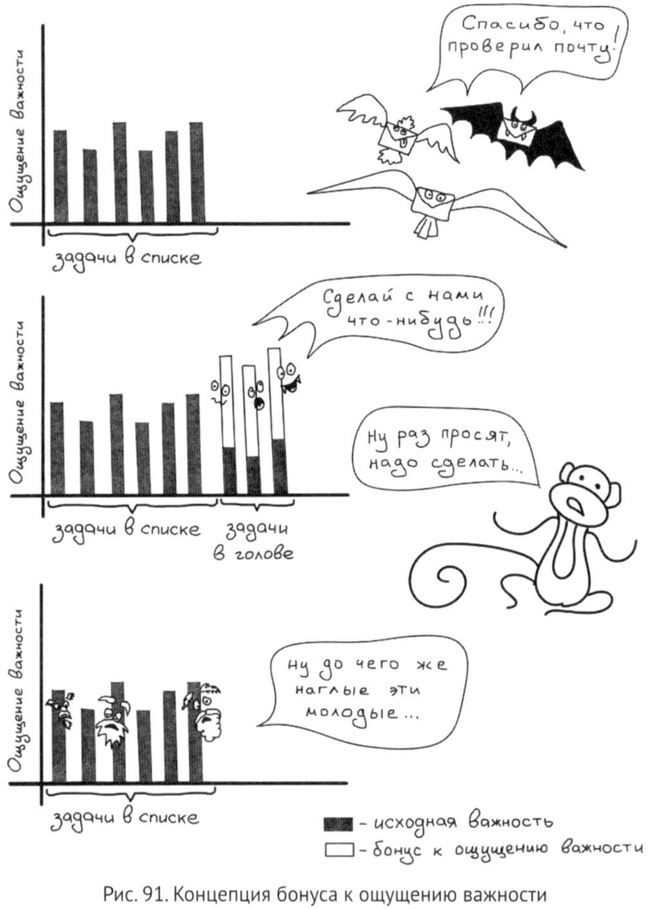

Рис. 91. Концепция бонуса к ощущению важности

Суть вот в чем. «Делать задачи только из списка» вовсе не означает, что, если вдруг в середине рабочего дня к вам прилетит незапланированная задача, вы должны ее игнорировать. Вместо этого вы ее можете записать в список (после чего она станет задачей из списка) и приступить к ее выполнению хоть немедленно. Хитрость заключается в том, что, когда вы будете записывать задачу в список, вы волей-неволей скользнете взглядом по другим задачам, которые там уже есть. Если эти задачи сформулированы просто и легко для восприятия, они тут же проникнут в ваш ум, получат примерно такой же бонус к ощущению важности, и их сравнение по уровню важности или срочности с недавно прилетевшими задачами станет более справедливым.

На высоких уровнях джедайской зрелости эта практика может оказаться излишней, и можно (и даже нужно) будет позволить себе больше спонтанности. Очень важно заметить, что спонтанность хороша только на высоких уровнях зрелости, когда мы научились понимать, где действительно дело срочное, а где оно всего лишь ощущается таковым.

Некоторые комментарии к этой практике из опросов

«Этот прием я стараюсь применять всегда! Пока работает кривовато: когда прилетает новая задача, я вношу ее в список — и оп! Она

*становится задачей из списка, и я ее делаю. Дурацкое читерство и самообман»**.

«Обычно, когда задача вот прямо влетела и ее надо делать прямщас, непонятно, что и как конкретно лучше сделать (есть иллюзия, что понятно, но ретроспектива показывает, что на самом деле это не так). Записать — это еще и взять паузу, сколько-то секунд хотя бы, на обдумывание этой задачи. Очень помогает избежать ошибок по сценарию "зачем думать, трясти надо"».

*«На работе использую на 100%. В личной жизни все чуть сложнее. Иногда не имеет смысла что-то записывать. Например, бывает, что запланировал какие-то дела, но отказываешься от планов, так как понимаешь, что есть более важные незапланированные вещи. Например, просто прогуляться по улице в данный конкретный момент может быть важнее, потому что погода хорошая, а голова плохая. Нет смысла записывать в список дел "прогуляться по улице"»***.

«Списки, списки, списки... Везде говорят, что их нужно вести, веду, но надо же делать регулярный обзор. Но как глянешь в список... Столько всего там... Лучше бы не заглядывал...»

---

* Кстати, совсем не дурацкое ☺ См. выше.

** Да-да, на более высоких уровнях джедайства об этом пойдет речь.

«Стал записывать, что сделать — немного упорядочивает работу — и что сделано, это успокаивает!»

«Некоторые мелкие срочные задачи не заношу в список — быстрее сделать, чем записывать, или записать не всегда удобно. Есть проблема с тем, что, записывая новое, не выбрасываю ничего из списка».

6.2.5. Мысль: правило двух минут

После издания первой книги меня очень часто спрашивали, почему я не привел там правило двух минут... Пожалуй, здесь приведу. Правило полезное, но опасное.

По словам Дэвида Аллена (автора классического труда о продуктивности «Как привести дела в порядок» [70]), правило «Если задача занимает меньше двух минут — сделай ее не откладывая» оказывается чуть ли не самым эффективным, по отзывам студентов и слушателей. По крайней мере, те, кто доволен методикой GTD*, очень часто упоминают эту практику как максимально полезную. Но мы же помним, что в нашем мире не все везде и всегда.

На мой взгляд, это довольно продуктивный прием, но он противопоказан на ранних уровнях зрелости.

---

* Getting Things Done, GTD — «доведение дел до конца», система самоорганизации, созданная Дэвидом Алленом.

Все дело в том, что (видимо, повторюсь уже в тысячный раз): мы не видим вещи такими, какими они являются.

Задача, которая **кажется** нам двухминутной, не обязательно **является** таковой. Очень хорошим вопросом для самонаблюдения будет следующий: «Как часто я замечал себя в ситуации, когда брался за двухминутную задачу и через полчаса понимал, что еще 15–20 минут, и я ее доделаю?»

Рис. 92. Задача на две минуты

В состоянии беспокойного мозга наши прогнозы далеки от истинных. Хуже того, если мы через 15–20 минут обнаружим, что ошиблись в оценке, нам будет сложнее бросить недоделанную задачу, и мы потратим еще 15 минут... и еще... И чем больше времени мы уже провели с этой задачей, тем сложнее не вложить в нее «ну еще 10 минут, и точно все».

И это мы еще не учитываем «эффекты второго порядка»: ведь по результатам выполнения первой двухминутной задачи с большой вероятностью появятся смежные задачи, и какие-то из них также будут казаться нам двухминутными, да еще и нести бонус к ощущению важности (из предыдущего раздела). В итоге велик риск закопаться в двухминутных мелочах, оставив все важное... на завтра. А завтра ведь тоже действует правило двух минут...

Для начала я бы порекомендовал шаблон «доза мелкой фигни» из «Джедайских техник» (см. раздел 5.8) или следование этому правилу в рамках практики «Делать задачи только из списка»: записали и тут же начали делать.

6.2.6. Практика: формулировать задачи «как для обезьяны»

> Не смейте недооценивать возможности тупых людей, собравшихся в большие группы.
>
> Джордж Карлин

Аналогично: не стоит недооценивать ценность простых задач, выполненных в большом количестве.

В «Джедайских техниках» этой практике был посвящен целый раздел. В частности, описывались четыре критерия правильной формулировки задачи.

1. Формулировка задачи звучит как грамматически верная форма полного ответа на вопрос «Что нужно сделать?».
2. Формулировка начинается с глагола в неопределенной форме.
3. Задача выполнима с минимально возможным использованием мозга.

4. Формулировка задачи максимально приближена к непосредственному физическому действию.

Про 4-й пункт расскажу чуть подробнее.

Часто мы пишем в список одну формулировку, а в реальной жизни нужно выполнять что-то другое. При этом задача может быть сформулирована в полном соответствии с первыми тремя пунктами.

Пример. Мы пишем: «Отправить руководителю отчет», хотя на деле нужно: «Запросить у Николая данные по продажам за январь» (эти данные лягут в основу отчета).

В этом случае различие между записанной формулировкой и непосредственным действием я называю прокрастинационным зазором. Чем шире этот зазор, тем выше вероятность прокрастинации задачи (см. раздел 6.4.5).

Я встречал альтернативное описание критерия правильной формулировки задачи: «Нужно описывать задачу так, чтобы, когда придет время/место/настроение ее делать, я быстро понял, что нужно и зачем»*. Это менее формальный критерий, но он побуждает задуматься о себе в будущем и сделать этому человеку приятное. Если быть совсем честным, правильные формулировки задач можно использовать и как практику, и как индикатор. Сейчас поясню. С одной стороны, вроде как среди

* Спасибо Михаилу Куренкову!

правильно сформулированных задач больше завершенных. А среди завершенных задач правильно сформулированные закрывались быстрее остальных. Может сложиться впечатление, что причинно-следственные связи выглядят примерно так:

Рис. 93. Кажущаяся связь

Но, скорее всего, все несколько сложнее.

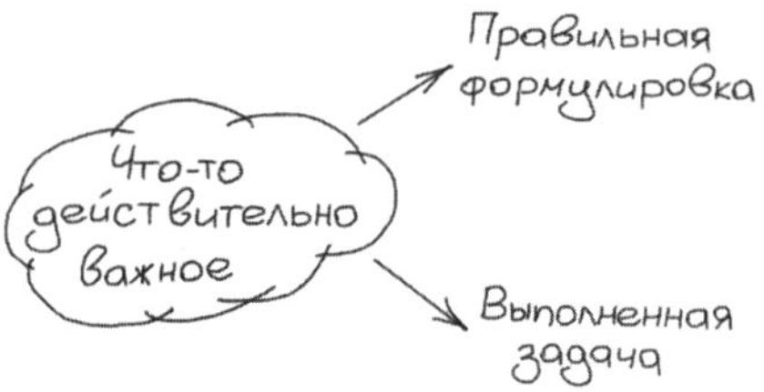

Рис. 94. Связь в действительности

Этим «чем-то важным» является совокупность факторов. Во-первых, факторов, имеющих непосредственное отношение к самой задаче:

— настолько полное понимание самой задачи (ее смысла и ожидаемого результата), что «проще уже взять и сделать, чем записывать в такой подробной формулировке»;
— наличие всего необходимого для начала работы над задачей (ресурсы, информация, инструменты, желание).

А во-вторых, факторов, характеризующих самого человека и контекст, в котором он работает:

- общее состояние усталости;
- понимание смысла выполняемой задачи и желание получить результаты ее выполнения;
- отсутствие страхов и предвкушения неприятностей, связанных с этой задачей и ее последствиями.

Очень часто факторы из второй группы могут приводить к тому, что задача не будет выполнена никогда вне зависимости от того, сколько усилий было затрачено на ее формулировку и насколько полученная формулировка «правильна». Иными словами, связь между правильной формулировкой и выполнением задачи такая же, как между малым процентом подкожного жира и общей физической подготовкой. С одной стороны, если человек в хорошей форме, содержание жира у него будет небольшим. Если пузо свисает через ремень, закрывая ширинку, то, скорее всего, физическая подготовка невысока. Но вот укреплять физическую форму липосакцией может быть не самым оптимальным решением.

С этой практикой связано одно очень частое непонимание, превращающееся в вопрос: «Как же мне разбить большой проект на такие маленькие задачи?» Нам нужно не *разбить* проект на задачи, а *отколоть* от него первый шаг, который мы могли бы выполнить с минимальными размышлениями, а потом остановиться и подумать, что же делать дальше (см. метод рационального фланера в разделе 4.1.3 «Джедайских техник»). Очень часто вы уже знаете, какой это должен быть шаг. Представьте, что вы начали заниматься этим проектом. Что вы получите, скажем, через 20 минут после начала работы? Если вы не очень понимаете, каков будет результат, что говорить о возможности декомпозиции всего проекта на задачи?

Кроме того, бывает, что задача зависит от результата работы другого человека. В этом случае есть два варианта.

1. Вы полностью доверяете человеку, от результата работы которого зависит выполнение вашей задачи. В этом случае себе в список вы не пишете ничего. Результат работы этого человека в нужный момент материализуется у вас во входящих, и тогда уже вы сформулируете правильную задачу (себе же вы тоже доверяете?).
2. Вы не очень доверяете этому человеку. К величайшему сожалению, чем дальше, тем больше становится таких людей*. А раз так, в вашем списке должна появиться задача, повышающая вероятность получения этого

* — Как дела с моей задачей?
— Еще не закончили.
— А в каком она статусе?
— Скоро начнем.

результата. Например: «напомнить...», «узнать, начали ли делать...*», «спросить, все ли понятно...**».

Меня также часто спрашивают: «А другим людям надо так же ставить задачи?» Вопрос очень разумный. Мне кажется, в качестве отправной точки стоит придерживаться следующей стратегии: руководству ставьте задачу как обезьяне, а подчиненным — как умному человеку. Да-да, именно так. Если на всех уровнях организации будут придерживаться этого правила, то работа станет спокойнее и легче.

Почему руководству надо ставить задачу как обезьяне? Дело не в том, что я считаю всех руководителей недалекими, как в анекдоте: «Петя учится на одни пятерки, Вася на четверки, ну а Коля... А Коля станет руководителем». Нет. Руководитель бо́льшую часть своего мыслетоплива должен посвящать своим задачам и работе со своим руководством (то есть ставить своему руководству обезьянопонятные задачи). Было бы несправедливо, если

---

* Очень много людей считают, что у каждой задачи должен быть дедлайн. Но крайне редко эти люди задумываются, что стартлайн существует у еще большего количества задач. Мало того, контролировать стартлайн проще и еще не поздно.

** Один из критериев того, что задача непонятна, — это неспособность в обезьянопонятном виде сформулировать, с чего начнется ее выполнение.

бы ему приходилось тратить много мыслетоплива еще и на то, чтобы разбираться с вашими запросами. А потому ваша задача — потратить свое мыслетопливо, чтобы руководителю было проще понять, чего же вы от него хотите.

С другой стороны, если вы будете работать со своими подчиненными как с обезьянками, это будет для вас дополнительной нагрузкой, а людям... А людям (особенно умным) не очень-то приятно, когда с ними обращаются как с обезьянками. Если же с ними иначе нельзя, значит, уже на вашем уровне где-то беда. Как говорил Винни-Пух, «по-моему, так».

Некоторые комментарии к этой практике из опросов

«Трудно остановиться на 30 секунд и записать мысль полн...»

«Иногда не сразу получается сформулировать задачу в обезьянопонятном виде. В моем случае такие задачи живут в списке до ежедневного обзора».

«Использую только во время авралов (подготовка/участие в конференции, запуск сервиса), 80% времени делаю все желаемое без списка».

«Это работает не только для своей обезьяны, но и для чужой. Чем проще поставлена задача, тем большее количество людей смогут ее выполнить без внутренней борьбы с обезьяной и котиками».

«Увы, некоторые задачи сложно выполнить без использования мозга. Потому что узнать, как вот это делается, — это отдельная задача (и выполнять ее во время обзора мне кажется глубоко неправильным — это хороший способ растянуть обзор на часы)».*

«Большую проблему представляют собой задачи, которые я могу сформулировать максимально просто и понятно, но буду их откладывать только потому, что они противные».

6.2.7. Мысль: а что делать с задачами, которые понятные, но неприятные?

С этим вопросом я сталкиваюсь довольно часто. Иногда он даже звучит немного в иной форме: «Как себя обмануть, чтобы делать неприятные задачи?»

Обязательно в этом моменте (как и во многих других аналогичных) необходимо в первую очередь понять: мы имеем дело с исключительными ситуациями или с системным явлением, так как

---

* Значит, задачей в списке и становится задача «узнать, как это делается» ☺

лекарства будут диаметрально противоположными. Это как с ответом на вопрос: «Что делать с прыщами?» Особенно в ситуации, когда задающий этот вопрос человек в качестве ответа ожидает просто получить название кремушка. А у вас один прыщ или их тысяча и по всему телу? Понимаете, да? В одном случае поможет кремушек, в другом нужно смотреть обмен веществ. Людям свойственно обобщать вопрос и, имея в виду вполне конкретную ситуацию, обобщить ее до безобразия и искать вопрос уже в этой обобщенной форме.

Так и с задачами. Вам все задачи неприятны или какая-то небольшой процент от списка задач? Если все или большинство задач неприятны, то имеет смысл подходить к решению задачи системно. Возможно, даже с помощью психотерапевта (помните, я писал про когнитивно-поведенческую психотерапию в разделе 3.3).

Если же задач таких немного и это явление не системное, то тут вам может помочь вот какой трюк. Не надо себя обманывать. Наоборот, будьте с собой честны. Один из наших учеников написал прекрасную рекомендацию на этот счет, и я позволю себе здесь ее процитировать:

«Расскажу один свой специфичный лайфхак, мне он помогает. Но за других не ручаюсь ☺

Некоторым задачам, выполнение которых гарантированно связано с каким-то особенным эмоциональным дискомфортом, я в формулировку добавляю немного эмоций. Читая такую формулировку сразу настраиваешься на определенный эмоциональный фон, примеряешься с неизбежностью дискомфорта:

— Отстоять на почте 30 минут за посылкой.
— Позвонить и оформить возврат блеать.
— Висеть на линии банка 12 минут и оформить заявку.

Ты уже пережил кусочек дискомфорта при прочтении и написании, и взять задачу легче, чем прочитать «Получить посылку», а после потратить 5 минут в голове, перебарывая свое нежелание с мыслями, что придется там полчаса куковать.

Главное — не переборщить и добавлять это там, где это поможет принять неизбежную ситуацию, а не настраивать себя зря на негатив везде, где только возможно».

Очень мудрый совет на самом деле. По-моему, у Дэна Ариели в его лекциях я слышал, что в больнице пациенты легче переносили процедуры, когда медсестры приходили и говорили: «Будет немного больно», а не «Больно не будет, не волнуйтесь». Аналогичная мысль была у Юлии Гиппенрейтер* про то, как помочь ребенку перенести неприятные медицинские процедуры: «Да, будет больно. Но я с тобой».

---

* Ссылка на видео в этот момент: https://links.mnogosdelal.ru/JuliaGippenreiter.

6.2.8. Мысль: как сформулировать задачу, чтобы делать зарядку захотелось?

Опять поговорим про образ жизни. В отличие от проекта он есть всегда. Образом жизни считается: делать зарядку по утрам, заниматься спортом, учить иностранный язык, читать всякую литературу, вести блог/канал на YouTube, жить за городом и т. п.

Меня часто спрашивают, как записывать вещи, относящиеся к образу жизни (как будто «как и куда записать» — самая большая сложность на этом пути). Вопрос непростой. Тут важно провести границу между непосредственно образом жизни (когда вы уже учите английский, бегаете или живете за городом) и идеей нового образа жизни (я хочу быть здоровым, учить английский и читать книги).

Идея — это когда кто-то, например, рассказал или кинул ссылку на описание, как здорово живут те, кто бегает по утрам, или как много зарабатывают видеоблогеры. Вам тоже захотелось такого же результата (что важно — результата, а не образа жизни), и в голове созрел план: надо делать то же, что делают они, и тогда я получу такой же результат. Тоже хочу стать видеоблогером! Так что мне написать в список проектов и как мне сформулировать первый шаг?

Правильный ответ — никак! И скорее всего, как бы мы ни формулировали себе задачи на эту тему, подсознание включит прокрастинационные механизмы самозащиты, если только это направление не станет нашим искренним желанием.

Здесь кому-то может показаться, что я сам себе противоречу (в том месте, где я троллил бизнес-тренеров с их «если ты этого не достиг, значит, ты не хотел этого по-настоящему»). Дело в том, что если ты чего-то не хочешь, то да, маловероятно, что ты этого достигнешь, однако обратное неверно: если ты чего-то *не* достиг, это еще вовсе не означает отсутствие настоящего и искреннего желания.

Что значит «настоящее и искреннее» желание? На мой взгляд, это когда вам не приходится объяснять самому себе, зачем вам это надо. Хочется, и все тут. Если же вы хотите вести некий образ жизни не просто так, а преследуя какую-то цель, и тем или иным образом рационализируете свое желание, то оно уже не совсем искреннее, а как будто бы немножечко корыстное. Я не хочу сказать, что это плохо, просто неискренне. Вот если у вас нет ничего искреннего — это, наверное, плохо. Но бывает даже хуже. Очень часто на семинарах я встречаю ситуации, когда люди пытаются разобраться с прокрастинацией таких долгосрочных занятий, как выучить иностранный язык, научиться рисовать или играть на музыкальном инструменте, заняться каким-нибудь видом спорта. На поверку часто оказывается, что это либо желание, навязанное другими людьми, либо след из прошлого. Когда-то, когда человек был более молодым и менее умным, ему казалось, что выучить испанский — это реально круто! Сможешь говорить, как Антонио Бандерас, и удивлять всех девушек на потоке... Но время прошло, институт окончен, на одной из девушек этот человек уже женат... Удивлять ему больше никого не надо, но вот желание выучить испанский где-то в голове осталось, и из-за того, что с этим желанием в явной форме не распрощались, оно время от времени выстреливает: «Ты же хотел выучить испанский! Я уже не помню зачем, но точно хотел! Давай ты этим все-таки займешься...» Получается как в анекдоте.

— Доктор, мне уже 80, но я все еще бегаю за девушками.
— Это же прекрасно!
— Да, но я уже не помню зачем...

Но если вы действительно решили хотя бы попробовать жить в соответствии с новым образом жизни, то вам нужно (о чудо!) не создавать его с нуля, а аккуратно и без насилия над самим собой изменить свой текущий образ жизни. Вопрос изменения образа жизни сложный и емкий; если вам интересны детали, я бы порекомендовал книгу Никиты Маклахова «Будет сделано!», у него этот вопрос очень хорошо проработан.

6.2.9. Мысль: план проекта — это не список задач

Сейчас самое время разобраться с возможной терминологической путаницей. То, что мы в этой книге называем проектом, не совпадает с привычным определением проекта из проектного менеджмента. Например, PMBoK* определяет проект как «временное предприятие, направленное на создание уникального продукта, услуги или результата», а у нас проект — это то, что точно надо сделать, но моей внутренней обезьянке без помощи рационального типа непонятно — как.

Если у вас есть опыт работы в управлении проектами (или хоть какие-то представления об этом процессе), вы также можете запутаться с определением задачи. Так, с позиции менеджера проекта задачей является элемент плана проекта. Менеджер планирует проект, пишет в плане, что, когда и кому нужно сделать, и рефлекторно называет каждый пункт плана задачей. У нас другое определение, для нас задача — это то, что ***точно*** надо сделать, и моя внутренняя обезьянка понимает КАК. Если вдуматься, элемент плана проекта (то, что менеджер называет задачей) вовсе не обязательно то, что:

а) точно ***надо*** сделать. Это же план. Он отражает мое текущее представление о том, как в будущем я стану выполнять проект. Не исключено, что какие-то пункты этого плана будут пересмотрены в ходе работы над проектом;

б) моя внутренняя обезьянка понимает, ***как*** сделать. Скорее всего, она как раз-таки

* Project Management Body of Knowledge — свод знаний по управлению проектами, «библия» проектного управления.

> этого не понимает. Вряд ли менеджер проекта детализирует план до обезьянопонятных действий, и, скорее всего, то, что менеджер проекта называет задачей, в терминах джедайских техник будет являться все же проектом.

Понимание, в чем разница между задачей и элементом плана проекта, помогает разобраться, например, с такой сложностью, которую я время от времени встречаю у своих студентов:

«Максим, я в непонятках. Вы написали, что нам нужен отдельный список для проектов и отдельный единый список для задач по всем проектам. Получается какая-то огромная куча задач, если я в один список выписываю все задачи по каждому проекту».

Чуете? Когда я начинаю составлять план проекта, он может состоять из десятков ~~зада…~~ *элементов плана*. Они могут звучать как задачи: содержать глагол в неопределенной форме, быть мелкими и понятными, но при этом не факт, что они являются задачами. Задачей по проекту мы называем следующий обезьянопонятный шаг, выполнив который мы остановимся и подумаем, что делать дальше. Конечно, если план проекта будет перед глазами, думать над следующим шагом будет проще.

Рассмотрим соотношение между элементами плана проекта и задачами на примере проекта

«Переезд в новую квартиру». План может выглядеть примерно так:

1. Найти риелтора (для продажи старой и покупки новой квартиры).
2. Купить новую квартиру:
   - А. Подобрать вариант новой квартиры.
   - Б. Подготовить пакет документов для ипотеки.
   - В. Оформить сделку.
   - Г. Поменять сопутствующие документы:
     - I. Изменить прописку.
     - II. Поменять документы на авто.
     - III. Записать ребенка в детсад.
     - IV. Прикрепиться к новой поликлинике.
3. Отремонтировать новую квартиру:
   - А. Найти компанию-подрядчика.
   - Б. Заключить договор.
   - В. Следить и молиться до окончания ремонта/терпения/денег (что наступит раньше — зависит от везения).
4. Закупить нужную мебель и технику.
5. Отпраздновать новоселье.

Еще раз — это план, пусть даже каждый его элемент звучит как задача. Если вы выгрузите его как есть в свой список задач и так же поступите с остальными проектами, то обязательно возникнет путаница и получившийся список будет не помогать вам справляться со стрессом, а, скорее, наоборот, станет его причиной: вы увидите, как много вам надо сделать, но вам так и не станет понятно, с чего все же начать.

План — это полезно. Он поможет не забыть, например, что в определенный момент надо будет поменять документы на автомобиль в связи со сменой места жительства. Также, когда по ходу выполнения проекта вы начнете лучше его понимать и проявятся новые детали, задачи, идеи, план — отличное место для того, чтобы их там сохранять. Физически план может представлять собой документ в любом подходящем для вас и для проекта формате. Какие-то планы проектов удобно хранить в мыслесхемах (mindmaps), где-то будут удобны электронные таблицы или многоуровневые списки, как в нашем примере, а где-то потребуется уже специализированное ПО для управления проектами. Вопрос выбора подходящего инструмента в каждом конкретном случае оставим за рамками этой книги.

Важный момент: **план проекта хранится отдельно от списка задач.**

Мы регулярно просматриваем план каждого проекта и думаем: «Исходя из этого плана, что будет самым правильным поручить моей обезьянке сделать в следующую очередь?»

Например, как мы будем искать риелтора? Можно написать в соцсети вопрос, кто недавно пользовался услугами риелтора и готов кого-то порекомендовать или позвонить в компанию X и спросить, каковы их условия работы, а можно написать на сайт поиска профессионалов свой запрос. Это все — уже задачи. При этом, как правило, я не вижу, какой будет следующая задача, она сильно зависит от результата текущей, а он далеко не всегда известен заранее.

То есть план проекта — это то, что крупными мазками описывает мой путь к результату, а задача по проекту — это заявка на исполнение для внутренней обезьянки. План — это то, что может поменяться, и над этим надо еще думать, перед тем как начать выполнять. А задача — там уже не надо думать, надо взять и сделать. А потом остановимся и подумаем.

6.2.10. Практика: поковыряться в «Позже»

Идея этой практики выкристаллизовалась на одном из тренингов.

Во время упражнения по переформулированию задач я поглядывал в списки участников тренинга и у одной девушки увидел задачу «Привить кота».

Я сразу же задал вопрос:

— А почему у тебя задача «Привить кота» лежит в «Позже»?

На что получил быстрый ответ:

— Раньше просто некогда.

Нехватка времени — хорошая дежурная социально приемлемая отговорка. Но я не отстал.

— А ты сама будешь кота прививать, что ли?

— Нет, что ты! Мне нужно просто позвонить ветеринару и записаться на прием...

И тут я увидел в ее глазах мыслительный процесс.

— Позвонить ветеринару и записаться... Позвонить и записаться... Так я же могу сделать это сегодня!

Рис. 95. Поковыряться в «Позже»

Очень часто мы прячем какую-то задачу в самый дальний угол списка задач не потому, что раньше на нее не будет времени. Нередко мы записываем задачу в спешке, не до конца понимая, как и когда будем ее выполнять. Это нормально. Подобные задачи мы будем ставить себе регулярно. Важно время от времени проглядывать список и вычищать их оттуда.

Это типичный пример большого прокрастинационного зазора (см. раздел 6.3.1). У нас часто бывает, что на самую большую задачу «времени нет». Но если задуматься о первом шаге, то на него время есть. И на следующий шаг, и еще на следующий, и даже на завершающий...

Чтобы понять, имеет ли смысл переформулировать задачу, используйте «тест волшебной феи»: посмотрите на задачу и подумайте, а будет ли хорошо, если волшебная фея прилетит и выполнит ее прямо здесь и сейчас? Для каких-то задач это будет откровенно плохо (выкинуть свеженаряженную елку в конце декабря или переобуть автомобиль в летние шины в феврале), а для каких-то это было бы очень хорошо — эти задачи и являются кандидатами на переформулирование с целью уменьшить прокрастинационный зазор.

А бывает, что задачу вообще надо просто выкинуть, а не переформулировать. Подобные записи появляются в нашем списке задач, например, следующим образом.

Иногда в голове возникает идея. Классная, хорошая идея! Эта идея тут же перерождается в не менее прекрасную задачу, и я, как прилежный последователь джедайских техник, быстро заношу ее в список. Но часто бывает так, что прекрасными и задачу, и идею делал контекст из моего текущего состояния, настроения, мыслей, находящихся у меня в голове. Я же в списке задач сохранил только вывод — формулировку задачи. Позже, когда контекст выветрится из головы, я могу смотреть на задачу, и она уже не будет казаться мне такой классной. В принципе, это не страшно. Но у многих людей в этом случае возникает внутренний конфликт: «Задачу делать надо, так как я ее записал, но непонятно зачем, так как я уже забыл, почему она мне кажется сто́ящей...», а, как мы помним, часто между важной и срочной задачей мы выбираем понятную, а задача с конфликтом — непонятная. Значит, отложим ее на потом... Это и есть один из механизмов формирования прокрастинационного осадка внизу списка задач.

Некоторые комментарии к этой практике из опросов

«Надо бы поставить задачу регулярно заглядывать на свое “кладбище”».

«Делаю такое примерно раз в год, вроде новогоднего расхламления, но что-то не очень понятно, что это в итоге дает».

«Удалила раздел “Позже” — при ковырянии там все задачи летят как устаревшие. Самое важное из “Позже” перенесла в “Идеи”, на остальное забила».

«Раз в неделю ритуально проглядываю не только раздел “Позже”, но и все почеркушки, которые остались в живых. Иногда там встречаются классные штуки ☺».

«Иногда там можно найти что-то реально клевое и с огромной радостью понять, что ты дорос».

6.2.11. Мысль: а это нормально, если я не смог выполнить все задачи, запланированные на сегодня?

В разделе 3.6 «Джедайских техник» я описал подход к сегментации своего списка задач на три «коробочки», или зоны критичности, в зависимости от того, в какой момент я планирую выполнить ту или иную задачу:

1. Сегодня.
2. На этой неделе.
3. Позже (не на этой неделе).

У своих студентов я неоднократно замечал следующую ситуацию: понаписать в «сегодня» какое-то безумное количество задач (примерно на месяц-полтора работы) и испытывать чувство вины из-за того, что не получается выполнить все это за один день.

Некоторые из таких студентов задавались вопросом: «Что делать, если я не успеваю выполнить все задачи на сегодня?»

В одной из групп в форме обратной связи я получил очень-очень хороший комментарий, достойный быть напечатанным жирным шрифтом.

Список задач должен помогать справляться со стрессом, а не культивировать чувство вины.

Да, это основное его предназначение — помогать справляться со стрессом. Но откуда же может взяться чувство вины? Часто оно появляется оттого, что я записываю в список на сегодня задачи, исходя из того, что мне ***хотелось бы*** иметь сделанным (игнорируя свои возможности), а потом отношусь к этому списку как к своему ***обязательству***. Желания большинства людей очень сильно превышают их возможности, в результате мы нарушаем обязательства, данные самим себе.

Рис. 96. Список задач не для чувства вины

Размышляя над этой ситуацией (достаточно типичной), я пришел к выводу, что в ее основе часто лежит путаница между двумя так называемыми модальными безлично-предикативными словами «надо» и «можно». Мы набиваем список задач, исходя из «можно», после чего незаметно подменяем «можно» на «надо». И поди потом разбери, где в этом списке настоящее «надо», а где «можно», которое почему-то превратилось в «надо».

Рис. 97. Таракан планирования

Возвращаясь к исходному вопросу: нормально ли не завершать все задачи, запланированные на сегодня? Ответ: да. Очень многие довольно часто попадают в эту ситуацию. Даже я. Само по себе это не плохо, главное — как к этому относиться и что потом с этим делать.

Людям очень трудно дается предсказание будущего. Часто, когда нами движет оптимизм, мы значительно переоцениваем свои способности выполнять дела и на ранних уровнях развития ***кратно*** переоцениваем свою скорость выполнения задач из списка. Что делать, если не получается планировать день? Попробуйте планировать половину дня: сначала распланировали время до обеда, а после обеда составили план до конца дня. Если систематически не получается составить реалистичный план на половину дня, давайте тренироваться планировать ближайшие два часа. Не получается адекватно спланировать ближайшие два часа? Давайте планировать одну следующую задачу. А после того, как мы научимся составлять более-менее адекватные планы на какой-то очень небольшой промежуток времени, мы сможем постепенно расширять горизонт возможностей своего планирования. И параллельно приучим себя различать «надо» и «можно».

В конечном счете я пришел к следующим формулировкам этих коробочек.

1. **Надо сделать сегодня.** Произойдет что-то плохое, если сегодня я этого не сделаю. В этой категории находится одна или две (максимум три) задачи в день. Если вам кажется, что у вас «надо сделать сегодня» больше — подумайте над этим списком еще раз. Скорее всего, вы где-то переоцениваете уровень критичности.
2. **Можно сделать сегодня, но надо бы на этой неделе.** Будет здорово сделать что-то из этого списка сегодня, и я обязательно что-то сделаю, но я четко понимаю, что задач в этом списке больше, чем я способен выполнить за один день. Если что-то из этого списка останется на завтра, ничего страшного, так и должно быть. Однако важно успеть все до конца недели, поэтому каждый день по нескольку раз я просматриваю этот список и решаю, что буду делать прямо сейчас.
3. **Надо сделать, но можно не на этой неделе.** Эти задачи надо сделать. Обязательно. Но на

этой неделе о них можно даже не думать. При планировании следующей недели я просмотрю этот список и выберу те задачи, которые пойдут в «Можно сделать сегодня».

Такая грубая и нечеткая временна́я шкала мне нравится намного больше, чем подход с назначением конкретной даты каждой задаче на неделю, а то и на месяц вперед. Если человек с огромным трудом планирует на два часа, то какова вероятность точного планирования на неделю вперед?

В большинстве случаев такой степени детализации временно́й шкалы более чем достаточно для своевременного выполнения задач, но при условии частого и регулярного пересмотра коробочки «Можно сделать сегодня» в поисках ответа на вопрос «Что мне имеет смысл сделать в следующую очередь?». Чем меньше в нашем списке бездумно проставленных конкретных дат, тем реже придется переносить эти задачи на новые бездумно проставленные даты. А вот про перенос и откладывание будет следующая мысль...

6.2.12. Мысль: об откладывании на потом

> Нет смысла откладывать на завтра то, что вы не хотите делать в этой жизни.
>
> Из анекдотов

Часто слышу: «Сейчас много задач, займусь этой задачей потом».

Такая линия поведения не всегда разумна. Откладывать на потом имеет смысл только в том случае, если в это «потом» будет возможность эту задачу сделать.

Надо понимать, «сейчас много задач» — это исключительная ситуация или систематическое явление. Во втором случае хоть оботкладывайся...

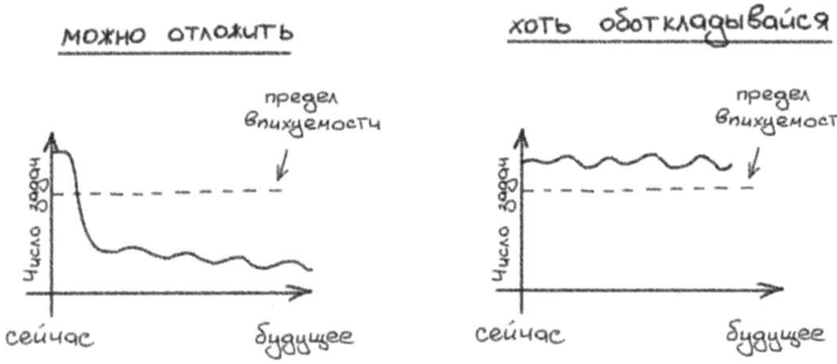

Рис. 98. Две ситуации

В теории все это более-менее понятно, но все упирается в старое буддийское:

мы не видим вещи такими, какими они являются (подробнее см. раздел 3.2).

Очень часто ситуацию систематического превышения уровня впихуемого мы видим несколько иначе: «Ну еще чуть-чуть, и оно закончится».

Возможно, это следствие когнитивного искажения «что я вижу, то и есть» (в оригинале у Канемана:

what you see is all there is). Или «чего я не вижу, того нет».

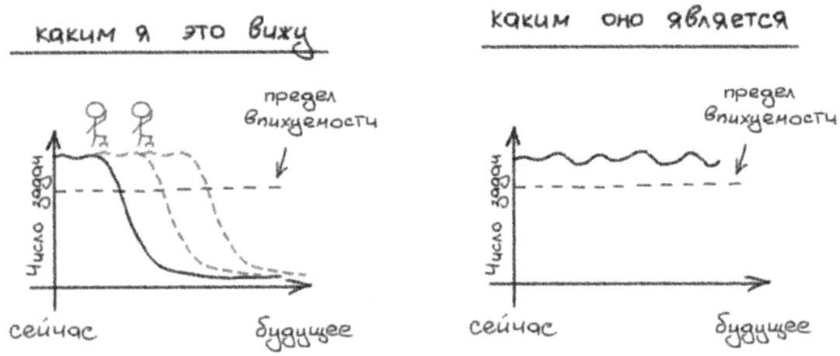

Рис. 99. Что есть и как я это вижу

Другими словами, поскольку я не вижу признаков нового завала, мне кажется, что завала не будет. А на самом деле я могу не видеть признаков завала, потому что:

— у меня сейчас завал, и я вообще никуда не смотрю, кроме как на него;
— в моей жизни еще не было таких завалов, как тот, что собирается вот-вот на меня навалиться, поэтому я его и не распознаю;
— фиг знает почему, но завал все равно будет.

И самый главный вопрос, который касается откладывания задачи на потом: вы ее откладываете потому, что уверены — потом наступит момент, когда вы с радостью выполните эту задачу? Или вы просто не хотите думать об этой задаче прямо сейчас?..

6.2.13. Практика: прожить N часов с выключенными средствами коммуникации

> Удобство — это когда есть телефон.
>
> Изобилие — когда два.
>
> Роскошь — когда три.
>
> Блаженство — когда ни одного.
>
> Из анекдотов

В тему об экстравертах и интровертах есть очень хорошая книга Сьюзан Кейн «Тихая сила» [100], где аккуратно анализируется тема интроверсии и застенчивости. Мне близка ее позиция: в нашем мире доминирует система ценностей «идеальный экстраверт», в то время как значительные прорывы совершаются людьми, способными сконцентрироваться, подумать и принять правильное решение.

Мне кажется, что мы серьезно преувеличиваем ценность быстрых коммуникаций. Да, они помогают нам оперативнее решать локальные вопросы, но не исключено, что это лишь субоптимизация, а в глобальном плане мы только все ухудшаем. Временами мне кажется, что чаты помогают быстро-быстро порешать проблемы, возникшие из-за нашей невнимательности и недальновидности, — следствия нашей любви к... чатам.

Даже если предположить, что количество отвлечений на коммуникации и не сказывается на скорости и качестве выполняемой работы (при определенных условиях, чего греха таить, это действительно наблюдалось в экспериментах [79]), вопрос: какой ценой это достигается? Например, в ходе одного из исследований [68] выяснилось, что снижение частоты проверки почты до трех раз в день (этого, кстати, все равно достаточно для вполне адекватной скорости реакции) существенно понижало состояние внутренней тревоги.

Рис. 100. Высказывание об экстравертах*

А еще отсутствие средств быстрой коммуникации служило своеобразным фильтром для идей. Если меня вдруг посещала идея и я очень хотел поделиться ею со своим знакомым, то идее приходилось проделывать большой путь: ей нужно было не потеряться в моем уме до того, как я либо встречу этого человека лично, либо дойду до телефона (раньше они были присоединены к стене проводом) и наберу его номер, и при этом он будет у аппарата и сможет снять трубку. Только самые хорошие идеи выдерживали такую проверку.

---

* Оригинал здесь: http://links.mnogosdelal.ru/ShutExtravertsUp.

> В моем детстве не было домофонов, поэтому тех, кто жил выше второго этажа, звали гулять, только если это были очень интересные люди.
>
> Из анекдотов

Наличие средств быстрой коммуникации привело к тому, что любая мысль или идея может быть тут же разослана огромному количеству людей практически без какого-либо труда и без наказания за это; в результате стало совершенно непонятно, где что-то стоящее, а где простой шум.

Рис. 101. Авиарежим

Мало того, легкость обмена идеями привела к их девальвации. Идеи не просто подешевели. Мне очень близка мысль Артемия Лебедева об отрицательной стоимости идей [80]: как только вам в голову пришла новая идея, вы стали чуточку беднее. Как только вы поделились этой идеей с другими, вы сделали чуточку беднее их всех.

Некоторые комментарии к этой практике из опросов

«Использую ночью, на особо значимых переговорах и в театре/кино».

«Прием просто отличный! Исключения только жена, дочка и гендир ☺».

«Иногда вообще выключаю телефон (на один день). Близких родственников предупреждаю, что буду работать. Они относятся с пониманием. Уже заметил такую закономерность: когда ничего не делаешь (то есть не занимаешься проектом или сложной работой), никто не звонит. А когда, наоборот, держишь в руках паяльник, кто-нибудь да позвонит».

«Этот “тихий” час сначала надо подготовить. Чтобы люди знали, как реагировать и что делать. Именно это сложно. А так да, мечта».

«Иногда еще приятно, когда забываешь смартфон на столе в кабинете, ничто не отвлекает от совещаний»[*].

«Возможно, в примере стоит заменить смартфон на любое устройство с нотификациями».

---

[*] Лишь бы коллег, находящихся рядом с телефоном, он не бесил ☺

«Периодически забываю включить обратно. Очень здорово бывает вообще съездить в места без интернета, например в лес. У дочки на планшете вообще увидела кнопку повышенной концентрации ☺».

«Если я верно понял, то вырубать не на весь рабочий день, а на период “помидорки”».

«Хорошо сочетается на iPhone с календарем. Добавляете в календарь время, когда работаете над приоритетным делом, нажимаете и держите значок “не беспокоить” и выбираете “до конца текущего события”».

6.2.14. Практика: провести утро без смартфона

Многие заядлые курильщики рассказывают, что утром до первой сигареты у них просто не запускается организм. Многие из них выкуривают сигарету до того, как идут в туалет, а в особо запущенных случаях первая сигарета выкуривается прямо в постели.

А у вас бывает подобное со смартфоном? Некоторые люди, проснувшись, не могут встать с постели, пока не проверят новые сообщения в почте или чатах. После проверки новых сообщений в уме звучит голос: «Ох уж эти придурки, сколько без меня наделали!» И только после этого такие люди становятся способными встать с места и пойти что-то делать.

Похоже? Если вы настолько же зависимы от проверки новых сообщений, то эта практика окажется вам не по силам. В любом другом случае можно попробовать и посмотреть, станет ли лучше.

И да, если вы прикасаетесь к смартфону, просто чтобы выключить будильник, это не будет считаться нарушением практики.

Некоторые комментарии к этой практике из опросов

«В смартфон прям с утра лезу, но в прилаги для медитации (insight timer), зарядки (fitify) и книжку (читаю почти все книги в электронном формате)».

«Я сейчас как раз пытаюсь привить себе привычку не читать соцсети по утрам, но потребность потупить полчаса перед тем, как вылезти из кровати, остается, поэтому я частично заменила чтение соцсетей на упражнения для глаз — вроде от этого сплошная польза».*

«Начала использовать этот прием: уже несколько недель, просыпаясь, откладываю телефон

* Одна из точек зрения на зависимости, как я уже говорил, такова: зависимость очень сложно убрать, но ее можно заменить на что-то менее вредное.

в сторону, выпиваю стакан воды и просыпаюсь "сама". Раньше же после выключения будильника хватала телефон и заходила в соцсети — неосознанно, еще не проснувшись, листала их и таким образом пробуждалась. А на деле загружала мозг, такой чистый утром».

«Сначала было сложно отказаться от этого, теперь уже вошло в привычку. За телефон берусь только спустя час. Чувствую положительный эффект».

6.2.15. Практика: отказался от...

Доктор больному:

– Так, голубчик, с сегодняшнего дня никаких сигарет.

– Но я и так не курю...

– Тогда ни капли спиртного.

– Но я не пью. Совсем.

– Тогда с женщинами ни-ни...

– Да и этого за мной не водится.

– Ну а что же вы тогда любите?

– Ну... Картошку люблю...

– Вот! С сегодняшнего дня никакой картошки!

Из анекдотов

Талеб в «Антихрупкости» [41] описывает стратегию «лечения» сложной системы. Сложные системы характерны тем, что «лечение» может дать побочные эффекты в неожиданном месте и в неожиданное время. В этой ситуации наименее опасным вмешательством или лекарством будет вычитание. Иными словами, не добавление чего-то нового (неестественного для вас), а убирание того, что вы уже делаете.

Повторюсь в очередной раз, все описанное ниже — это не законы, которым нужно следовать всегда.

Это приемы, которые имело бы смысл попробовать и посмотреть, станет ли лучше.

После первых нескольких попыток, скорее всего, лучше не станет — будут сказываться ломка и борьба тараканов за устоявшийся режим работы.

Ниже приведены несколько примеров.

6.2.15.1. Вариант: не проверять почту с утра

Эта практика может оказаться полезной (но не простой) для тех, кто привык начинать свое утро с проверки мессенджеров, почты и всего остального под флагом «А вдруг там что-то срочное». Как правило, если пойти проверять входящие с этой мыслью, вы непременно найдете срочное. Оно не обязательно будет действительно срочным, но вы его с большой вероятностью таковым увидите (мы же не видим мир таким, каким он является, помните?).

Если в этом виде практика кажется вам сложной или бессмысленной, попробуйте хотя бы до проверки почты сделать десять отжиманий или еще каких-либо упражнений. Вряд ли за это время произойдет что-то реально непоправимое.

6.2.15.2. Вариант: прожить день без прослушивания музыки или аудиокниг

Я знаю историю, как человек начал просить уведомления по геолокации, а оказалось, что у него просто перегружен мозг. Убрали аудиокниги, и стало хорошо*.

Рис. 102. День без смартфона

6.2.15.3. Вариант: прожить день без соцсетей

Влияние социальных сетей на человека — горячая тема для экспериментальной психологии. Есть мнение, что соцсети опасны и могут повлечь нездоровые зависимости и искажение воспринимаемой картины мира; кто-то говорит, что страшного в них ничего нет, вовсе наоборот — соцсети помогают найти единомышленников и совместными усилиями избавиться от зависимостей и восстановить картину мира. А кто-то действует как в анекдоте.

* http://links.mnogosdelal.ru/geo-notification-thread.

> Для одних гештальт наполовину открыт, для других гештальт наполовину закрыт, а кто-то просто делает на этом всем гешефт.

С одной стороны, мы знаем, что жизнь в социальных сетях ненастоящая и проявления ее избирательны: нам показывают только то, что хотят (и не стыдно) показать. Эта ситуация и ее последствия прекрасно описаны в статье Тима Урбана про двадцатипятилетних [64]. Мы знаем, что жизнь в соцсетях далека от реальности, но это не мешает нам (сознательно или подсознательно) сравнивать себя с этими ванильными вылизанными описаниями искусственного бытия.

6.2.15.4. Вариант: не брать смартфон с собой в столовую/туалет/спортзал...

Очень часто наличие смартфона в любом из вышеперечисленных мест отвлекает нас от главной цели, за которой мы туда пришли, что в итоге может привести к последствиям различной степени тяжести.

6.2.16. Вакцина: отключить лишние оповещения

Я помню, как выглядела проверка электронной почты в середине 90-х годов прошлого века. Я запускал почтовый клиент, который через модем начинал дозваниваться на почтовый сервер, и шел наливать себе чай. Иногда я слышал «пилик», говорящий о том, что компьютер обнаружил новое письмо, и испытывал прилив радости: «Надо же! Еще только вторник, а это уже мое третье электронное письмо! Как здорово! — А потом мечтательно добавлял: — Вот бы получать письма чаще!» О том, насколько вредны для нас уведомления о разного рода событиях в смартфонах и компьютерах, я писал еще в «Джедайских техниках». В разделе 3.7.1 этой книги подробно разбираются следующие мифы.

— Я не отвлекаюсь на уведомления, зачем мне их отключать (спойлер: как правило, вы отвлекаетесь, просто не осознаете этого).
— Я пропущу что-то важное (спойлер: как правило, в жизни не так много важного, как нам кажется; мало того, в моменте вещи кажутся более важными, чем являются на самом деле).
— Они же ждут ответа и будут простаивать, если я не отвечу мгновенно (спойлер: в большинстве случаев локальное ускорение ответов никак не сказывается на итоговом времени выполнения проекта*).

Конечно, в нашем мире не все везде и всегда. Не буду утверждать, что мгновенные оповещения — абсолютное зло всегда и для всех. Просто они мешают сосредоточенному мышлению, хотя

---

* Хотя нет... Сказывается. Но совсем не так, как нам бы хотелось. Часто стремление всех участников проекта мгновенно отвечать друг другу приводит к тому, что все только и делают, что мгновенно друг другу отвечают, в создавшейся суете основная цель проекта уходит на задний план, и о ней вскоре забывают.

кому-то для работы оно и не нужно, а у кого-то, наоборот, работа заключается в быстром реагировании на все входящие. Это, например, первая линия поддержки, кассиры (для них роль входящих играют клиенты), продавцы неуникальных продуктов и услуг, где важно отвечать новому клиенту «вотпрямщас», и прочие рабы входящих.

Рис. 103. Довольно уведомлений!

При определенных условиях (к этому мы вернемся в разделе 6.3.5) для того, чтобы лучше сконцентрироваться, нам, наоборот, нужны отвлекающие оповещения, но оповещения, специально созданные для сосредоточения. Кстати, будьте осторожны, эффект от оповещений тоже не линеен (о нелинейности говорилось в разделе 4.5). Легко может показаться, что уведомления от каждого конкретного приложения нужны (или не мешают), но вот уведомления от всех сразу... Это примерно как в магазине: покупка множества вещей, каждая из которых дешевая, все равно обходится дорого*.

Рис. 104. Битва уведомлений

Далее я бы хотел опять немного вас покошмарить и рассказать еще о нескольких неприятных побочных эффектах от оповещений и связанных с ними отвлечений.

* Вы, кстати, не задумывались над тем, что бóльшая часть денег разлетается именно на небольшие дешевые импульсивные покупки? Или у вас не так?

Рис. 105. Битва уведомлений и соцсети

Если вы получаете множество уведомлений, со временем вы перестаете ценить состояние сконцентрированности. Вы просто забыли, что такое сосредоточенно и глубоко размышлять. Это, наверное, не самое страшное. Самое страшное начинается потом: вы перестаете ценить сосредоточенность других людей, и отвлечь другого человека по пустяку для вас не будет чем-то страшным. Если вы занимаете высокое положение в компании, то довольно быстро вся структура под вами будет состоять из гиперактивных истериков с дефицитом внимания, переключающихся с одного сообщения на другое и не способных сосредоточиться ни на чем больше нескольких секунд.

На одном из семинаров я рассказывал про отключение оповещений и про то, какие тараканы и мифы не позволяют нам это сделать. Одна участница сказала:

— А я не хочу отключать оповещения.

Я спросил:

— Вы боитесь пропустить что-то важное?

— Да. У меня работа такая, часто приходит что-то важное, на что нужно сразу же реагировать. Будет плохо, если я не среагирую.

— Но вы понимаете, что мы физиологически устроены так, что можем реагировать либо быстро, либо вдумчиво? Вы осознанно принимаете этот риск?

— Да, я принимаю риск.

— Что же, это ваш выбор…

Я продолжил семинар. Буквально через пять минут смартфон этой девушки булькнул уведомлением, она рефлекторно схватила его, посмотрела на его экран и громким шепотом сказала своей коллеге, сидящей в другом конце комнаты, что-то вроде:

— Ой, они нам ответили, потом обсудим.

Иными словами, она отвлекла не только себя, но и еще человек десять далеко не срочной информацией, и в ее картине мира это не было чем-то некультурным. Наверное, работать с таким руководителем не каждый сможет.

Как только у вас в команде появляются люди, не ценящие сосредоточенность других, вы можете начать испытывать страх сосредоточенности на рабочем месте. Дело в том, что каждый раз, когда вы концентрируетесь и вас грубо выдергивают из этого состояния (звонком, оповещением или просто человек подошел), это создает не самые приятные ощущения: вам как будто ткнули иголкой в мозг. Стоит этому процессу повториться несколько раз подряд (задумался — отвлекли — боль, задумался — отвлекли — боль), вы, подобно собаке Павлова, начнете ассоциировать боль с сосредоточенностью. Может возникнуть условный рефлекс: рабочее место + думать = боль, а раз так, то ну его нафиг — думать на рабочем месте.

Но и это еще не весь кошмар. Многие считают, что естественное состояние человека, к которому не применили никакого «мотивирующего» воздействия, — сидеть без дела, как минимум на работе. Проще говоря, если я хочу, чтобы мои сотрудники начали работать, я должен их замотивировать, поставить им задачи, указать цели, показать планы… Если этого не сделать, то они и палец о палец не ударят. Увы… Для многих людей естественное состояние — делать что-то, желательно простое и быстро-быстро. Так вот, представьте, что этот ингредиент смешивается со страхом думать на рабочем месте. Что получается? Конечно же, куча людей, которая пришла на работу под давлением незавершенных дел, начинает быстро-быстро что-то делать. К чему в первую очередь тянутся ваши руки, как только вы решаете поработать? К смартфону, чтобы проверить, нет ли там чего-нибудь срочного! И вот мы, не включая мозг, начинаем писать друг другу в мессенджеры, звонить по телефону и ходить ногами с разными вопросами «по работе». Налицо чудовищное состояние: как только кто-то перестает думать, он тут же идет отвлекать других, мешая думать им, а они, в свою очередь, поступают так же... В итоге отвлечение распространяется по офису подобно вирусу.

В разделе 3.1 я уже ссылался на видео Андрея Курпатова [17], в котором он говорит, что для запуска сети пассивного режима работы мозга (в среднем) требуется 24 минуты. Если наложить эту мысль на постоянно прилетающие с разных сторон оповещения, напрашивается аналогия со старым и несмешным анекдотом.

> Алкоголь полностью выводится из организма за 21 день, то есть никогда.

Сейчас его можно перефразировать так: человек начинает процесс размышлений через 24 минуты после последнего отвлечения, то есть в мире, полном мессенджеров и оповещений, — никогда...

К сожалению, я не нашел конкретного исследования, стоящего именно за этой цифрой — 24 минуты, но обнаружил другое [77], изучавшее поведение пользователей компьютера и их реакцию на оповещения о входящих сообщениях электронной почты или мессенджеров*. По данным

---

* Выборка была небольшой — всего 27 человек, зато этих людей исследовали довольно долго и плотно. Если для вас выборка в 27 человек маленькая, попробуйте провести собственное исследование хотя бы с одним человеком. С собой ☺

исследований, время, которое требуется человеку, чтобы вернуться к прерванной задаче, в среднем равно 9,5 минуты (однако среднеквадратичное отклонение составляло 13 минут, что говорит об очень большом разбросе данных: в каких-то случаях — секунды, а иногда чуть ли не полчаса). К слову, примерно 40% оповещений о новом электронном письме и 70% оповещений о новом сообщении в мессенджере вызывали немедленную реакцию пользователя, и он тут же бросался что-то делать с этим оповещением. Это данные для тех, кто «все равно не реагирует на эти уведомления». И что важно, здесь исследовали затраты времени, но каковы были потери мыслетоплива на эти оповещения?..

По данным ребят из RescueTime [78] (а они проанализировали данные по 50 000 человек), половина пользователей заглядывают в инструменты коммуникаций не реже, чем раз в шесть минут. Потом они тратят сравнимое время, чтобы вернуться к важной задаче... и опять проверяют сообщения... Невольно вспоминается анекдот.

— Сколько человек работает в вашей компании?

— Ну... примерно половина.

Если же вы относитесь к тем людям, кто говорит: «Я же не бросаюсь на каждое оповещение, я только реагирую на важные», то исследование [79] показало: сигнал мобильного телефона (о входящем вызове или сообщении), который вы слышите, но не реагируете, все равно наносит урон основной задаче, как если бы вы взаимодействовали с ним.

Конечно, все это зависит от сложности решаемых задач. Джозеф Валачич и его команда исследовали, как прерывания влияют на точность и скорость решения задач [85]. Эксперимент проводился над студентами, изучающими производственный менеджмент, им давали учебные управленческие задачи. Оказалось, что статистически значимой связи между наличием отвлечения и скоростью решения простых задач не было, но вот решению сложных задач наличие отвлечений сильно мешало. При этом чем чаще человека отвлекали, тем больше ошибок он совершал и тем больше времени ему требовалось для решения, но опять же — только при решении сложных задач. До недавнего времени существовала четкая грань между физическим трудом и интеллектуальным. Сейчас отсутствие первого еще не означает интеллектуальность работы, в нашу информационную эру появилось очень много профессий, суть которых сводится к весьма простым действиям, производимым с помощью компьютера. Возможно, для представителей таких профессий наличие оповещений не наносит сильного вреда выполняемой работе. Но вот как насчет вреда для психики самого человека?.. В ходе одного из экспериментов (Кушев, Прулкс и Данн [87]) изучали две с лишним сотни студентов, половину из которых попросили переключить свои смартфоны в режим «не беспокоить», а вторую, наоборот, — включить все оповещения и держать смартфон в зоне видимости. Через неделю во второй группе наблюдался статистически значимый (хоть и не очень большой) рост уровня невнимательности и гиперактивности.

Если оказалось, что вы по какой-то причине просто не можете жить и продуктивно работать без оповещений, то не исключено, что ваш мозг перегружен.

На моем форуме есть ветка (эта дискуссия упоминалась в разделе 6.2.15.2), где изначально человек озадачился настройкой уведомлений по геолокации, но на поверку оказалось, что он просто потребляет слишком много информации. И ему нужно было не *добавить* оповещения в свою систему, а *убрать* из своего рациона чрезмерное потребление аудиокниг. Все как у Талеба в «Антихрупкости»: более надежным оказывается решение, которое *убирает* то, что у вас есть, а не *добавляет* то, чего у вас нет.

Неожиданно? Непонятно, где связь? Если кратко, история выглядела так.

1. Терять время — это плохо! Саморазвиваться — хорошо!
2. Любая свободная минута должна быть потрачена с пользой!
3. В метро много времени тратится впустую. Надо слушать аудиокниги — это полезно.

4. Как результат, мозг постоянно бомбардируется информацией.
5. Вылетает из головы, что по дороге от метро нужно зайти еще в магазин (или сделать что-то в этом духе).
6. Что же делать? Конечно, нужны оповещения (чтобы бомбардировать мозг еще большим количеством информации).

В качестве эксперимента было предложено воздержаться от аудиокниг в метро — и... проблема ушла. Если вам интересны детали, проследите ветку обсуждения.

Я часто встречал людей, которые боялись отключать лишние оповещения. Каждый раз оказывалось, что они ставят знак равенства между наличием оповещений и проверкой сообщений. Если выключить оповещения и в результате вы перестанете проверять сообщения, чем же вы займетесь вместо этого?.. Неужели будете сидеть и томиться от безделья? Не думаю, что вы настолько продвинулись в практике из раздела 6.1.9. Вы, безусловно, будете что-то делать, и я не исключаю, что именно в этом случае вы будете делать что-то важное.

Группа исследователей изучала, как корейские студенты используют смартфон [88]. В частности, одно из наблюдений показало, что почти 80% сессий использования смартфона — это реакция на оповещение. Проще говоря, в большинстве случаев это не человек хотел, а «им» хотели...

Если без оповещений становится совсем тревожно, попробуйте поставить себе периодическое напоминание вида «Проверить новые сообщения в родительском чате».

В итоге у вас будет одно напоминание вместо полусотни. Конечно же, может возникнуть вопрос: какой в этом смысл, ведь количество сообщений, которые надо просмотреть, будет одинаковым и оно не зависит от наличия или отсутствия оповещений?

Да, не зависит, но вот уровень эмоциональной вовлеченности в каждое событие о-о-о-очень зависит, и родительский чат может вам это показать. Посмотрите, как вы реагируете на отдельные сообщения в режиме, когда каждое из них сопровождается оповещением и когда вы проглядываете их пачкой?

Мне кажется, что из-за наличия средств быстрой и легкой коммуникации нам становится во много раз сложнее отделить шум от сигнала. Еще пример того, как по-разному оцениваются события постфактум и в моменте. Если я скажу, что на Олимпиаде в Мюнхене в 1972 году сборная СССР по баскетболу обыграла сборную США со счетом 51:50, какие эмоции вы испытаете? А потом попробуйте сравнить это с эмоциями от просмотра фильма «Движение вверх», снятого по этой игре. Накал выше? Те же события, но эмоциональный всплеск совсем иной, а ведь эмоции — очень мощный потребитель мыслетоплива.

С чатом

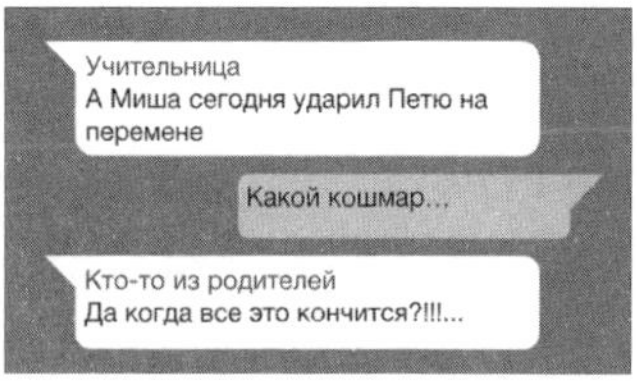

Рис. 106

...и пошел бурлеж... Только стихло, как:

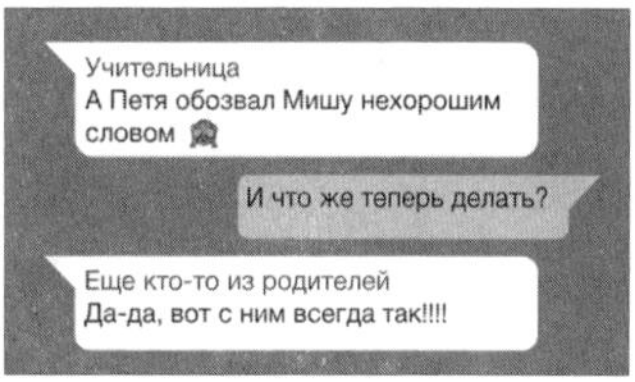

Рис. 107

...и опять пошел бурлеж... Стоило ему стихнуть, и:

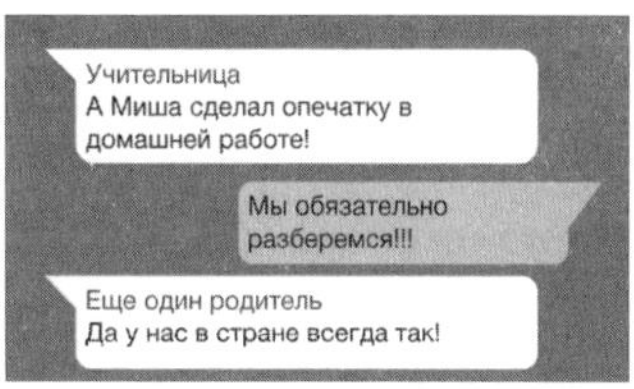

Рис. 108

В итоге все родители на взводе, никто ничего не сделал на работе, и еще все думают, что их дети — самые настоящие хулиганы.

Без чатов

Рис. 109

При этом Миша ударил Петю, Петя обозвал Мишу, и все вместе они наделали кучу опечаток... Просто это все как-то стерлось из памяти и уже не кажется таким существенным.

И еще любителям последних новостей вброс на подумать: если вы узнали очень-очень свежую новость, то с большой вероятностью над ней никто пока не думал, не обрабатывал ее...

В завершение этого раздела хочется предупредить тех, кто решится хотя бы попробовать пожить некоторое время без оповещений: первые дни будут тревожными.

Если обычно я часто отвлекаюсь на внешние факторы, то, как только они исчезнут, ум может отвлекать себя сам или беспокоиться из-за отсутствия привычных отвлечений. В большинстве случаев за несколько дней эта тревожность пройдет.

Примерно об этом — анекдот.

Один мужик все время приходил домой вдрызг пьяный и, снимая сапоги, кидал их со всей мочи в стену. Поскольку все это происходило в три часа ночи, соседям это жутко надоело, и они пожаловались участковому.

Участковый провел с мужиком беседу. И вот приходит мужик домой, снимает один сапог и швыряет его в стену.

Потом вспоминает про участкового и очень тихо ставит второй сапог возле кровати.

Через полчаса крик из-за стенки:

— Да кидай же второй сапог!

Некоторые комментарии к этой практике из опросов

«Подписываюсь под каждым словом. Отключение уведомлений в почте оказалось, возможно, самым крутым действием с точки зрения отношения результата к потраченным усилиям».

«Отключение оповещений о почте стало одним из самых счастливых событий в жизни ☺ Одно время эти оповещения у других людей вызывали лютую агрессию ☺ Сейчас подостыл».

«Для рабочей почты такой подход нереализуем, начальник любит послать письмо и еще раньше, чем я замечу, что оно пришло, вбежать в кабинет с вопросом "Ты видел мое письмо?" ☺».*

«В чистом варианте это недостижимо, но стремиться можно ☺».

«Уведомления стоят только на реально важных адресатов. Но если они поставят меня в копию — то амба, сразу в архив».

«Иногда возникает сильный Fear Of Missing Out и, сам бежишь проверять почту каждые пять

* Кстати, в таком случае оповещения точно не нужны. Есть же начальник ☺

минут, из страха, что там что-то пришло, а ты не ответил. Но я не жалуюсь, способ все равно хороший, уведомления — зло по-любому».

«Базовое правило: отключить все группы по умолчанию, оставить только Direct. И даже на Direct необязательно отвечать сразу ☺ Отключить уведомления о прочтении в WhatsApp — тоже хорошо. Стараюсь читать мессенджеры с десктопа: меньше паники и проще внести в список задач».

«Я еще помню то время, когда браузеры не могли отправлять push-уведомления. Вот хорошая статья о том, как их отключить: http://links.mnogosdelal.ru/disable-browser-notification».

6.2.17. Мысль: а зачем нам что-то улучшать, мы же и так с работой справляемся?

Этот эффект я время от времени наблюдал в различных компаниях, где руководитель начинает беспокоиться об эффективности сотрудников. Он приходит к команде и без всякой задней мысли начинает рассказывать, что есть более эффективные методы работы и если аккуратно вести свои задачи, меньше отвлекаться на мгновенные сообщения, то можно успеть больше. Но не везде сотрудники понимают руководителя буквально. Иногда создается впечатление, что у них проскакивают мысли: «Шеф хочет, чтобы мы работали более эффективно; неужели он думает, что мы недорабатываем? Надо фигачить еще больше». В итоге люди засиживаются допоздна, но успевают сделать практически все. Вопрос: какой ценой? А цена обычно — отсутствие (или серьезная деградация) личной жизни.

На эту мысль меня натолкнуло наблюдение, сделанное в ходе одного из опросов*. Я заметил: оценка уровня согласия с утверждениями «На рабочем месте мне очень сложно сконцентрироваться» и «Мне бы хотелось, чтобы мои коллеги реже отвлекали меня» сильнее коррелирует с оценкой успевания в личной жизни, чем с оценкой успевания на работе. Странно. Вроде как очевидно, что, если меня часто отвлекают в рабочее время, это должно больше мешать работе. И действительно, корреляция наблюдалась и с уровнями успевания в работе, но при чем тут личная жизнь? Все понятно: в мысли из раздела 6.2.1 я уже писал про сильную корреляцию между успеванием на работе и в личной жизни, поэтому если что-то коррелирует с работой, а работа коррелирует и с личным, то и это что-то будет коррелировать с личным, но тогда связь должна быть более слабой. А тут она более сильная...

Сначала я ухмыльнулся, думая: «Во люди дают, пытаются на работе заниматься личными делами и еще бесятся, что их отвлекают коллеги», а потом

* Его исходные данные также общедоступны. Вот ссылка: http://links.mnogosdelal.ru/survey/03.

увидел еще более сильную (отрицательную) корреляцию между успеванием в личной жизни и уровнем согласия с утверждением «Работу, требующую сосредоточения, я оставляю на вечер, когда становится спокойнее». После этого картинка сложилась: отвлечения коллег и прочие неэффективности мешают выполнять свою работу в рабочее время. Но не выполнить ее человек не может (из-за страха, ответственности или всего, вместе взятого), а вот отказаться от кусочка личной жизни — запросто, что он и делает («Ну хотя бы на сегодня, сегодня же был аврал... Завтра все точно будет по-другому»). В итоге каждый раз, отвлекая своего коллегу, возможно, вы лишаете его личной жизни.

Думаю, что именно поэтому так тяжело заметить неэффективность на рабочем месте, так как ее мы компенсируем, жертвуя своей личной жизнью. А если это так, не исключаю, что более качественной оценкой эффективности работы человека была бы оценка не столько его рабочих результатов в единицу времени (которое получается из таймшитов, почти всегда врущих), сколько его личной жизни. Сотрудник, который ведет свой блог / играет в рок-группе / бегает марафоны / выращивает редкие растения у себя на даче, скорее окажется более продуктивным и успешным, чем его коллега, засиживающийся до ночи в офисе со словами: «Зачем меня учить эффективности, я же *на работе* все успеваю».

Опять же, описанное в этом разделе нельзя расценивать как строгое доказательство этого утверждения, но я очень хочу в это верить.

6.2.18. Практика: пригладить списки задач, проектов, идей

В деталях эта практика описана в разделе 3.6 «Джедайских техник». Там эта практика называлась «Провести обзор» и было описано несколько различных по масштабу обзоров:

— еженедельный,
— ежедневный,
— спонтанный.

В этой книге я хочу убрать намек на совершенную форму из названия практики. Мы будем считать практику выполненной (и с чистой совестью поставим плюс в ежедневном чек-листе) не тогда, когда мы навели порядок и актуализировали все свои списки, а когда сделали их хотя бы чуть чище, чем они были до этого.

По результатам разговора со студентами и участниками форума могу сказать: это очень полезная, но в то же время самая сложная практика.

Часто говорят, что «на нее не хватает времени». Тут вот какая мысль*: «Если ты не можешь просмотреть и прибраться в своем списке задач за разумное время, то выполнить его в ближайшем

* Опять же спасибо Lomelind за то, что указала на это.

будущем ты тоже не сможешь. Если твой список велик, то смысла его обозревать уже нет. Его надо проредить» (в этом могут помочь практики из разделов 6.2.3 — так как мы часто путаем задачи, проекты и идеи и пишем в список задач что попало, 6.4.1 и 6.4.13).

Еще один важный момент в периодическом обзоре: провести три десятиминутных обзора будет куда более полезным и продуктивным, чем один получасовой или даже часовой. Просто попробуйте. Заодно прочувствуете всю ценность практики из раздела 6.1.9, где мы учились тормозить: вам будет сложнее остановиться через 10 минут, чем продолжить выполнять обзор до момента полной усталости. А важно остановиться через 10 минут.

Важность небольших и легких обзоров может подчеркнуть еще вот какая аналогия. Как вы думаете, какой навык будет более полезен для водителя: навык оценивать скорость всех окружающих тебя транспортных средств и исходя из этого предсказывать их положение в следующий момент времени или навык то и дело бросать быстрый взгляд по очереди во все зеркала, чтобы оценить текущую ситуацию? Зачем радары в аэропортах постоянно крутятся вокруг своей оси и неоднократно заглядывают в один и тот же сектор неба? Мы же знаем курс, скорость и предполагаемую траекторию чуть ли не каждого самолета... В этой метафоре, наверное, все понятно — вдруг что-то неожиданно изменилось и пошло не так, как мы рассчитали?

Ровно по этой причине мы постоянно посматриваем в зеркала, а радар регулярно и часто просматривает один и тот же сектор неба — чтобы убедиться в том, что все идет так, как мы рассчитывали, а если что-то вдруг пойдет не по плану, чтобы мы узнали об этом как можно раньше и смогли соответствующим образом отреагировать.

Так же и с периодическими легкими обзорами. Мы можем регулярно размазывать задачи по календарю, назначая их на конкретные даты. С одной стороны, я будто провожу ежедневные обзоры сразу пачкой, заранее и на неделю вперед. Но, с другой стороны, наилучший момент выполнения той или иной задачи зависит от многих факторов: представлений о собственной загрузке, зависимости задач друг от друга, графиков других людей и прочих стечений обстоятельств. Ни один инструмент планирования не только не сможет это все прогнозировать, но и не даст даже возможности адекватно это все описать. В итоге все будет регулярно идти не так, как мы рассчитывали. При этом отклонения могут быть как в худшую, так и в лучшую сторону. И в отличие от первых, для того чтобы использовать отклонения в лучшую сторону, нам явным образом нужно их заметить. Вы же помните об асимметрии мира из раздела 4.1? В итоге регулярные просмотры списков дел могут помочь наилучшим образом использовать вновь открывшиеся обстоятельства, о которых еще недавно мы не догадывались. Попробуйте, загляните в дальний угол своего списка. Есть ли там хотя бы одна задачка, которую вы легко и незаметно можете сделать буквально сейчас?

Некоторые комментарии к этой практике из опросов

«Почему-то если я туда залезаю, то выбираюсь оттуда не через 10 минут, а через 50. Наверное, из-за этого у "обезьянки" выработалась психотравма ☺ или рефлекс ☺ Очень страшно делать обзоры ☺».

«Подсказка: если ты не можешь обозреть свой список задач за разумное время, то выполнить его в ближайшем будущем ты тоже не сможешь».

«Выработал у себя привычку планировать завтрашний день и следующую неделю. Завтрашний обзор планирую в транспорте по дороге домой».

«Я перешел от списка проектов к годовому и квартальному планированию. Три квартальные цели я просматриваю ежедневно при формировании ежедневных и еженедельных задач в Microsoft Outlook. Годовые цели (хотелки) просматриваю при формировании трех квартальных задач. По принципу Михаила Саидова».

6.2.19. Практика: физическая активность

— У тебя такая фигура! Ты бегаешь по утрам?

— Ага. С криками: «А-а-а-а-а! Опять проспала-а-а!»

Некоторые люди едут в спортзал на машине, чтобы там походить на беговой дорожке…

Уже полгода, как записался на фитнес, — и никакого прогресса! Завтра схожу туда лично, узнаю, в чем дело.

Из анекдотов

Начинать можно с малого. Например, с зарядки-пятиминутки. Интернет полон описаний коротких зарядок, но мне понравилась зарядка, которая у нас на тренировках по крав-мага* использовалась в качестве силового блока: ставим таймер на пять минут, делаем 10 отжиманий и 10 скручиваний на пресс и отдыхаем до конца минуты. С началом новой минуты опять 10 отжиманий и 10 скручиваний и опять отдыхаем. И так пять раз. Если десять повторений даются легко, их количество можно увеличить.

Если раньше вы не занимались своей физической формой, такая зарядка будет прекрасным форматом для старта. А вообще по зарядкам и здоровому образу жизни есть масса прекрасных источников,

---

* С момента написания первой книги вместо тайского бокса у меня появилось новое увлечение ☺

так что я даже не буду пытаться с ними конкурировать.

Рис. 110. Физическая тренировка

6.2.20. Практика: порадовать свою обезьянку

Часто после первых значительных успехов в области самоорганизации встает важный вопрос: что делать, чтобы вся система не развалилась? Это типичная ситуация после тренингов, марафонов* и книг: первое время все идет хорошо и гладко, но случись какая-нибудь сложность — тут же следует откат назад. Кто-то может прийти к выводу, что «все это работает, только когда все спокойно, нет авралов и перегрузов», то есть в какой-то вымышленной жизни. Но так ли это на самом деле?..

Велосипед помогает передвигаться быстрее, если вы едете на нем. Если вы закинете велосипед себе за спину, то передвигаться таким образом можно будет, только если вы никуда не спешите. Как только вы начнете куда-то опаздывать, первым вашим желанием будет избавиться от

* Вы же помните, даже у меня есть свой марафон по освоению джедайских техник: http://links.mnogosdelal.ru/hyls.

велосипеда (потому что учиться на нем ездить уже станет некогда). Так же и с техниками: они ковались в условиях жестких авралов, дедлайнов и переработок и призваны придавать вам сил, а не забирать их. Но если вдруг они мешают, то, скорее всего, что-то где-то вы делаете не совсем правильно. Не сможете разобраться сами — приходите ко мне на форум со своей историей, и мы поможем*, но один очень важный момент будет описан ниже.

Если все техники разваливаются в период напряга — это означает, что для поддержания системы в работоспособном состоянии вам требуется затрачивать определенные усилия и при этом вы не ощущаете, что получаете что-то взамен. Оставим в стороне всю эту пошлую бухгалтерию и высчитывание того, сколько часов я трачу на запись задач в правильных формулировках и сколько часов я получаю взамен. Надеюсь, к этому моменту вы уже понимаете, что время — это очень прямолинейное и опасное измерение. К примеру, будет ли выгодным «променять» 30 минут, когда вы в хорошем настроении, свежи и бодры, на три часа, когда вам хочется есть, спать и сильно болит голова? Тут дело не в цифрах, дело куда тоньше — ощущаете ли вы, что получили что-то взамен?

Самая частая ошибка, которую совершают люди после первых успехов, — они награждают себя

---

* Мой форум находится тут: http://forum.mnogosdelal.ru.

за хорошую работу еще бо́льшим количеством хорошей работы. «Ух ты! Я научился делать за шесть часов то, на что раньше уходило десять! Теперь я смогу еще больше задач переделать!» Это очень круто — ставить галочки напротив задач, видеть, как изо дня в день растет список выполненных задач, но тут приходит обезьянка и спрашивает: а где же счастье? И радость...

Частое опасение некоторых людей: а не превратят и меня все эти списки в биоробота? Если все, для чего вы будете использовать джедайские техники, — это работа, не приносящая счастья, то... Нет, даже в этом случае не превратят, просто все довольно быстро развалится, вы вернетесь к отправной точке и будете жить с убеждением, что все эти техники «не работают в реальном мире», «требуют времени больше, чем дают», «не подходят для творческих людей», «предназначены для тех, у кого работы мало», и все в таком духе.

Ключевая и крайне важная задача для долгосрочного и устойчивого продвижения по пути джедая — это демонстрация своей внутренней обезьянке на собственном опыте, что все эти списки задач, ритуалы по наведению порядка в смартфоне и браузере, обряды по пересмотру списков ***помогают*** делать то, что вам (вместе с обезьянкой) нравится. А как это можно показать? А очень просто: начните делать то, что вам искренне нравится. Как только вы заметите, что техники помогают вам справляться с обычными делами легче и быстрее, посвятите первые крупицы высвободившихся сил тем занятиям, от которых вас действительно прет и которые вы долгое время откладывали на некое мифическое «потом».

1. Запишитесь на танцы.
2. Пойдите в мотошколу или на курсы безопасного вождения.
3. Присоединитесь к группе, подготавливающей к марафону.
4. Возьмите настольные игры и поиграйте с детьми.
5. Запишите ребенка в секцию, водите его на занятия и наблюдайте за ним, а не за экраном своего смартфона.
6. Начните изучать рынок загородной недвижимости и мечтать, как переедете жить за город...

Если что — это все примеры, а не полный перечень того, что вы тут же обязаны сделать. Суть в том, что нам нужны дела и задачи для радости. Это нормально, если вы вдруг возьметесь за то, что давно откладывали, и быстро в этом разочаруетесь. Вы же хотели не само это дело, а тот результат, который в вашей картине мира был следствием выполнения вами этого дела. Может оказаться, что этот результат вовсе и не следствие или сам по себе результат не очень-то вам теперешнему и нужен. Это понимание все равно принесет если не радость, то дозу облегчения.

Может оказаться, что, остановившись, вы не понимаете, чего хотите и от чего вас действительно прет. Такое бывает. У меня эта ситуация ассоциируется с историей Брукса Хэтлена из фильма «Побег из Шоушенка», который 50 лет провел в тюрьме и покончил жизнь самоубийством практически сразу после того, как досрочно вышел на свободу. Он слишком долго жил в тюрьме и просто забыл, зачем она вообще нужна, эта свобода. Так же бывает и с нами: если мы слишком долго «заставляем себя», «выходим из зоны комфорта» и «преодолеваем пределы» в погоне за чужими целями, то попросту утрачиваем все свое и, освободившись от трудоголизма, просто не знаем, что делать с этой свободой... И обратно уходим в трудоголизм, раз уж больше заняться нечем, а ничего не делать я не могу...

Но здесь я хочу заметить, что «я не понимаю, чего мне хочется» может быть нормальным состоянием уставшего человека. Вы же помните, что мы не видим мир таким, каким он является. Мы пропускаем все через свои фильтры восприятия, и то, что получается, наш ум и считает реальностью. Но фильтры восприятия не являются чем-то неизменным, они могут перенастраиваться, что, собственно, и делают, причем постоянно. Если вдруг у нас появляется много работы и куча авралов и уже не хватает сил на хобби и радости, то какие-то части нашего сознания пытаются защитить нас от перегруза. Как? Избавившись от лишних задач. От каких? Конечно же, от тех, которые мы не воспринимаем как обязательные. И механизм избавления от этих задач — перенастройка фильтров восприятия таким образом, что те необязательные вещи я начинаю сначала считать не такими уж и интересными, затем ненужными, а потом и вовсе перестаю их замечать, отдавая себя целиком работе. Однако в большинстве случаев это обратимо. Если у вас появилось хоть немного дополнительных сил и того, что вы называете свободным временем, а никакого хобби нет и ничего интересного вы не видите, — это нормально. Вам нужно немного успокоиться и реабилитироваться после травмы непрерывной фигачкой. Просто используйте свободное время на что угодно, только не на то, что довело вас до такого состояния. Фланируйте, бездельничайте, проявляйте праздное любопытство. Через некоторое время в жизнь наверняка начнут возвращаться краски. Если не начнут, это может быть хорошим поводом обратиться к психологу. Часто у нас получается себя загнать работой так, что это уже становится видно в результатах медицинских анализов.

Смысл этой практики довольно прост: начните следить за тем, делаете ли вы для себя что-то такое, что дает вам повод улыбнуться. И не по строгому расчету, а просто потому, что хочется. На четвертом уровне зрелости мы будем глубже разбираться с тем, как соотнести свои задачи со нередко желаниями, но уже сейчас пора начать обращать внимание на своего верного и трудолюбивого помощника — внутреннюю обезьянку.

6.3. Третий уровень. Есть свет в конце тоннеля

Если все идет хорошо, то завалов и авралов вокруг вас становится меньше, хотя они все равно могут отнимать основную часть ваших сил.

На третьем уровне мы закрепляем тактический успех и готовим плацдарм для работы над стратегическими направлениями.

Рис. 111. Обезьяно-рациональное взаимодействие

На этом уровне вы уже видите в своей внутренней обезьянке неоценимого и выносливого помощника, цели которого совпадают с вашими. Вы начинаете помогать ей помогать вам.

Рис. 112. Мягкий контроль над обезьянскими импульсами

6.3.1. Мысль: еще раз об обезьянке, гармонии и прокрастинационном зазоре

С момента выхода моей первой книги я заметил, что многие люди, незнакомые с концепцией Тима Урбана, склонны считать обезьянку в голове своим врагом. Мало того, реакция обезьянки на трудные задачи — при виде сложного бросать все и бежать разбираться с понятным — может показаться чуть ли не умышленным вредительством, но это не совсем так. Точнее, совсем не так.

В НЛП и некоторых школах психотерапии принято считать, что любое действие вызвано благими намерениями. Если нам кажется, что совершенное действие явно нацелено на то, чтобы навредить, зачастую это лишь наши суждения, основанные на неполной картине мира. Скорее всего, исходное намерение было благим, но вот картина мира, в которой действовал другой человек, может разительно отличаться от вашей, в результате чего даже благое дело может восприниматься как акт целенаправленного вредительства.

Рис. 113. Готовим место для большого дела

Объясню это на примере ситуации, когда обезьянка при виде сложного бежит хвататься за всякую мелочь. На первый взгляд, такое поведение может быть расценено как диверсия и желание разрушить нашу жизнь, карьеру и отношения. Но это не совсем так.

Давайте пристальнее присмотримся к мыслям в голове обезьянки. Как правило, она рассуждает примерно так:

— У-у-у-у, какая сложная задача... Если сложная — значит, надо подумать... Если надо подумать — значит, надо сосредоточиться... Если надо сосредоточиться — значит, нужно сделать так, чтобы меня ничего не отвлекало... А что меня обычно отвлекает?.. Меня обычно отвлекает большое количество всякой мелочи, прилетающей с разных сторон. Точно! Пойду-ка я для начала переделаю всю мелочь, она закончится, больше не будет меня отвлекать, я смогу сосредоточиться, подумать и разобраться с этой сложной задачей. Ура! Вперед, разбираться с мелочью!

Как мы видим, нигде здесь не было намерения искалечить нашу жизнь или угробить нашу карьеру. Были намерение разобраться с задачей наилучшим образом и ошибочное предположение, что мелочь может когда-то закончиться.

Отсюда мы можем перейти к такому понятию, как прокрастинационный зазор. Прокрастинационным зазором я называю условное различие между формулировкой задачи и непосредственным действием, которое надо выполнить:

— позвонить и записаться — когда реально нужно сначала нагуглить номер телефона;
— отправить отчет — когда реально нужно сначала запросить у коллег информацию и собрать ее в виде отчета;
— встретиться с человеком — когда реально нужно позвонить и спросить, свободен ли он в понедельник в полдень;

— подготовить презентацию — когда в реальности нужно сначала скачать шаблон.

Идеальная формулировка описывает действие, в ходе выполнения которого вам не надо думать. Вам надо будет подумать *после* выполнения этого действия, но не *во время* его выполнения.

Если вдруг обезьянка заподозрит, что, выполняя определенную задачу, надо будет думать, то сами понимаете: думать → сосредоточиться → чтобы ничего не отвлекало → пойду разберусь с мелочью...

6.3.2. Практика: увидеть дно инбокса

> Переименовал папку «Разобрать» в «Архив» и теперь не парюсь.
>
> Из анекдотов

Здесь мы расширяем классификацию сущностей, подлежащих упорядочиванию. Из раздела 6.2.3 мы помним, что у нас есть задачи, проекты и идеи. Теперь еще появляется «входящее». Входящее — нечто, внутри которого могут содержаться задачи, проекты, идеи, а еще информация, но что конкретно и в каком количестве — мы не знаем до тех пор, пока это входящее не проанализируем и не выделим из него эти «запчасти».

Входящие, как правило, скапливаются в особых местах, называемых инбоксом.

Фундаментальное отличие инбокса от списка задач/проектов/идей заключается в том, что содержимым инбоксов мы не управляем. Мы управляем содержимым списков. Отсюда следует важная мысль. Когда мы говорим, например, «мой список задач переполняется» — это не совсем правда, так как список задач могу переполнить только я сам. А вот список входящих переполниться может.

Рис. 114. Дно инбокса

Еще некоторые важные моменты относительно входящих.

— Люди не ставят друг другу задачи, люди пересылают друг другу входящие, в которые упаковывают свои пожелания на тему задач.
— Большинство входящих содержат в себе целый набор сущностей: проекты, идеи, задачи, долгосрочные цели (о долгосрочных целях речь пойдет на следующем уровне), информацию

(про нее было в «Джедайских техниках», разделы 3.5.4 и 3.5.5).
— За этими сущностями могут скрываться благоприятные возможности (с ограниченным сроком действия) и «бомбы» с определенным временем срабатывания.

Что касается последнего пункта, иногда, откладывая входящее на потом, мы не понимаем, какие именно риски и возможности за ним скрываются и какой у них срок годности. В итоге необработанный инбокс становится похожим на минное поле (или поле чудес, способное дать ценные всходы). Только вот пока его не обработаешь, не поймешь, чем и в какой степени оно является, до какого момента действуют благоприятные возможности и после какого времени начнут приходить мерзкие неприятности.

Метафору в(с)ходящего можно сравнить с ситуацией, когда супруга приходит из магазина и говорит: «Дорогой, разбери, пожалуйста, сумки, что я тут принесла из магазина». Ты говоришь: «Да, дорогая», а сам думаешь: «Сейчас только с мелочью разберусь» — и продолжаешь ковыряться в смартфоне. В итоге, пока разбирался с мелочью, пельмени слиплись, мороженое растаяло и залило ноут, который супруга по дороге забрала из ремонта (после того, как он был залит кофе).

Мораль такова: хорошо, когда ты ясно понимаешь, что именно откладываешь на потом. Как следствие, время от времени нужно обрабатывать все содержимое инбокса. В некоторых случаях это может оказаться весьма сложным делом, и тогда придется применить какие-нибудь хитрости. Например, метод экономии масштаба (см. «Джедайские техники», раздел 5.1) или вероятностные методы. Скажем, установить фильтр на какой-то класс сообщений, чтобы сразу удалять их. С одной стороны, это повышает вероятность пропустить что-то важное в сообщениях этого класса, а с другой стороны — повышает вероятность уделить должное внимание прочим входящим, — тут уж никаких гарантий, одни вероятности.

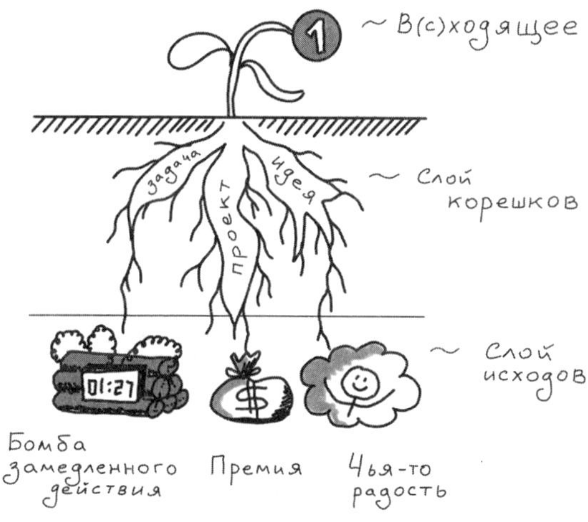

Рис. 115. Метафора в(с)ходящего

Эту практику чаще других понимают слишком буквально: мол, инбокс должен быть пустым *всегда*. Если вдруг у меня там есть одно или два письма, значит, я не следую стратегии пустого инбокса. А если я хочу следовать этой стратегии, то обязательно нужно настроить себе оповещения, чтобы тут же в момент прихода нового входящего бросить все и бежать его обрабатывать. Для важности такой подход можно называть английскими словами Zero Inbox. Англоязычные термины придают солидности. Я даже как-то слышал от одного человека о стратегии Zero Unread — что с точки зрения джедайских техник слегка бредово, так как между состояниями «пустой инбокс» и «все прочитано» — огромная пропасть, но английский язык творит чудеса убеждения. Думаю, мне бы очень понравилась стратегия Zero Bullshit.

Инбокс не должен быть все время пустым. Смысл этой практики заключается в том, чтобы время от времени хотя бы на две секунды фиксировать состояние, когда в нем нет *ничего*. Как штангист на выступлениях.

Некоторые комментарии к этой практике из опросов

«Попробовала, но не получилось. Все время оставляю письма "ой, важное, надо позже внимательно прочитать", а потом смотришь — их уже 1000 штук».

*«Прочитанные письма не напрягают. Большое количество папок, куда их надо сортировать, чтобы инбокс был пустым, напрягает больше»**.

«Главное, другим не рассказывать, что ты видишь дно инбокса. Людям кажется, что ты недозагружен ☺».

«Большой соблазн оставлять что-то в инбоксе как напоминалку, что с этим надо что-то сделать. Это очень, очень, очень плохая идея. Непонятно, что конкретно сделать, — раз. Второй список задач — два».

«Иногда скапливается два — пять писем, задачи из которых никак не решу. Через неделю-две обычно пересылаю сам себе с чуть более понятной темой, и, как по волшебству, переформулированные задачи из писем сами собой делаются и архивируются».

«То, с чего начал. После первой очистки почувствовал себя человеком. Выдал себе индульгенцию на определенные виды работ. И увидел горизонт. Практика позволила выйти на уровень "успеваю всю текучку"».

---

* Сортировать огромное количество писем (большинство из которых вряд ли пригодятся еще раз) по мутной структуре из большого количества папок не самое умное решение. Можно просто сделать одну папку «Отработано» и сваливать туда все, что отработано. Если что-то вдруг потребуется, то, чертыхаясь, можно найти с помощью функции поиска. Если же начать вести структуру папок, от чертыханий при поиске это не избавит... Есть, кстати, исследование на этот счет [99].

*«Недавно увидел видео про пустой инбокс на канале ☺ Пытаюсь планомерно разобрать его до такого состояния, но писем там накопилось за пять лет, и Outlook лагает при попытке перенести древние письма из “Входящих” в “Отработано” ☺»**.

«Нечасто удается прям до нуля, но по совету Дэвида Аллена никогда не позволяю списку писем не вмещаться в один экран».

«На 99,9% всегда пустой инбокс, шел к этому чуть меньше года, но сейчас просто кайфую!»

6.3.3. Индикатор: количество письмодней

Поскольку наш инбокс пустым быть не должен, бо́льшую часть времени в нем что-то будет и это абсолютно нормально, то было бы хорошо (и даже полезно) провести какую-то грань между совсем запущенным инбоксом и инбоксом, содержащимся в порядке.

Начнем с мысли, которую я нашел у Генри Нива [89]: «Границы допуска — крайне слабый инструмент для определения качества. Японская промышленность совершила огромный прорыв, в частности, потому, что начала для измерения качества использовать не допуски, а дифференцируемую функцию: функцию потерь Тагути».

---

* На эту тему есть лайфхак: можно перевести Outlook в офлайн-режим, затем перенести кучу писем в соседнюю папку и перейти в онлайн-режим. Чудесным образом так получается быстрее.

Мы примем эту позицию и не будем использовать бинарные суждения хорошо/плохо, а введем функцию, обозначающую, насколько мы далеки от идеала. Первое, что приходит на ум, — количество писем. Но это не совсем корректно, так как письма бывают разные. Одно письмо может держаться в инбоксе месяц, а другое — всего восемь часов. И если эти письма будут вносить одинаковый вклад в меру отклонения от идеала, то мы пойдем по самому простому пути и будем обрабатывать более свежие (см. Темный закон метрик в «Джедайских техниках», раздел 4.3.1). Как результат, то, что уже продолбано, так и будет оставаться продолбанным. Включится эффект Линди: математическое ожидание срока жизни нестареющей сущности прямо пропорционально ее возрасту. Простыми словами: если у нас в инбоксе есть два письма, одно лежит там месяц, а другое — два часа, с большей вероятностью, заглянув в инбокс через месяц, мы увидим там первое письмо. И ему уже будет два месяца.

Рис. 116. Функция Тагути

Чтобы обойти это, мы позаимствуем идею у Элияху Голдратта [90] и по аналогии с его метрикой доллародней запасов введем письмодни: сумму возрастов всех писем. Это будет аргументом функции потерь Тагути, по своей сути — квадратичной. Теперь необработанное письмо на следующий день добавит к мере отклонения от идеала единицу. Еще через день — 4, потом 9, потом 16...

В итоге мы уходим от понятия пустоты инбокса, приходим к мере отклонения от идеала и получаем количественную меру определения степени пустоты (или непустоты) инбокса.

Естественно, измерение количества письмодней в вашем инбоксе — явно не ручное занятие. На моем форуме есть ветка, где сложены макросы для подсчета письмодней в Outlook и Gmail [91].

6.3.4. Практика: тренировать силу внимания

> Собрание людей с синдромом расстройства внимания переносится на... Ух ты! Какая радуга!
>
> Из анекдотов

Внимание — это очень интересная сущность... Или субстанция... Или процесс... О внимании мы начали говорить еще в разделе 6.1.15, хотя эта тема охватывает чуть ли не каждую практику и вакцину из этой книги.

Внимание можно описать как тонкий лучик сознания, который бегает по объектам окружающего мира, чтобы мы могли их осознавать. То, на что сейчас обращен этот лучик, и попадает в мою внутреннюю картину мира. Беда в том, что далеко не все и далеко не всегда сами решают, куда направить свой лучик внимания.

Рис. 117. Лучик сознания

Есть мнение, что внимание подчиняется древним частям сознания, у которых в приоритете единственная задача: выжить. Если с этим повезло, то еще было бы хорошо поесть и размножиться, но сначала выжить. По этой причине, даже если я сейчас сижу и пытаюсь сосредоточенно работать над очередным отчетом, но периферийным зрением замечаю перепады освещенности (раньше в дикой природе это не предвещало ничего хорошего), мой лучик внимания тут же убегает туда. И каждый раз, когда я вынужден возвращать лучик из того места, куда он убежал, в то место, где он мне нужен, мне приходится тратить мыслетопливо. В какой-то момент оно может закончиться, и мне станет очень сложно нацеливать внимание в нужное место. Замечали, что в состоянии усталости или на фоне переживаний (например, когда в 2009-м или 2014-м резко менялся курс доллара) вам было крайне тяжело сосредоточиться на работе? Внимание все время убегало не туда, где оно было необходимо.

Наверняка вы уже слышали термин «дефицит внимания». Если у вас есть дети детсадовского или младшего школьного возраста, то, скорее всего, слышали. Сейчас многие воспитатели мнят себя психиатрами и налево-направо раздают этот «диагноз» детям: «Ваш ребенок шевелится, он у вас гиперактивный! Точно — СДВГ!» СДВГ — это синдром дефицита внимания и гиперактивности. Но гиперактивность тут, в общем-то, и ни при чем, потому как нарушения внимания бывают и без гиперактивности. Дефицит или нарушение внимания — это прежде всего неспособность произвольно сосредоточиваться какое-то время на нейтральных объектах.

Механизмы внимания активно изучаются как буддийскими последователями (например, Алленом Уоллесом в его книге «Революция внимания» [92]), так и современными психологами*.

Из современных научно-популярных книг могу назвать прекрасные книги Эдварда Хэлловелла о дефиците внимания у детей и взрослых ([93] и [94]). Да-да, у взрослых тоже бывает дефицит внимания. И гиперактивность. Хэлловелл выделяет два обширных класса нарушений внимания: собственно

---

* См.: например, книгу Александра Швецова «Введение в прикладную психологию внимания» [96] или сборник статей более чем двух десятков современных авторов «Психология внимания» [97].

синдром нарушения внимания (вызванный причинами внутри самого человека) и ситуационно обусловленный дефицит внимания (вызванный окружающей средой). Дело в том, что наш мозг прекрасно адаптируется к тем режимам, в которых мы его используем, и если мы находимся в среде, где нас каждые несколько минут отвлекают, то мозг к этому привыкнет, адаптируется и потом продолжит отвлекаться, даже если убрать отвлекающие факторы. Но если мы будем долго находиться там, где нет отвлекающих факторов, то мозг, по идее (если нет внутренних причин у нарушения внимания, что может определить только специалист), адаптируется к спокойствию, и способность к сосредоточению вернется. Но процесс адаптации очень небыстрый, сколько-нибудь заметные изменения происходят в течение нескольких недель. То есть не получится так, что вы на работе прыгали-прыгали-бегали-бегали, пришли домой и через час стали спокойны, как буддийский монах. Способность настолько по-разному вести себя в разных контекстах встречается у людей крайне редко, если вообще встречается.

Как пишет Аллен Уоллес, современная западная культура прежде всего фокусировалась на исправлении дефектов внимания* и доведении его

---

* Если вы захотите понять, есть ли у вас риск дефицита внимания, вот вам опросник, который используют в Американской психиатрической ассоциации (тут он уже переведен на русский язык): http://links.mnogosdelal.ru/asrs-scale.

до нормального уровня, в то время как буддийская культура ставила своей целью развитие нормального внимания до новых высот. Здесь я считаю, что наша задача — это не лечить какие-то отклонения внимания (для этого есть специалисты, и самодеятельность тут ни к чему), а улучшить то нормальное, что у нас уже есть.

Вот самое простое упражнение для тренировки устойчивости внимания. Подход к тренировке внимания аналогичен методам тренировки мышц тела: нагрузить сопротивлением и дать отдохнуть и восстановиться.

Так же и здесь. Для тренировки внимания нам нужен будет объект, нейтральный по отношению к вниманию. Стоит заметить, что объекты бывают разными.

- Магниты внимания — объекты, которые сами удерживают лучик нашего сознания, и нам приходится прилагать произвольные усилия, чтобы его оттуда убрать. Например, телевизор, смартфон, красочные рекламные картинки.
- Нейтральные объекты не удерживают внимание. Мало того, нам приходится прилагать усилие, чтобы к этому объекту возвращаться, так как внимание будет ускользать куда-то в сторону.

В одной из буддийских традиций в качестве этого нейтрального по отношению к вниманию объекта берут дыхание. В этом случае упражнение будет выглядеть следующим образом:

1) сядьте в спокойном тихом месте;
2) стараясь не вмешиваться в процесс и ритм дыхания, просто следите за тем, как ваш организм дышит.

Все… Дальше есть куча вариаций на любой вкус. Можно считать выдохи, можно просто проговаривать про себя: «Вдох, выдох». Можно сначала считать выдохи от 1 до 10, а потом обратно.

В качестве объекта тренировки внимания можно выбрать не дыхание, а секундную стрелку, точку на стене, любимую музыку (и попытаться отследить, например, какой-то один инструмент от начала до конца трека). Можно (не поверите) медитировать даже на лекции, стараясь внимательно следить за каждым словом лектора.

В процессе вы будете отвлекаться — это нормально. Когда вы отвлеклись, это не повод начать ругать себя за дефицит внимания. Наоборот, это повод порадоваться, что вы начинаете замечать моменты отвлечения. Вам знакома ситуация, когда вы работаете, работаете и тут — бац! — понимаете, что уже довольно долго сидите в соцсетях и не можете вспомнить, когда и как вы отвлеклись? Пожалуйста — вот вам прекрасный повод научиться узнавать отвлечения. Их не получится избежать, поэтому было бы здорово уметь замечать их как можно раньше. Продолжительность тренировки внимания тоже определяйте сами. Начать можно и с двух минут, постепенно увеличивая время. На мой взгляд, два-три раза в неделю по 5–10 минут могут дать довольно хорошие результаты уже через несколько недель тренировок.

Если вам интересны более продвинутые техники тренировки внимания, рекомендую вам изучить работу Аллена Уоллеса «Революция внимания» [92]. Здесь я описал лишь одно из упражнений первой (из десяти) ступени развития внимания.

Некоторые комментарии к этой практике из опросов

«Я медитирую каждое утро с помощью Headspace, все циклы замеряю с помощью приложения Forest».*

«Я слежу за дыханием, один-два раза в день в кровати или во время утренней зарядки».

«Этот совет напоминает "народные средства" из области медицины — непонятно, может ли он помочь на самом деле и если да, то почему. Есть ли какие-то научные данные, подтверждающие, что внимание таким образом действительно укрепляется? Не является ли это

---

* https://www.headspace.com.

упражнение пустой тратой и без того дефицитного мыслетоплива?»

«Очень крутая книжка Экхарта Толле “Сила момента сейчас” [95] хорошо помогла с концентрацией на том, что происходит в настоящий момент, без отвлечения».

«Главное — про технику безопасности не забыть. Почему-то в описании таких практик ее опускают. По крайней мере, новичку нужно позаботиться о том, чтобы его не отрывали от практики (может быть очень болезненно, когда выдергивают) и чтобы не возникло необходимости быстро на что-то реагировать (следить за своим дыханием за рулем — плохая идея). А если человек уже получает помощь психиатра, или у него клиническая депрессия, или у него недавно большая беда случилась, лучше не практиковать такие вещи, может очень нехорошо получиться».

*«Лучше всего получается, когда делаешь это не специально, а по ходу дела, когда приходится чего-то ждать. Ожидание стало даваться легче»**.

*«Похоже на медитацию. У меня не пошло — скучно ☺»***.

---

* Несомненно, лучше! И уж тем более многократно лучше привычного сидения в смартфоне.

** Вот... Вкусные лекарства, веселые упражнения, ненапряжная учеба... Не путь ли это к деградации?

«Две медитации в день с InsightTimer».*

«Не делаю упражнений, но стараюсь активно наблюдать за обстановкой вокруг. Можно заметить много интересного».

«Совет уровня super mega advanced jedi, и давать его новичкам опасно, потому что скажут: “Фигню посоветовал, попробовал пять минут — ничего в жизни не изменилось”. В моем случае практика работает, если занимаешься тренировкой внимания несколько месяцев кряду».

6.3.5. Практика: работать помидорами

Довольно известная практика. Редкая статья по саморазвитию обходится без упоминания этой методики Франческо Чирилло.

Смысл практики сводится к тому, что мы заменяем много отвлечений одним. Иными словами, говорим своей внутренней обезьянке, что сейчас соберемся и начнем работать не отвлекаясь над одной нужной задачей. Обезьянка, конечно же, боится этих вот «не отвлекаться», поскольку долгие годы эволюции способность быстро отвлечься на «кое-что новое и внезапно важное» была ключевым навыком в выживании не просто индивида, а вида в целом. У некоторых людей и в наши дни есть страх сосредоточения: «Вдруг я сосредоточусь на чем-то важном, а тут прилетит что-то срочное,

* https://insighttimer.com.

мы это упустим, оно взорвется, и нам всем будет больно. Нельзя сосредоточиваться!»

Рис. 118. Работать помидорами

Но здесь у нас с обезьянкой (или даже с тараканами) происходит примерно такой диалог:

— Ребятки, давайте сейчас сосредоточенно поработаем над этим делом...

— А вдруг случится что-то срочное?

— Но мы недолго. Буквально минут 10/15/20 (по вкусу). Ведь маловероятно, что за 10/15/20 минут сможет случиться что-то непоправимое, правда?

— За 10/15/20 минут-то ничего страшного не случится, но вдруг мы увлечемся этой задачей, потеряем ход времени и вот тогда...*

* С точки зрения этих ребят, для любой компании нет ничего более ужасного, чем увлеченные своей работой сотрудники. Они же увлекаются и упускают срочное!

— Не переживайте, мы не увлечемся, у меня есть таймер, который гарантированно зазвенит через указанное время, мы вынырнем из работы, оглядимся и посмотрим, что делать дальше.

Иначе говоря, мы планируем себе одно отвлечение, и оно помогает меньше отвлекаться (как у Талеба в «Антихрупкости» [41]: небольшие локальные пожары спасают от большого, мощного пожара, с которым уже не справиться).

Кроме того, метод «поставить таймер и работать, пока он не прозвенит» может помочь для снижения влияния эффекта фиксации (описано у Андре Кукла в «Ментальных ловушках» [98] и в «Джедайских техниках», раздел 7.19). Если кратко, эффект фиксации — это когда ожидание какого-либо события становится активным делом: «У меня 20 минут до следующей встречи… Ну что я сейчас буду заниматься какими-то делами, я потом приду, сяду и все сделаю, а пока займусь-ка какой-нибудь фигней». Так вот, эти 20 минут — хорошая возможность сделать что-то маленькое, поставив таймер на 12–15 минут, чтобы не опоздать на встречу.

В этом месте я хочу сделать важное замечание: иметь возможность что-то сделать за 20 минут вовсе не означает, что вы ***обязаны*** что-то делать в ***любые*** свободные минуты. В ходе беседы с одним из своих студентов я заметил у него убеждение (кстати, не только у него одного), что раз у тебя остается 15–20 минут до встречи и ты ***можешь*** поработать, то это означает, что ты ***должен*** поработать. В итоге это переросло в какое-то уже нездоровое стремление «каждую минуту использовать для работы». Нет, методом помидора я ни в коем случае не хочу подтолкнуть вас к этому. Иметь возможность и быть обязанным — совершенно разные вещи. Метод помидора дает вам ВОЗМОЖНОСТЬ использовать «опилки времени» для выполнения задач, но это ни в коем случае не ОБЯЗАННОСТЬ. Иногда будет больше толку, если вы, имея 20 минут до следующей встречи, заведете таймер на 15 минут и просто не будете делать *ничего* (помните практику из раздела 6.1.9).

Некоторые комментарии к этой практике из опросов

«Только для личных проектов, на работе не прижилось».

«Обычно мне хватает одного “помидора”, чтобы включиться в работу, дальше все уже идет само собой».

«Я использую другой вариант — ставлю музыку, пока играет альбом, я фигачу. Музыка разная, сейчас это техноопера “Русалочка”, потом это может быть мелодикдесметал, или рейв, или... в общем, варьирую, чтобы не уставать и не привыкать».

«Есть хороший простенький таймер для “помидорок” — http://pomidorko.ru».

«Особо актуально использование на “входе в поток”. В потоке уже не актуально».

«В основном использую, когда совсем не прет или для рутин, которые склонен откладывать / на которые забивать».

6.3.6. Мысль: сколько времени уйдет на эту задачу?

А вам часто приходится отвечать на подобные вопросы? Сколько времени?.. Времени… А почему именно времени?..

С одной стороны, люди часто пытаются оценить задачи в часах.

С другой стороны, эти же люди говорят, что нередко оказываются в ситуации, когда одна и та же работа может занимать радикально разное время.

Например, плюс-минус типовая задача на полчаса в одном состоянии может быть выполнена за пятнадцать минут, а в другом за четыре часа, и то с трудом. Вы же замечали за собой такое? Если да, то поймите: выполнение задачи зависит не только (а часто не столько) от самой задачи (особенно если она понятна и аккуратно сформулирована), а еще и от вашего состояния в момент ее выполнения. Это сводит прогнозирование времени завершения задачи к поиску ответа на вопрос: «Каким будет мое состояние в тот момент, когда я к этой задаче приступлю?» А будущее люди почему-то предсказывают из рук вон плохо.

Но опять же, тот факт, что мы очень плохо прогнозируем сроки выполнения отдельных задач, вовсе не означает, что мы не можем предсказывать срок завершения проекта, состоящего из большого количества этих задач.

В «Джедайских техниках» был раздел с намеком на то, как можно это сделать (раздел 4.1.6).

Тут все как в термодинамике: я не могу предсказать движение каждой отдельной молекулы в объеме газа, но это не мешает мне предсказывать значения макропоказателей (давления, объема и температуры) газа, состоящего из множества этих молекул.

6.3.7. Практика: начать день с задачи из списка

> Удивительный орган — человеческий мозг: когда мы утром просыпаемся, он начинает усиленно функционировать и не останавливается вплоть до нашего прибытия на работу.
>
> Из анекдотов

Многие люди начинают свой день с получения информации: проверки почты, чатов, ленты новостей. В итоге за счет бонуса к ощущению важности (см. раздел 6.2.4) может исказиться картина важного и срочного, и весь наш день пойдет наперекосяк. А может быть, прочитанное сообщение будет просто сидеть в голове и свербеть: «Прочитал? Ну делай же теперь что-нибудь с этим! Нельзя это так оставлять», что тоже добавит нам радости в работе.

Рис. 119. Начал день с задачи из списка

Иногда, конечно, люди приводят доводы вроде таких: «Я не могу начинать свой день с задачи, не проверив почту. Может получиться так, что я начну выполнять задачу, а потом окажется, что ее отменили». Иногда эти опасения даже основываются на реальных событиях. Но тут сразу возникает вопрос: как часто случаются эти ситуации? Если редко — вы можете смело браться за задачу из списка до проверки почты и чатов. Вероятность того, что вы зря сделаете небольшую, обезьянопонятную задачу, будет низкой. Даже если вдруг окажется, что вы напрасно занимались этой задачей, она же небольшая, вы же уже давно не держите в списке слонов?

Если такая ситуация бывает часто, то... Вы можете смело браться за задачу из списка до проверки почты и чатов. Просто возьмите в работу ту задачу, которая прожила там уже неделю. Как правило, меняются или отменяются свежие задачи, так как над ними меньше думали. Может, конечно, оказаться так, что все задачи, продержавшиеся в вашем списке больше недели, уже не актуальны и вам надо срочно браться за те задачи, которые прилетели в почту с утра, и при этом делать это максимально быстро, чтобы их не успели отменить и поменять... Если это ваш случай, то, наверное, вам нужна другая книга. Или даже не книга вовсе.

Еще один момент. В интернете сейчас полно советов относительно того, с каких задач имеет смысл начинать день. Один из таких «заезженных» советов звучит так: съешь лягушку утром.

Очень крутой совет. Беда только в том, что в термин «лягушка» люди могут вкладывать разные смыслы, вплоть до противоположных.

Кто-то называет лягушкой мерзкую и противную задачу, которую я не хочу делать, но я должен. Кто-то считает, что лягушка — это стратегически важная задача, до которой не доходят руки.

В общем, сейчас самое время в этом разобраться.

Как правильно начинать свой день, вы сможете понять только на собственном опыте, но у меня есть вот какие мысли.

Размышляя над этим, я ковырялся в первоисточниках и пытался понять, откуда же пошла эта рекомендация «есть лягушку». Быстрые запросы в интернете привели меня даже не к Брайану Трейси с его «Съешьте лягушку!» [65], а к Марку Твену: «Съешьте живую лягушку с утра, и до конца этого дня ничего более страшного с вами не случится». Далее в поисковой выдаче пошла целая куча ссылок на статьи, посвященные поеданию лягушек и описывающие смысл этого выражения. Ничуть не хуже, чем в библеистике, когда одно предложение может служить источником для написания десятка статей и диссертаций. Давайте не будем вдаваться в детали толкования, кто же такие лягушки и сколько их может уместиться на кончике иглы. Все разночтения сводятся лишь к тому, нужно ли начинать свой день с чего-то приятного или с чего-то неприятного. В пользу и того и другого подхода можно привести массу доводов, и, конечно же, здесь не получится дать единственно верный ответ. В конечном счете все индивидуально. Хорошо или плохо это для вас, вы сможете понять только на личном опыте.

Но вот какими соображениями я хочу поделиться с вами перед тем, как вы решите, какой вариант опробовать на себе в первую очередь.

Если вы научились формулировать задачи так, что они становятся довольно маленькими и понятными даже вашей внутренней обезьянке, то с большой вероятностью у вас в списке уже будет неплохой выбор небольших приятных и неприятных задач.

Если начать день с чего-то приятного, не исключено, что это даст вам прилив сил, после чего и другие задачи будут выполняться бодрее.

Рис. 120. Лягушка или конфета

С другой стороны, есть и вполне весомые доводы за то, чтобы начать свой день с самого неприятного. Я встретил один из них в выступлении Дэна Ариели на конференции TED [66], где он рассказывал о своем опыте пребывания в госпитале. В старших классах он получил ожоги третьей степени 70% тела и долгое время лечился. Ему регулярно нужно было менять повязки, а это очень болезненная процедура. Во многом этот опыт определил направление его исследований во взрослой жизни. Позже, став исследователем, он проводил опыты над студентами, чтобы понять, как люди чувствуют боль (как шутит сам Дэн, проводить опыты над животными ему не позволила комиссия по этике). Оказалось, что какие-то неприятные процедуры переносятся легче, если начинать с самой болезненной манипуляции и плавно продвигаться к менее болезненным.

Это касается и ежедневного планирования. Возможно, если ваша жизнь во многом — боль, то начать день с наименее приятного дела может оказаться более чем осмысленно.

Некоторые комментарии к этой практике из опросов

«Первые две задачи: медитация и ежедневный обзор».

«Пытаюсь до 12:00 работать с задачами по списку. Так что встречи стараюсь ставить на “после 12”. Только после этого тону́ в оперативных задачах, обработках входящих, совещаниях и т. д. Казалось бы, всего два часа с утра, но именно они в конечном счете дают ответ на вопрос “Что же я успел сделать за день?”. Остальное время растворяется в рабочей текучке. Причем в эти два часа включаются не только рабочие задачи. Здесь же были “помидор на диплом”, “выбрать подарок жене на день рождения” и так далее».

«Этот совет кажется одним из самых мощных».

«Делаю первой самую противную задачу, пока не проснулась и мозг не способен ужасаться как следует».

«Женская деформация: день часто начинается с разгребания следов жизнедеятельности семьи».

«Отвлечься на пожар я не боюсь — о пожарах мне сообщают устно, а не по почте. Но я наблюдаю другой негативный эффект: прочитанное сообщение не удается выбросить из головы, мозг как бы шепчет мне: “Прочел? Ну так делай что-нибудь!”»

«Не могу с утра сразу в важные задачи, долго вхожу в рабочий режим».*

6.3.8. Мысль: о срочном и важном

Одна из самых опасных на мой взгляд установок — это твердая уверенность, что нечто несрочное можно отложить на потом. Неужели вы действительно верите, что наступит тот момент, когда:

1) все текущие срочные (важные) задачи закончатся;
2) новые срочные (важные) задачи не придут;
3) эти несрочные (неважные) задачи все еще будут актуальны.

И вот тогда-то с чистой совестью вы возьмете их и сделаете?

* Один из симптомов усталости, кстати.

Тут вот какой момент: истинно важные задачи редко бывают срочными. Как правило, их жизненный цикл выглядит примерно так: «не срочно», «не срочно», «не срочно…», «эх-х… уже и не важно». Один из самых ценных навыков — научиться делать несрочные задачи, то, что не горит, пока оно еще не утратило свою актуальность. Я не хочу сказать, что надо сначала заниматься важным, а потом срочным. Нет, это слишком универсальное правило, чтобы быть работоспособным. Если мы научились превращать входящее в маленькие обезьянопонятные задачи, то можно попробовать начать выполнять с утра одну-две несрочные задачи. Если задачи в вашем списке действительно небольшие, то ничего страшного не произойдет, даже если в это время что-то другое начнет подгорать.

Верный признак того, что вы на правильном пути: большинство выполненных вами задач были несрочными. Вы могли их выполнить и завтра, и послезавтра, некоторые — даже через неделю, и никто бы не умер. Но вы сделали их просто потому, что *могли* их сделать, а не *должны были*. Наверное, в этом есть что-то взрослое: ты сам принимаешь решение, что делать. Это тяжело — приходится нести ответственность. Жить в ауре срочного проще: не надо решать, что делать сегодня, что завтра… Хватай там, где громче орут, кидай быстрее и подальше от себя, а на все замечания отвечай: ну а я-то что могу сделать, оно же все горит. Никакой ответственности — красота…

Любители матрицы Эйзенхауэра (той самой, где «важно» и «срочно» по двум осям) иногда упускают из виду тот факт, что для многих людей «срочно» почти всегда вытесняет «важно». И часто матрица превращается лишь в одну ось «срочно — не срочно», а если быть более точным, то «кажется срочным» — «не кажется срочным» (вы же помните, что мы не видим мир таким, каким он является).

6.3.9. Практика: провести ревизию списка долгов

Мы крайне редко работаем в одиночку. Как правило, для выполнения своих задач нам нужны вводные от других людей, а в современном мире многие не отличаются обязательностью. К сожалению, это становится новой нормой: не отвечать на вопросы и не делать вовремя даже то, что сам же пообещал.

При этом люди часто забывают мелочи (что-то крупное и существенное крепко въедается в мозг и не отпускает), но это для них они мелочи, а у нас без этих мелочей может не склеиться целое. И тут опять же стоит учесть, что в большинстве случаев люди забывают об этих мелочах не со зла. Они искренне пытаются всем ответить и никого не забыть, в результате чего подставляют свой мозг под какой-то безумный поток информации… И из-за этого все забывают.

В одном из подкастов Тима Ферриса (по-моему, с Сетом Годином) проскочила очень хорошая метафора интенсивности коммуникаций: «Это не очень умная идея — пытаться напиться из пожарного гидранта».

Рис. 121. Главное — не забыть...

В итоге, связываясь с теми людьми, кто так и не научился (или не понял важность этого действия) аккуратно заносить в свой список задач взятые на себя обязательства (даже самые мелкие), вы волей-неволей будете вынуждены частично вести и их список обязательств тоже.

Таким образом, как только вы возьмете под контроль свои обязательства, вы тут же заметите, что иногда придется приглядывать и за чужими...

Одна из практик заключается в том, что, как только вы отправляете запрос ненадежному человеку, вы заносите его в список должников, регулярно просматриваете этот список и по каждой записи принимаете одно из трех решений:

— вычеркнуть запись (ответ получен или вопрос более не актуален);

— напомнить человеку (ответа нет, хотя уже пора бы);
— вернуться к записи в следующий раз.

Эту практику можно реализовать как еще один пункт в ежедневном чек-листе, а можно — в виде повторяющейся задачи в списке задач, как делаю я. По вторникам и пятницам я выполняю задачу под названием «Пропинать всех, кто мне не ответил», в описании которой указаны все, кого надо пропинать.

Вторник и пятница — эмпирически подобранные дни. По опыту я заметил, что, если человек необязательный, нет смысла пинать его в понедельник — там и так напинали. А пятница... Ну раз за неделю он мне так и не ответил, почему бы не вбить человеку гвоздь в голову перед выходными... Систематическое продалбывание не должно быть комфортным.

Конечно, если вам приходится иметь дело только с надежными людьми (а работать с людьми, которых не надо брать на контроль, — это удовольствие), то практика ведения и ревизии списка долгов становится избыточной.

Иногда можно выстроить сам процесс таким образом, чтобы минимизировать вероятность забыть взятые на себя обязательства.

В одной из компаний, которой я помогал повысить уровень зрелости, мы пришли к такому инструменту, как треп-листок. Он был нацелен на то, чтобы снизить вероятность забывания задач, к которым мы приходили во время собраний. Треп-листок — это обычный лист A4, на первой половине которого располагалась повестка встречи, а вторая половина была озаглавлена «Мне надо сделать по результатам встречи» и отводилась под список задач.

Запуск процесса непрерывного совершенствования

1 Планы на встречу рабочей группы

1.1 Сформулировать текущее положение и видение результата по проблемам, взятым в работу

На данный момент в работу взяты проблемы:

- Сбор обратной связи в процессе разработки
- Большое количество ошибок, несмотря на день качества

В ходе встречи для каждой из этих проблем нам надо будет дать ответы на первые вопросы из A3 отчета:

1. Почему это важно и как соотносится с целями компании/отдела/команды?
2. Как ситуация выглядит сейчас? Что в описании проблемы является фактом/мнением/предположением?
3. Чего мы хотим достичь в итоге? Каким мог бы быть первый промежуточный этап улучшений?
4. С кем стоит обсудить ответы на эти вопросы? Какие мнения нам необходимы для более полной картины?

2 Мне надо сделать по результатам встречи:

1

Рис. 122. Треп-листок

Правила обращения с листком.

1. Организатор совещания готовит шаблон и рассылает его участникам вместе с приглашением (это повышает вероятность того, что хоть что-то будет написано в качестве повестки).
2. Каждый участник самостоятельно распечатывает свой экземпляр листка и приходит с ним на встречу (благодаря этому участники ознакомятся с повесткой заранее — хотя бы по дороге от принтера к переговорке).
3. Во время встречи участники на обратной стороне могут писать что угодно, а на лицевой стороне — список своих задач, выявленных по ходу встречи.
4. В завершение встречи каждый зачитывает, что он взял себе в качестве задачи, а организатор встречи сверяет это со своим пониманием.
5. По желанию каждый участник присылает фотографию своего треп-листка организатору встречи, в итоге у организатора имеются собственноручно записанные обязательства участников. Это страхует от распространенной ситуации, когда все согласны, что «это» надо делать, но ни в одном списке задач не появилось ничего с этим связанного.

Немного занудно, но кому-то может оказаться полезным — по крайней мере, облегчит поддержание списка долгов в актуальном состоянии.

6.3.10. Практика: провести ревизию неявных списков задач

Очень часто мы называем списком задач тот перечень, который хранится в программе для хранения списка задач, но концептуально список задач — то, что содержит в себе четкие и конкретные (в меру собственных способностей) указания нашей внутренней обезьяне на то, что надо сделать. И это может быть не только то, что лежит в программе для списка задач... Очень часто указания нашей обезьянке могут приходить из незакрытой вкладки браузера (мы же хотели выбрать велосипед), из папки с фотографиями на рабочем столе (да-да, мы же хотели заказать печать альбома), из незакрытой Excel-таблицы («Точно! Отчет же надо доделать!»), а уж непрочитанные сообщения в чате — так те и вовсе рассадник приказов обезьяне.

Дело в том, что иногда очень нелегко работать за компьютером, где каждый пиксел напоминает о чем-то таком, чего нет в нашем списке задач. В итоге становится крайне тяжело работать именно по списку. Например, в рамках выполнения очередной задачи из списка мне нужно найти в интернете телефон стоматологической клиники. Я решаю (наконец-то) заняться этой задачей, открываю браузер... И тут глаз цепляется за незакрытую вкладку, где я выбирал отель в отпуск... Все, о стоматологе я могу вспомнить только вечером... И естественно, потом я буду задавать вопросы из разряда «Что же мне делать, если задачи из списка не делаются?».

Рис. 123. Неявные списки задач

Смысл этой практики заключается в том, чтобы перенести задачи из неявных списков в свой основной список (или хотя бы во входящие). Чем-то эта практика похожа на практику «Увидеть дно инбокса» из раздела 6.3.2, так как эти самые неявные списки задач можно также справедливо называть вторичными инбоксами (справедливости ради надо заметить, что незакрытые программы и вкладки часто содержат в себе не только задачи, но и проекты с идеями, поэтому, конечно же, в терминах этой книги они — входящие). Основная опасность неявных списков задач — это отвлечения и возможность сбиться с намеченного пути.

Например, если в вашем браузере есть десяток не закрытых из-за незавершенных дел вкладок, то, когда для выполнения очередной задачи вам потребуется открыть новую вкладку, с некоторой вероятностью вы запнетесь глазом о какие-то лишние вкладки и с криком: «А! Точно, надо же было лодку выбрать!» — уйдете заниматься совершенно другим делом. Как вы понимаете, планировать и выполнять свою работу в такой обстановке станет на порядок сложнее.

Поводом поставить плюс за выполнение этой практики могут стать: закрытие всех вкладок в браузере, расчистка рабочего стола компьютера или рабочей поверхности своего физического стола (так как входящие бывают не только в электронном виде).

6.3.11. Вакцина: очистить смартфон от капканов внимания

Эта вакцина — продолжение вакцины из раздела 6.1.13, хотя она может быть использована и отдельно.

Помимо активных уведомлений, которые работают грубо, существуют и так называемые мягкие уведомления, или капканы внимания. Они не отвлекают ваше внимание от того дела, которым вы непосредственно занимаетесь, но украдут его, если оно наткнулось на наживку. Вы цепляетесь взглядом за красный кружочек в углу иконки... И полчаса из жизни как не бывало.

Рис. 124. Facebook* ловит внимание на красный кружопель

Смысл этой вакцины заключается в том, чтобы убрать эти капканы внимания. Почти все. Выключаем кружочки оповещений на иконках приложений, чтобы сделать вход в эти приложения осознанным, совершаемым после сознательного решения: «Пойду-ка проверю, нет ли чего стоящего», а не «Сейчас, только время гляну... О! Да мне тут что-то написали, ну-ка быстренько проверю...»

Некоторые комментарии к этой практике из опросов

«Telegram/WhatsApp. Там общаюсь с друзьями и близкими. Получаю удовольствие от общения. Если отключаю кружочек, то во время каждого захода в смартфон захожу туда и туда. Каждый

* Название социальной сети, принадлежащей Meta Platforms Inc., признанной экстремистской организацией на территории РФ.

раз, соответственно, вижу прочитанные чаты. Вроде бы неправильно расходую на это мыслетопливо. Если есть кружочек, то захожу, только когда он есть. В общем, в моем случае получается, что чаще кружочка нет и не захожу».*

«У меня кружки стоят только на телефон и СМС».

*«Не для всех приложений подходит. Может, наоборот, замотивировать заходить проверить, нет ли чего новенького. Черно-белый режим сглаживает красный цвет и меньше триггерит»**.*

«Возможно только для отдельных токсичных программ».

«Старый телефон Philips, работающий без подзарядки месяц, — решение очень многих проблем ☺».

6.3.12. Вакцина: удалить приложения социальных сетей со смартфона

— Кто это?

— Это мой домашний вор-карманник. Он ворует у меня мелочь из кошелька и серебряные ложечки.

---

* Если сообщения действительно приходят очень редко, то в этих кружочках ничего плохого нет. Это правда. Но если сообщения приходят часто, то один сплошной вред. Как в цитате Талеба о наводнениях (см. раздел 4.5).

** И это, кстати, тоже хороший вариант — не скрывать кружочки, а сделать экран черно-белым. Не менее экстремально, но все равно хорошая альтернатива, чтобы снизить вероятность «угона» внимания.

— Но почему он у тебя живет? Может, его надо выгнать?

— Но тогда мне будет неудобно каждый раз открывать ему дверь...

Из анекдотов

Опять же, не надо возводить все в абсолют. Если мы удалим приложение социальной сети, то это вовсе не означает, что мы не будем заходить туда никогда-никогда, друзья забудут о нас и мы умрем в одиночестве.

Вы по-прежнему можете пользоваться социальными сетями, просто используйте для этого браузер (m.vk.com и т. п.). Да, это неудобно, но нам ровно это и нужно. Нежелательное и рискованное поведение и не должно быть удобным.

Некоторые комментарии к этой практике из опросов

«Встречаю непонимание у всех вокруг и вечные предложения помочь установить приложение ☺».

«Instagram есть в телефоне, но в самом приложении стоит ограничение по времени на 15 минут в сутки».

6.3.13. Вакцина: отключить уведомление о прочтении в мессенджерах

У вас было такое, что вы видели в мессенджере новое сообщение, но не открывали его только потому, что знали: отправитель увидит, что вы его прочли?

Увы, в нашем перенасыщенном коммуникациями мире местами начинает формироваться стойкое убеждение, что, если ваше сообщение просмотрели и в течение 30 секунд вы не получили ответа, это просто оскорбление! Надо звонить и выяснять, в чем же дело.

К сожалению, всем людям не объяснишь, что просмотрено не значит прочитано, прочитано не значит понято, понято не значит принято к исполнению, принято к исполнению не значит, что все другое уже брошено и вот прямо сейчас я занимаюсь вашим делом.

С другой стороны, очень часто из-за страха «если я посмотрю, то он это увидит и будет думать, что...» мы часто откладываем прочтение сообщения, и иногда становится поздно. Мало того, понимание, что отправитель узнает, что вы прочитали сообщение, запускает у вас в голове счетчик времени, стимулирующий вас ответить как можно быстрее, а «как можно быстрее» далеко не всегда самое оптимальное решение.

Попробуйте просто пожить некоторое время без этих оповещений. Не понравится — включите обратно ☺

Естественно, как только вы отключите оповещения о прочтении, вы не сможете увидеть статус ваших сообщений, что, с одной стороны, этично, а с другой — правильно.

В WhatsApp эти оповещения отключаются так: *Настройки → Аккаунт → Приватность → Отчеты о прочтении.*

В Viber: *Еще → Настройки → Конфиденциальность* и отключаем галку «Просмотрено».

В Telegram, к сожалению, такой настройки нет. Но там хотя бы можно скрыть время, когда вы последний раз были онлайн. Что, собственно, тоже избыточная информация, так как многих начинает подбешивать отсутствие ответа, когда они видят, что вы были онлайн после того, как вам был задан вопрос. К сожалению, многие люди с трудом представляют ситуацию, когда у вас есть какие-то еще дела помимо мгновенных ответов на их сообщения.

Опять же — эта вакцина (как и все другие) не обязательна и, как правило, если общение в мессенджерах не причиняет вам дискомфорта или моральных страданий, не нужна.

6.3.14. Вакцина: удалить мессенджеры со смартфона

«Воу-воу, полегче! Мы тут только-только начали склоняться к тому, чтобы отключить оповещения на смартфоне, а тут такая жесть!»

На самом деле не такая жесть, какой она может показаться на первый взгляд. Особенно если учесть обратимость всех вакцин вообще и этой в частности.

Во-первых, никто не говорит, что вы теперь перестанете общаться в мессенджерах, станете для всех недоступным и больше не сможете наслаждаться разговорами в родительском чате, обсуждать в полночь, до чего докатилась система образования, или получать втык от руководителя прямо с раннего утра. Попробуйте использовать все те же самые мессенджеры, но на большом компьютере.

Рис. 125. Прогулка подключенных

Использовать на компьютере WhatsApp без установленного приложения на смартфоне не получится, и его придется оставить, но на уровне операционной системы смартфона запретите ему какие-либо оповещения, спрячьте его иконку в самый дальний угол гаджета и забудьте о нем.

У всех популярных мессенджеров есть приложения для компьютера или даже web-версии. Пользуйтесь ими. Это поможет вам общаться в мессенджерах в режиме, приближенном к асинхронному: в перерыве между делами, требующими сосредоточения, открывать приложения, обрабатывать непрочитанные сообщения, закрывать их и опять погружаться в дела, требующие сосредоточения. Если у вас такие есть, конечно. Но те люди, у кого таких задач нет, вряд ли дочитают до этого места в книге.

Во-вторых, эта вакцина, скорее всего, не навсегда. Если вы поймете, что мессенджеры в смартфоне помогают вам:

— отвечать на сообщения быстрее (и вы понимаете, что скорость коммуникации, как правило, редко является решающим фактором в случае нормальной, не авральной работы);
— легче обрабатывать входящие (и не залипать в чате, когда глаз случайно запинается о красный кружок на иконке мессенджера при попытке посмотреть время на смартфоне);
— быть дружелюбнее к собеседнику (набирая текст на не самой удобной маленькой

клавиатуре на бегу), то вы в любой момент сможете установить приложения мессенджеров обратно на свой смартфон. Но обязательно попробуйте хотя бы несколько дней пожить без них.

6.3.15. Мысль: об ограниченности концепции человеко-часов

Очень часто, когда мы думаем, что нам не хватает времени и на личную жизнь, и на работу, мы находимся в заранее проигрышной позиции, так как концепция «не хватает времени» тянет за собой модель жидкости в стаканчиках.

Как будто у нас есть сосуд с человеко-часами и из него мы наливаем воду-время в стаканы под названиями «работа», «хобби», «семья».

Рис. 126. Человеко-часы как несжимаемая жидкость

Вода эта не сжимается, не растягивается, и вообще ее немного, поэтому если хочется куда-то налить побольше, то где-то должно стать ровно на столько же меньше. Эта модель многим кажется понятной и потому верной, а другой модели все равно нет. Но есть нюанс...

Модель человеко-часов удобна тем, что она тянет за собой прекрасный алгебраический аппарат: мы можем сравнивать человеко-часы, складывать их друг с другом, умножать на всякие коэффициенты 014 подобно тому, как мы это делаем с числами.

Числа позволяют так с собой обращаться, так как на их множестве действуют фундаментальные законы алгебры:

— коммутативность: $a + b = b + a$;

— ассоциативность: $(a + b) + c = a + (b + c)$;

— дистрибутивность: $x \times (a + b) = x \times a + x \times b$.

А теперь — внимание, вопрос: справедливы ли для трудозатрат эти же законы?

Начнем с коммутативности. Часто ли выполнение сначала задачи a, а потом задачи b требует от вас столько же усилий (не времени, а именно субъективно ощущаемых усилий), сколько выполнение сначала задачи b, а потом задачи a? Было ли такое, что вы решили «съесть с утра лягушку», и либо это отбило все настроение до конца дня, либо уже обед, а к лягушке вы так и не приступили (хотя задача b все еще ждет, когда вы к ней подступитесь).

И наоборот, сделав с утра что-то полезное и нужное, не зажигались ли вы позитивом так, чтобы потом и лягушек, и какашки одним махом переделать?

Прекрасный пример некоммутативности в списке задач см. ниже на рисунке 127. Что характерно, человек на картинке тоже может утверждать, что для выполнения намеченного плана ему не хватило времени, и чисто технически он будет прав.

Ассоциативность тоже будет «забавно» работать там, где не работает коммутативность и важна временна́я последовательность. Вот пример*. Допустим, задача A — подготовка отчета. Задача B — обсуждение с коллегой, в результате чего будет получена некоторая вспомогательная информация, изначально кажущаяся вам неважной, задача C — сдача отчета кому-то, от кого зависит ваша карьера. Подготовить и обсудить отчет, а потом его сдать будет совсем не то же самое, что подготовить его, а потом обсудить в момент сдачи, то есть далеко не всегда A + (B + C) равно (A + B) + C.

Если бы в области трудозатрат работал бы ассоциативный закон, то у нас наблюдались бы сложности с эффектом экономии на масштабе. Замечали за собой, что, когда требуется много раз выполнить однотипную задачу, вам часто бывает проще сначала выполнить все первые шаги, потом все вторые, потом третьи?.. Понятно, что вряд ли такое

---

* Спасибо за этот пример Мише Саламатову.

бывает всегда, но ведь нельзя сказать, что этого всегда *не* бывает, ведь так?

Рис. 127. Некоммутативность в списке задач

На все это накладывается много интересных других эффектов. Например, задача A при отсутствии задачи C далеко не всегда требует от вас столько же сил и времени, сколько при наличии задачи C, даже при учете того, что вы задачей C и не занимаетесь (иногда само осознание того, что когда-то придется заниматься чем-то неприятным, отбивает охоту делать что-либо прямо сейчас, не правда ли?).

В общем, если продолжить рассуждения о применимости основных законов алгебры к нашим трудозатратам (речь идет преимущественно об умственном труде), можно вообще всю управленческую науку поставить под сомнение. На самом деле все не так плохо, так как на больших множествах людей в работу включаются законы математической статистики, благодаря которым эти законы начинают работать (пусть и приближенно), и с ростом числа людей точность законов возрастает, но все равно оставляет желать лучшего.

Но есть и хорошая новость. Если все эти законы не работают и, грубо говоря, наше мыслетопливо не аддитивно, это дает возможность свести задачу поиска баланса между работой и личной жизнью к игре с ненулевой суммой. Иными словами, не к решениям «выиграл — проиграл», где выигрыш одного возможен только за счет потерь другого, а к решениям «выиграл — выиграл», когда одновременно можно научиться больше делать и для себя, и для компании.

Есть как минимум надежда. Но не гарантия. Вы же помните намеки на это из раздела 6.2.1?

А вот еще интересный момент на подумать из работы команды Джозефа Валачича [85]. Основной целью исследователей было выяснить, как отвлечение влияет на скорость и точность решения управленческих задач (тема другого раздела), но там проскочил очень интересный факт — отсутствие корреляции между точностью решения сложной задачи и затраченным на решение временем. Эта корреляция наблюдалась только для простых задач, и то не сильная, а вот для сложных — нет. Еще один интересный намек на то, насколько оправданно измерять в человеко-часах сложные задачи.

Вера в концепцию человеко-часов может привести к результатам, отличным от ожидаемых. Например, если передо мной стоит какая-либо серьезная цель, «очевидно», что на нее «нужно время». И если цель грандиозная, то времени нужно много. Я могу начать следовать всяческим советам из разряда «выделить в календаре много часов на эту цель», но с некоторой вероятностью это настроит меня на то, что приблизиться к цели я могу лишь посредством больших и глобальных задач. Из-за этого я могу оказаться слеп к простым и изящным, буквально пятиминутным задачам, способным привести меня к непропорционально большим результатам. Вера в человеко-часы рано или поздно взрастит веру в то, что простых и быстрых способов достигать значимых результатов просто не существует.

— Придется удалить этот зуб.

— И сколько это будет стоить?

— Сто долларов.

— Сто долларов?! За три минуты работы?!

— Ну если вам от этого будет легче, то я могу тащить его ме-е-едленно…

Из анекдотов

6.3.16. Практика: выполнить расслабляющую рутину

С одной стороны, эту практику было бы очень здорово вставить в самый первый уровень джедайской зрелости, она там очень нужна. Но, с другой стороны, если человек на первом уровне просто прочитает о ней, то в лучшем случае скажет: «Угу, круто, надо попробовать как-нибудь потом», и на этом все закончится. Именно по этой причине столь важную, на мой взгляд, практику я вставил так поздно.

В современном мире выдающиеся достижения часто ассоциируются с результатами выхода из зоны комфорта и преодолением своих пределов. Если вы хотите что-то получить, то надо напрячься, поднажать, совершить еще рывок, но очень редко кто-то говорит, что в большинстве случаев для получения результата правильнее будет, наоборот, расслабиться. А еще немаловажный момент — не просто знание, что нужно уметь расслабляться, а навык расслабления. Оказывается, этот навык тоже нужно тренировать.

Четко и конкретно о важности расслабления я прочитал в книге Бада Уинтера [81]*. Я познакомился с этой книгой, когда пытался разобраться с собственной проблемой — бессонницей. Но

---

* Прекрасная книга, жаль, что она так и не появилась в электронном виде, а купить бумажную тоже оказалось непростым делом, но оно того стоило.

не просто бессонницей, а ситуативной бессонницей. То есть дома я спал прекрасно, но стоило мне уехать в командировку, как засыпание превращалось в проблему. А если учесть, что в то время я разъезжал с тренингами и семинарами очень много и часто, для меня это было суровым испытанием.

Бад Уинтер изначально был тренером университетских спортивных команд, и важным элементом его тренировок была расслабляющая рутина. Он писал, что невозможно хорошо выступить (высоко прыгнуть, быстро пробежать и т. п.), если ты напряжен на 100%. Избыточное напряжение в тех местах, в которых оно прямо сейчас не нужно, мешает. Именно поэтому во время соревнования нужно уметь напрягать то, что нужно напрягать, и расслаблять все остальное. Но просто так расслабить все остальное не получится, поскольку расслабление — это тоже навык, который надо регулярно оттачивать.

Во время Второй мировой войны Бад Уинтер участвовал в программе ВВС США по обучению пилотов техникам расслабления. Говорят, кто-то заметил, что самые успешные военные летчики между заданиями не были похожи на солдат с агитационных плакатов — напряженных, со сжатыми кулаками, показывающих всем своим видом готовность порвать врага на куски. Нет. Самые успешные асы между вылетами выглядели спокойными и расслабленными. Не пофигистичными, а именно расслабленными. В своей книге Бад Уинтер описывает как метод обучения расслаблению, так и результаты группы, которая училась по этой программе, по сравнению с контрольной группой. Без всяких конкретных цифр (все же его книга научно-популярная, а не отчет об исследовательской работе) Бад Уинтер утверждает, что во всех тестах и дисциплинах курсанты, которые тренировали технику расслабления, превзошли курсантов из контрольной группы. Помимо этого, у курсантов, изучающих техники расслабления, одним из экзаменационных заданий было... заснуть... сидя на стуле... под звуки выстрелов... за две минуты... Звучит как красивая городская легенда, но моя проблема с бессонницей серьезно ослабла после практики по его книге.

Бад Уинтер, конечно же, не изобрел техники расслабления, похожие есть в йога-нидре или эриксоновском гипнозе, но это — лишнее свидетельство в их пользу.

В основе метода расслабления лежит идея (или даже установленный факт) двунаправленной связи между эмоциональной и мышечной системой. Эти идеи высказывал еще Уильям Джеймс в конце XIX века: может быть, мы не улыбаемся по причине хорошего настроения, а наоборот, наше настроение становится хорошим из-за того, что мы улыбаемся. Уже в конце 1980-х годов этот эффект был экспериментально продемонстрирован Фрицем Страком и Леонардом Мартином [82].

Эксперимент был построен следующим образом: испытуемых пригласили принять участие в исследовании методов «психомоторной координации». Легенда была такой: людям с ограниченными возможностями очень сложно выполнять некоторые задачи — писать или пользоваться телефоном. Здоровым людям было предложено под этим соусом проверить кое-какие мысли исследователей*. Испытуемых разделили на три группы и попросили выполнить несколько письменных заданий. В каждой группе надо было по-разному держать пишущий предмет: зажав зубами и не касаясь его губами (это вынуждало испытуемых напрягать плюс-минус те же мышцы на лице, что напрягаются при улыбке), зажав губами и не касаясь зубов (попробуйте и увидите, что таким образом вы задействуете те мышцы на лице, которые напрягаются, когда вы хмуритесь), и контрольная группа пользовалась нерабочей рукой (левой для правшей и правой для левшей). После выполнения тестового задания испытуемых попросили оценить карикатуры по степени «веселости». Чудесным образом оказалось, что группа с маркером в зубах статистически значимо присваивала более высокие баллы «веселости» карикатурам, чем группа с маркером в нерабочей руке, а те, в свою очередь, ставили более высокие баллы, чем группа с маркером, зажатым губами.

* Вы же понимаете, психологи никогда не раскрывают своих истинных интересов испытуемым.

Эта работа запустила целую волну подобного рода исследований, где тоже было продемонстрировано двунаправленное воздействие мышц и эмоций: если у человека хорошее настроение, то он улыбается. И наоборот, если человек принудительно улыбнется, то его настроение улучшится. Это как принцип трехколесного велосипеда: если ты крутишь педали, то он едет, но если его начать толкать, то у него будут крутиться педали.

Для нас это значит примерно следующее: если я хочу успокоить свои мысли, то можно расслабить мышцы и в расслабленном теле постепенно начнет успокаиваться и ум. Эта двунаправленность уже давно используется в психотерапии, например она лежит в основе метода работы со страхом и паническими атаками, описанного в книге Владимира Леви [83]. Суть в том, что часто страх вызывает сокращение определенных мышц (например, тех, что «вжимают» голову в плечи), и если те же самые мышцы будут напряжены по какой-то другой причине, то мы можем начать испытывать страх, а от этого еще сильнее напрягать мышцы — и пошло-поехало...

Давайте попробуем провести эту расслабляющую рутину. Она будет представлять собой смесь того, что описано у Бада Уинтера, с тем, чему я научился у Михаила Романовича Гинзбурга. Этот момент в книге, наверное, единственный, когда аудиоформат имеет преимущество перед текстом, поэтому вот вам ссылка на аудиовариант: http://links.mnogosdelal.ru/RelaxationRoutine.

Тем не менее ниже будет текстовый аналог рутины. Попробуйте проделать это прямо сейчас. Если там, где вы находитесь, вы не сможете расслабленно посидеть с закрытыми глазами минут 10–15, то я порекомендую вам не торопиться читать книгу дальше, а озаботиться поиском подходящего места. Места, где вы сможете сесть, а то и лечь, положить голову на опору так, чтобы можно было расслабить мышцы шеи и голова никуда не скатывалась. Места, где было бы тихо или от звуков которого вам было бы легко абстрагироваться…

Рис. 128. Не все смогут легко найти тихое и спокойное место…

Не торопитесь с чтением следующих строк. В суетливом сознании могут проскакивать мысли: «Да-да, это все понятно, поехали дальше, что там еще нового есть-то?» Но дальнейшие строки не для нового. Они немного занудны, с повторами и возможными моментами «это и так понятно» — так и должно быть.

Займите удобное положение, закройте глаза. Сделайте несколько глубоких вдохов.

Расслабьте губы, кисти рук. Отпустите напряжение в мышцах челюсти. Щек. Языка. Позвольте уйти напряжению со лба и кожи головы. Когда мы это сделаем, наш мозг получит сигнал о том, что мы в безопасности и можно расслабляться дальше.

Позвольте уйти напряжению мышц шеи. С правой стороны. С левой. С задней поверхности шеи.

Пусть упадут плечи. Как можно ниже. Напряжение мышц, поднимающих плечи вверх, характерно для реакции страха. Но нам не страшно, и это напряжение не нужно. Позвольте ему уйти.

Расслабьте левую дельтовидную мышцу. Дельтовидная мышца — это та, которая как эполет лежит на вашем плече. Пусть уйдет напряжение из нее. Отпустите напряжение в левом трицепсе. Левом бицепсе. Расслабьте левое предплечье. Пальцы левой руки.

Мизинец. Безымянный. Средний. Указательный. Большой.

Расслабьте правую дельтовидную мышцу. Правый трицепс. Позвольте уйти напряжению из правого бицепса. Правого предплечья. Отпустите напряжение в пальцах правой кисти. Мизинце. Безымянном. Среднем. Указательном. Большом.

Отпустите напряжение в мышцах груди. Позвольте организму дышать легко и свободно. В том темпе и с той глубиной, как организм сам решит. Он умеет это делать без нашего контроля.

Расслабьте межреберные мышцы. Мышцы живота. Слева. Справа. Мышцу в центре живота. Внизу живота. Если вы почувствуете, как внутри начинает что-то булькать, — это хорошо. Это расслабляется гладкая мускулатура, давая сигнал нашему мозгу, что мы в безопасности.

Расслабьте мышцы ягодиц. Мышцы передней поверхности левого бедра. Бицепс левого бедра. Левую икроножную мышцу. Левую ступню.

Позвольте уйти напряжению из мышцы передней поверхности правого бедра. Бицепса правого бедра. Правой икроножной мышцы. Правой ступни.

Представьте, что с каждым выдохом еще какая-то мышца в вашем теле отпускает напряжение. И вы расслабляетесь. Как будто проваливаетесь в мягкое облачко.

Если у вас нет опыта расслабления, может получиться так, что какие-то мышцы снова напряглись. Это нормально. Мы еще раз их проверим и при необходимости позволим напряжению из них уйти.

Мышцы щек. Языка. Кожи головы. Век. Губ. Левое бедро, правый бицепс, левая дельтовидная мышца, мышцы внизу живота, мышцы спины. Пусть они расслабятся.

Это спокойное и расслабленное состояние может оказаться очень функциональным и полезным. Это расслабление. Легкость. Покой. Давайте так и назовем это состояние. Покой. Потом, если вы захотите вернуться в это состояние, пусть в голове просто всплывет это слово: «покой».

Вы можете использовать покой по своему усмотрению. Если вы расслабились и смогли остановить поток мыслей секунд на десять, то вы заснете. Вы можете представить статичную картинку. Или просто начать тренировать навык не цепляться к мыслям. И это поможет вам заснуть, а потом проснуться бодрым и отдохнувшим.

А можете и не спать. В эриксоновском гипнозе считается, что наш ум состоит из двух частей: сознательного и бессознательного. С сознательной частью мы хорошо знакомы. Она общается словами. Умеет выделять детали. Ей подвластна логика. Бессознательная часть куда более сильная и могущественная. Она очень многое знает, помнит и умеет решать весьма широкий класс задач. Мало того, наше бессознательное всегда готово помочь нам. И именно находясь в спокойном и расслабленном состоянии, мы получаем возможность с ним общаться. Такое состояние еще называется трансом — когда мы можем видеть картины и образы, которые дает нам бессознательное. Оно не общается словами. Оно общается целостными образами. Оно часто может подсказать решение сложной задачи, креативную идею или просто помочь вспомнить то, что кажется уже забытым.

Просто придите в состояние покоя. Представьте, что с каждым выдохом у вас расслабляется какая-то мышца. И нейроны в голове, соответствующие этой мышце, снижают свою активность. И, как лампочки, начинают гореть тусклее. Но это не значит, что наш мозг бездействует. Нередко он в таком состоянии становится даже более активен, но активируются другие его области, которые обычно пассивны из-за мышечного напряжения. Расслабившись, мы можем получить доступ к куда большим ресурсам нашего ума.

Позвольте прийти воспоминанию о том месте, где вы чувствовали себя легко и уверенно. Пусть в памяти всплывут звуки этого места. Цвета. Запахи. Ощущения кожей. Это может быть настоящее воспоминание. Может быть вымышленное. Может быть смесь настоящего с вымыслом, как и вся жизнь в нашей памяти. Постепенно могут проявляться детали воспоминания. Окружение. Объекты. Их движение. Звуки. Запахи. Свет. Цвет.

Представьте, что в этом воспоминании вы. В удобной одежде. В удобной позе. Вы чувствуете себя легко и уверенно.

Позвольте прийти образу того, что для вас действительно важно, а что второстепенно. Пусть важное проявит себя легко, но явно. Будь то мечта, проект, задача, дело... Остальное может уйти в тень. На время или навсегда, сейчас это неважно. У вас есть картинка того, что важно. Просто остановитесь на несколько минут и позвольте себе полностью ощутить этот образ как целое. Именно как целое, которое значительно больше, чем просто сумма деталей. Просто поживите с этим образом... Минуту... Две... Или десять. Как вам угодно.

А потом давайте начнем возвращаться обратно. Обратный отсчет от десяти до одного. Мышцы начнут обретать привычный тонус. Когда мы дойдем до одного, вы откроете глаза свежими и отдохнувшими.

Десять.

Девять.

Восемь.

Семь.

Шесть.

Пять. Вы уже на середине пути.

Четыре.

Три.

Два.

Один. Делаем глубокий вдох и открываем глаза.

Рис. 129. Расслабляющая рутина

Многие из нас регулярно ходят в спортзал, на тренировки и выполняют там упражнения, помогающие сделать организм сильнее и больше напрягаться в нужные моменты. Это хорошо. Но навык напряжения хорошо бы балансировать навыками расслабления. Это тоже упражнение.

Попробуйте раз в день выполнять эту расслабляющую рутину. Не обязательно в точности так, как это описано здесь или в аудиофрагменте по ссылке. Вообще не обязательно заниматься этим, следуя внешней инструкции, в какой-то момент вы сможете направлять себя сами, и это даст дополнительные возможности в плане работы со своим умом и как минимум с той частью, которую в ряде направлений психотерапии называют бессознательным. Если вам интересны другие расслабляющие рутины, рекомендую книгу Тимура Гагина и Станислава Уколова [84], только там они называются техниками наведения транса.

6.3.17. Мысль: не доводи до предела, до предела не доводи…

Для меня было загадкой, почему все техники самоорганизации разваливаются у человека во время завала. Казалось бы, если техники помогают вам успевать больше, то наоборот — в период завала вы должны за них держаться еще крепче. А если они не помогают, то зачем вообще ими заморачиваться?

Но все расставила на места неожиданная книга: Кейт Коуд Twist of the wrist. Это вроде как библия для мотогонщиков. Казалось бы, причем тут самоорганизация и гонки на мотоциклах?

Кейт пишет, что 95% его студентов достигают значительных улучшений буквально за первые тренировки, если едут на 75% от своих предельных возможностей. То есть опять без этих всех «отдаваться на все 100%», «преодолевать свои пределы» и все такое. Фишка в том, что как только мы подбираемся к своему пределу, на первый план выходят так называемые survival reactions (инстинкты самосохранения). И вот беда, все эти survival reactions противоречат не просто правильному, а безопасному вождению мотоцикла. То есть в случае опасности мы инстинктивно делаем то, что все только усугубляет (бросаем газ, крепко вцепляемся в руль, смотрим на опасность и все такое). Перепрошить эти базовые реакции сложно и долго. Это отдельные кропотливые тренировки, и, пока вы не перепрошили эти реакции, просто по возможности избегайте тех ситуаций, где survival reactions берут верх.

Та же самая фигня и с самоорганизацией. У нас есть какие-то аналоги этих survival reactions: отвечать на сообщения сразу же и пытаться быть многозадачным, держать мелочь в голове (экономить время на ее записи), экономить на перерывах и на сне... И при этом пытаться строить ширму, чтобы для внешних людей все выглядело хорошо и красиво. И вот эти аналоги survival reactions выходят на передний план в случае, когда мы ощущаем завал и все разваливается...

Что делать? А ничего. Развалилось — поднимаем и начинаем заново. Это нормально. Давайте в следующий раз попробуем подольше продержаться и стараться избегать ситуаций, где инстинкты берут верх и лишь все усугубляют.

6.4. Четвертый уровень. Планомерно к намеченным целям

Я надеюсь, что к этому моменту вы научились легко справляться с большинством срочных задач, ловко обрабатывать те задачи, которые лишь кажутся срочными, а многие потенциальные пожары — тушить еще на этапе вялого подгорания. Дальше будем фокусироваться на планомерном продвижении и по стратегически важным направлениям.

Основная задача этого уровня — профильтровать текущие проекты и обязательства и соотнести их со своими текущими целями. Даже не целями, скорее — хотелками. Я не любитель вдаваться в философию целеполагания и рассуждать на тему, кому какие цели подходят, кто к чему должен стремиться, сколько этого должно быть и как оно должно быть сформулировано. Мне кажется, что, как только мы начинаем смотреть в сторону искренних желаний, слова «надо» и «должен» там неуместны. Именно поэтому я и называю их хотелками. Как понять, что та или иная вещь является вашей хотелкой? Мне кажется, что нам будет достаточно одного очень простого метода: при мыслях о ней у вас в животе начинают порхать бабочки. Дальше в этом разделе мы продолжим называть целью то, от чего порхают бабочки (и ничего страшного, если каждый поймет это по-своему).

На этом уровне обезьянка готова работать и помогать. Точнее, работать и помогать она была готова всегда, но теперь она готова прислушаться к рациональному типу, а он, в свою очередь, начинает верить, что обезьянка не просто тупая слуга, а в некоторых случаях очень даже ценный помощник.

Рис. 130. Обезьяно-рациональный конструктив

Рис. 131. Обезьянка — ценный помощник!

6.4.1. Мысль: об идеализации, крабовых палочках, или «У меня все никак не получается запустить методику»

— Доктор, что мне принимать от депрессии?

— Просто принимайте себя три раза в день.

— А как себя надо готовить?

— Никак, принимайте как есть.

Из анекдотов

Дело было на Сахалине, где мы с семьей гостили у друзей. Тогда я впервые в жизни попробовал настоящего камчатского краба. Здорового такого, а не тех тараканов, что можно было встретить в Азии, где мы довольно часто бывали. Помню, отломил у вареного краба ногу, вытащил из фаланги кусок мяса, по фактуре очень сильно напоминающий крабовую палочку, которые в огромных количествах продаются у нас в магазинах и изготавливаются из рыбного фарша. Откусив кусок настоящего крабового мяса, я понял, что крабовые палочки вполне точно имитируют настоящего краба. Только вкус у них какой-то более яркий... Более крабовый, что ли. И тут я задумался. Если бы в рамках слепого теста мне дали крабовую палочку и кусок крабового мяса из фаланги и спросили, что из этого является натуральным крабом, скорее всего, я бы сказал, что именно крабовая палочка и есть натуральный краб, а натуральный краб — лишь его имитация. Вкус неяркий — сразу видно, что краб разбавлен рыбным фаршем и даже ароматизатора пожалели.

И вот после этого меня прорвало. Я стал замечать, как много вокруг нас искусственного. Что самое ужасное, именно это искусственное проникает в наш ум под видом настоящего: в компьютерной игре жизнь более яркая, богатая и красочная, в отфотошопленных журналах девушки красивее, чем в реальности. В фильмах показывают какую-то жизнь, она намного интереснее того, с чем нам приходится иметь дело*. И ведь создается ощущение, что настоящее — это вот так, а то, что происходит здесь и сейчас, — это как-то понарошку. Или еще пока не по-настоящему. Надо сделать раз, два, три, прийти к успеху, и вот тогда-то и начнется настоящая жизнь. Не сейчас. Потом. Надо только еще немного поднажать...

А вот и нет.

Идеализированные представления об успехе часто порождают вопрос: «Как же все успеть?» Не исключено, что и вы держите в руках эту книгу, чтобы это и узнать. Я же вижу в соцсетях своих друзей (ведь там реальная жизнь!): этот пробежал марафон, этот получил диплом о втором высшем,

* Заметьте, очень часто в фильмах есть контраст «хороший — плохой». В реальной жизни, даже если возникает какой-то конфликт, то мы имеем дело с ситуацией «хороший — хороший». Просто эти «хорошие» по-разному видят одни и те же вещи и из-за этого считают друг друга идиотами. Отличный инструмент для анализа подобного рода столкновений — диаграмма разрешения конфликтов из теории ограничений Голдратта, но описание этого прекрасного инструмента выходит за рамки данной книги.

этот все путешествует по заграничным командировкам, эти доделали ремонт в квартире, те регулярно ходят по музеям, а все, что могу я, — это ходить на работу и <какое-то описание скромного хобби>. Но я ведь тоже хочу бегать марафоны, получить второе высшее, ездить по заграничным командировкам, доделать ремонт в квартире и ходить по музеям! А еще похудеть, выучить английский, накачаться к лету, построить дом и запустить свой стартап. Лучше три. И в конце концов, прочитать все те тысячи статей, которые я записал себе в список «потом прочитать». Как мне все это успеть? Мне же не хватает времени! Пойду срочно искать ответ на этот вопрос в интернете...

По той же причине люди часто стесняются делиться своим опытом. Этот эффект я наблюдал в управлении командами либо проектами и в самоорганизации. С одной стороны, у людей есть представления (идеализированные) о том, как должно выглядеть GTD или Agile Results, а в командной работе — Scrum или Kanban, но реальная жизнь часто оказывается богаче на нюансы и условия, в которых той или иной методике приходится работать. В итоге за все 15 лет, что я помогаю людям с личной и командной продуктивностью, я ни разу не встретил человека, который сказал бы: «У меня в команде ортодоксальный эталонный Scrum» или «А для самоорганизации я использую идеальный GTD». Методики, которым следуют люди, как правило, характеризуются высказываниями вида «У нас

Scrum, но...», «Я следую тайм-менеджменту Архангельского, однако...» И это двоякая ситуация. С одной стороны, люди часто не вдаются в детали теории, наслаивают на свое поверхностное понимание какие-то стереотипные домыслы* и предсказуемо получают результат, далекий от обещанного.

С другой стороны, нередко люди понимают то, о чем говорит та или иная методика, но в силу объективных причин им приходится нарушать (местами грубо) ее предписания. И при этом люди успешно работают, получают результаты, приносят прибыль компании, но рассказывают о своих методах как-то стесняясь. Оправдывают стеснение тем, что их методика далека от описанной в книге. Мне понравилось, как Талеб охарактеризовал подобное в «Рискуя собственной шкурой» [26]:

По определению то, что успешно работает, не может быть иррациональным; почти у всех моих знакомых, постоянно терпящих неудачи в бизнесе, есть этот ментальный блок — они не в состоянии понять, что, если что-то глупое работает (и приносит деньги), глупым оно быть не может.

6.4.2. Мысль: «зеленое», «красное», «коричневое», или «Сейчас я быстро с мелочью разберусь, а потом...»

«Сейчас я только с мелочью разберусь» — очень часто эта фраза звучит вместо (хотя многие наивно

---

* Вполглаза увидеть, вполуха услышать, вполмозга додумать.

полагают, что «перед») действительно важного дела. Возможно, это тоже одна из форм идеализации: если заниматься важным делом, нужно обязательно выспаться, покушать, находиться в прекрасном настроении, чтобы за окном светило солнышко, ничего не болело, все-все мелкие задачи были переделаны и никто не отвлекал меня всякими срочными просьбами. А иногда к такому решению нас подталкивает святая вера в концепцию человеко-часов (см. раздел 6.3.14): действительно, какая разница, сначала разобраться с мелочью, а потом с важным, или наоборот. Ведь если A + B = B + A, то зачем так сразу бросаться в омут сложных задач, давайте пока с простого начнем...

Но нередко переделать все мелкие задачи, чтобы они не отвлекали, — все равно что высохнуть под грибным дождем. В случае ливня высохнуть не удастся, и это очевидно, просто принимаешь его как данность, а вот если дождь слегка моросит... «У меня же был один спокойный день, когда я смог сконцентрироваться и заняться важными делами и не было ничего срочного... Ну в позапрошлом году... Почему ты говоришь, что это невозможно?» То, что мы — люди — регулярно пытаемся вывести общее правило из каких-то единичных ситуаций — отдельная история.

В очень обидную ситуацию попадают люди, старающиеся в первую очередь не упустить ничего важного. Упустили что-то одно — надо сильнее стараться, чтобы точно больше ничего не упустить.

Упускаем еще что-то — надо стараться еще сильнее, еще больше сил вложить в оборону! Действуя таким образом, мы напрочь забываем об атаке.

В «Джедайских техниках» есть глава с моделью пружины (раздел 4.2.1), где рассказывается, в частности, о модели Кано*. Чем примечательна модель: она говорит, что задачи** бывают различных типов:

— задачи, которые если не сделать, то будет плохо, но если их сделать, то все останется примерно как есть (задачи «должно быть», или «красные» задачи);
— задачи, которые если не сделать, то все останется примерно как есть, но, если их сделать, это поможет нам приблизиться к чему-то хорошему («ублажители», или «зеленые задачи»).

Крайне редко задача одновременно обладает свойствами «зеленой» и «красной» (если она не сделана, то всем конец, а если сделана, то наступает счастье). Я пишу «крайне редко», потому что помню: в нашем мире не все везде и всегда. Может быть, такие задачи где-то и бывают, но я их ни разу

---

* Норияки Кано занимался вопросами потребительского качества: как разработать продукт, удовлетворяющий потребностям потребителей.

** В оригинале речь шла об аспектах потребительского качества, но все выводы прекрасно ложатся и на задачи в нашем списке.

не встречал. Грубо говоря, задачи одного класса мы делаем, чтобы не стало плохо, а другие — чтобы стало хорошо.

Рис. 132. Разные типы задач

Так вот, чрезмерный фокус на «красных» задачах приводит к тому, что мы не выполняем ничего «зеленого». Хуже того, из-за того, что мы не видим вещи такими, какими они являются, мы в первую очередь делаем не «красные» задачи, а те задачи, которые в моменте воспринимаем «красными», а потом они могут оказаться и вовсе никому не нужными («коричневыми»), однако понять их истинную природу мы можем (и то не всегда) только ретроспективно: наверняка к вам неоднократно прилетала мегасрочная задача, вы бросали все, едва-едва успевали ее завершить, и оказывалось, что зря старались.

Именно поэтому что-то неизбежно будет продолбано, вопрос — что именно? Красное или зеленое? Вы точно не успеете что-то сделать, главный вопрос не в том, «как все успеть и ничего не упустить»*, а «как успеть то, что вы искренне хотели бы успеть».

Каждую упущенную «красную» задачу мы воспринимаем как боль. И действительно, если я не делаю что-то срочное, то тут же получаю болезненную обратную связь и корректирую свое поведение. С «зелеными» задачами, направленными на достижение моих искренних хотелок, этот фокус не проходит: обратная связь в виде боли приходит, как правило, в тот момент, когда уже поздно что-то корректировать.

> Учительница русского языка горько плакала, проверяя сочинения «Как я провел лето». Теперь она знала, что делать, но годы уже ушли.
>
> Из анекдотов

Как бы странно это ни звучало, но для того, чтобы планомерно продвигаться вперед в направлении своих хотелок, нам будет очень нужна некоторая терпимость к боли от упущенных задач**. Она воспитывается примерно так же, как бойцы набивают части своего тела, — реальными ударами. Попробуйте сначала продолбать что-то небольшое и вместо этого сделать что-то «зеленое». Я имею в виду не выполнение «зеленой» задачи в момент,

---

* Ответ простой — никак.

** Опять нелинейность: если мы вообще престанем чувствовать боль — плохо, если я от всего буду чувствовать боль — плохо. Оптимум где-то посередине.

когда вам ничего не угрожает. Сделайте «зеленую» задачу явным образом в ущерб «красной». Займитесь хотя бы одной «красной» задачей по остаточному принципу (как обычно мы поступаем с «зелеными»). Просто посмотрите сейчас в свой список задач, возьмите самую, на ваш взгляд, «безопасную» с точки зрения последствий продолба задачу и задайте себе вопрос: «Какой результат компенсировал бы мои неприятности от продолба этой задачи?» А что вы можете сделать для получения этого результата? Важно не то, что именно вы продолбаете, а то, ради чего это было сделано. Вы же помните, Кутузов как-то аж целую Москву продолбал, а вы какую-то «красную» задачу на вечер отложить боитесь. Да-да, отложить. Всего лишь отложить — это еще не обязательно продолбать, может быть, вы все успеете, даже если и начнете с парочки «зеленых» задач (всего парочки — никакого экстрима).

Рис. 133. Пропустил, но победил

Этот кусок можно было бы оформить как отдельную практику: «Тренировать продалбывалку» — пусть она будет для вас факультативной.

Концентрироваться в первую очередь на том, чтобы не продолбать мелочь, — все равно что выходить на ринг со страхом отхватить, всеми силами стараясь не пропустить удар. То, что обратно за канаты вы выйдете с синяками и изрядно сотрясенной «кукушкой», это уже не обсуждается. Надо быть на три головы выше соперника, чтобы ни разу не позволить ему ударить себя*. Если вы равны — вы однозначно отхватите.

Здесь главный вопрос в другом: вы выиграть-то собираетесь? Если синяки и ушибы неизбежны, давайте хотя бы попытаемся получить что-то полезное взамен. А желание откладывать важные задачи на потом, когда не будет риска продолбать ничего важного, чем-то похоже на боксерский поединок, где вы находитесь в глухой защите и не бьете сами, так как ждете момента, когда соперник передумает драться, отвернется и пойдет по своим делам.

6.4.3. Мысль: а что я должен хотеть?

Как только заходит речь о целях, желаниях и хотелках, становится очень важным умение отличать то, что вы реально хотите, от того, что вы хотите

* Если вдруг такое случится, все продлится недолго, и судья остановит бой за явным преимуществом.

потому, что «ну это же надо хотеть», или по какой-либо иной причине.

Часто такими искусственными хотелками становятся комплексы родителей.

Твой дед не смог, твой отец не смог, ну ты-то точно должен (не смочь?).

Или хорошая работа ~~гнусных~~ маркетологов, создающих искусственную потребность в тех вещах, которые нам не особо-то и нужны: «Ты же крутой и успешный чувак (ну, или хотел бы, чтобы тебя таким воспринимали), а раз так, ты просто должен купить это, это и еще вот это, а чтобы ты мог позволить себе это все прямо сейчас, у нас есть банк-партнер...»

Ключевой момент в этой практике — отталкиваться именно от своих целей, и вот тут я у людей замечал массу интересных (непонятно откуда взявшихся) убеждений, которые не всегда истинны.

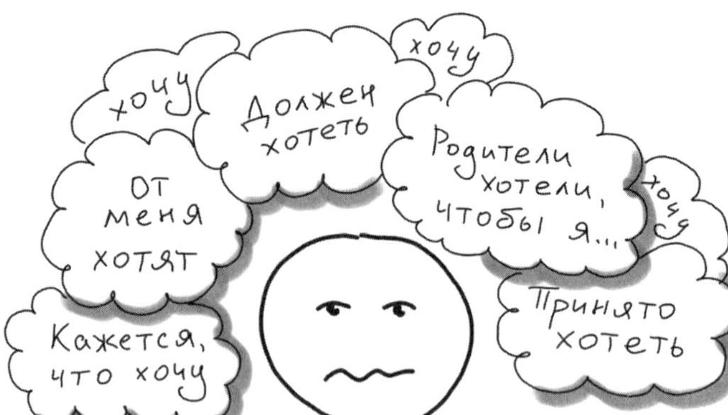

Рис. 134. Это всё мои желания?

Рис. 135. «Зеленые» задачи

У каждого должна быть одна великая цель, а у меня ремонт, английский и ипотека — разве это великое? Наверное, в какой-то момент что-то великое и откроется. У меня вот какой взгляд на это все. Достижение целей — это игра. Игра начинается на простом уровне сложности (сдать экзамены, пригласить Лену из параллельного класса в кино), по мере достижения этих целей появляются новые, более сложные (поменять работу на более интересную, доделать ремонт на кухне), а затем еще более сложные (запустить свой проект, сдать норму ГТО), и через некоторое время открывается что-то великое. Мне кажется такой механизм более справедливым, так как зачем открывать перед человеком его единственную главную цель, когда он Лену в кино пригласить уже полгода не может?.. Это идет в пику с расхожим мнением: «Надо перед собой ставить амбициозные цели»*. Цели перед вами уже и так поставлены, просто остановитесь и постарайтесь их увидеть. А потом начинайте работать, и многие вещи прояснятся.

> Никто не понимает умом, куда движется; понять это можно, только действуя.
>
> Нассим Талеб. Рискуя собственной шкурой

У меня какие-то непонятные цели, я даже не знаю, цели ли это и зачем они мне. Цели не та вещь, которую надо рационализировать. Мало того, попытка рационализировать то, что вы называете своей целью, может говорить о том, что это не совсем ваша цель. Или совсем не ваша. Я, как уже говорил, использую простое определение цели: это то, от чего в животе порхают бабочки.

Я не знаю, чего хотеть и что действительно сделает меня счастливым. А я и подавно ☺ Многие из своих желаний можно протестировать «в миниатюре», перед тем как бросаться в омут с головой.

1. Жить за городом в собственном доме или переехать в более теплый город? Сначала некоторое время снимайте жилье. И не только летом и зимой, но и в межсезонье.
2. Построить дом своими руками? Напроситесь хотя бы на одни выходные бесплатным помощником к кому-нибудь из знакомых на стройку.

* Анекдот в тему: ставьте перед собой нереальные цели. Не выполните — ну и фиг с ними, они же нереальные.

3. Выучить иностранный язык, чтобы (чтобы что, кстати?) смотреть фильмы на этом языке и читать книги в оригинале? Кстати, а вы на родном-то языке давно смотрели фильмы и читали книги?
4. Купить новый автомобиль? Возьмите его на пару дней в прокат (можно совместить с отпуском). Не заскучаете ли через два-три дня по своему старому?
5. Вступить в брак с этим человеком? Попробуйте сначала вместе с ним сделать ремонт в комнате вашей бабушки. И дело хорошее сделаете, и отношения проверите (или выясните).

Конечно, из-за нелинейности малые дозы чего-то будут существенно отличаться от больших доз того же самого, но нередко тестирование даже на малых дозах позволяет развеять многие иллюзии относительно своих целей.

Цели должны быть привязаны ко времени: на год/квартал/месяц (иначе это не цель, а фуфло, вы никогда ее не достигнете)*. Это, кстати, очень тонкий момент, и я бы не был настолько категоричен. Если мы говорим, что некая цель — на ближайший год, то с ненулевой вероятностью мы становимся слепы к благоприятным возможностям достичь этой или подобной цели через, скажем, пару недель. Есть еще один очень тонкий момент: в большинстве

---

* А вот как дату поставишь, так сразу выполнишь, ага...

случаев люди тем четче описывают цель, чем… *меньше* она для них значит. Да-да, именно меньше! Это когнитивное искажение названо эффектом Делмора и описано в диссертации Пола Уитмора [69]. Очень опасным оказывается сочетание эффекта Делмора вместе с убеждением: «Если ты не можешь это измерить — даже не берись за это, ты же не поймешь, когда этого достигнешь». В результате мы начинаем концентрироваться на достижении целей во второстепенных областях своей жизни.

Рис. 136. Многие вещи можно понять только на собственном опыте

Так как же понять, является ли та или иная цель моей, искренней? Какого-то гарантированного метода, кроме как «действуй и смотри», я не знаю. Хотя есть еще один, приблизительный, неточный и не помню, у кого подслушанный*.

Подумайте о своей хотелке. Если при мысли о ней в голове всплывают слова «надо», «дол-

* По-моему, у Татьяны Мужицкой.

жен», «давно пора» — наверное, это не ваше. А еще приглядитесь к тому, что происходит с вашим телом. Вы расслабляетесь и на лице появляется улыбка? Или голова вжимается в плечи и напрягаются челюстные мышцы? Нередко тело дает куда более точный ответ, чем сознание. Как мы увидим позже, это еще очень большой вопрос, кто на самом деле самый рациональный у нас в голове...

6.4.4. Практика: «чтобычтотор», или определять «зеленые» задачи

> Шел рыцарь по пустыне. Долго шел. По пути потерял коня, шлем, доспехи. Остался только меч. Рыцарь был голоден, его мучила жажда. Вдруг вдалеке он увидел озеро. Собрал все оставшиеся силы и пошел к воде.
>
> Но у самого озера сидел трехглавый дракон. Рыцарь выхватил меч и из последних сил начал сражаться с чудищем. Сутки бился, вторые... Две головы дракона отрубил. На третьи сутки дракон упал без сил. Рядом упал обессиленный рыцарь, не в силах уже более стоять на ногах и держать меч.
>
> И тогда из последних сил дракон спросил:
>
> — Рыцарь, а ты чего хотел-то?
>
> — Воды попить.
>
> — Ну так и пил бы...
>
> Из анекдотов

«Чего хотел этим?», «Зачем?», «Чтобы что?» — очень нужные вопросы, которые помогут сравнить то, что вы намереваетесь делать (ваш список задач), с тем, чего вы хотите (список хотелок). Изначально этот прием был описан в «Джедайских техниках» (раздел 4.2.2). Сама практика очень проста в выполнении.

1. Вы садитесь и кладете перед собой с одной стороны список задач (желательно актуальный и только что причесанный), а с другой стороны — список ваших хотелок. Если у вас его нет — посвятите две-три минуты его составлению.
2. Не торопясь, просматривайте список задач, задавая каждой задаче вопрос: «Чтобы что?..»
3. Если окажется, что за 2–4 итерации вопросов «Чтобы что?» ответом оказывается одна из ваших хотелок, отметьте эту задачу особым образом. Я присваиваю таким задачам категорию «зеленая». Например: «Позвонить Игорю Александровичу и спросить про отопление». — «Чтобы что?» — «Чтобы узнать, сможет ли он сделать отопление на даче». — «Чтобы что?» — «Чтобы у меня на даче было тепло даже зимой». — «Чтобы что?» — «Чтобы приезжать зимой на дачу и жить там». — «Чтобы что?» — «Э-э-э, брат, а жить на даче зимой — это моя хотелка, все, приехали!»

Вот и все. Цель практики — отметить «зеленые» задачи для того, чтобы было проще взяться за выполнение одной из них. Кстати, вводить категорию «красная», на мой взгляд, излишне.

Часто я не уверен, приблизит ли меня конкретная задача к какой-то хотелке. Иными словами, я выполняю ее для того, чтобы к хотелке приблизиться, но в результате я не уверен. Это все равно «зеленая» задача. Мы же очень плохо предсказываем будущее, и то, что иногда мы не уверены в результатах своих действий, абсолютно нормально.

Иногда еще люди пытаются «взломать» систему и со словами «да у меня все приближает к целям» рассуждают так: «Написать еженедельный отчет». — «Чтобы что?» — «Чтобы меня не уволили с работы». — «Чтобы что?» — «Чтобы мне продолжили платить зарплату». — «Чтобы что?» — «Чтобы доделать ремонт, съездить в отпуск и купить машину — а это все мои хотелки». Здесь есть один момент: «чтобы меня не уволили с работы» уже намекает на то, что задача «красная», то есть ее невыполнение чревато неприятностями. Это не «приближающая к хотелкам» задача, а «не отдаляющая от них». Неотдаляющие тоже важны, но они вас ни к чему не приблизят. К этому мы еще вернемся в следующей практике. Кроме того, не является патологией, если в какой-то момент вы откажетесь от одних хотелок и решите заняться чем-то другим. Но это не точно…

Очень часто понимание, что выполнение той или иной задачи приближает вас к вашей искренней хотелке, может сильно упростить ее выполнение. Вот очень поучительная история, которую мне рассказала одна девушка. На тот момент она уже была взрослой успешной владелицей нескольких бизнесов. Один из ее бизнесов — сдача элитных квартир в аренду. Вроде бы бизнес непыльный, в ее городе приемлемо прибыльный и почти не требующий никакого внимания: следи за своевременной оплатой, и все. Контингент особых проблем не доставлял. Но в какой-то момент одна из квартир освободилась — жилец из нее съехал.

Рис. 137. «Озеленение» задачи

Предупредил заранее, все как и договаривались, никаких проблем, тем более квартира хорошая, и в этом городе спрос на аренду подобного жилья довольно хороший. Но вот беда... Девушка никак не могла просто взять и написать объявление о сдаче квартиры в аренду. Она это уже неоднократно делала в прошлом, это приводило к успеху (проверено), но вот какой-то внутренний ступор мешал ей это просто взять и сделать. А все потому, что на тот момент девушка уже «выгорела», и задача «разместить объявление об аренде» — это была работа. Ну что даст это объявление? Найду жильца. А зачем? Будет капать дополнительный доход. А тебе что, денег сейчас не хватает? Да хватает вроде бы... Ну вот и не парься.

Примерно такой диалог происходил внутри ее головы. Но в какой-то момент все изменилось: она нашла объявление о продаже дома, в который тут же влюбилась. Из рассказа уже понятно, что девушка вполне состоятельная, но не настолько, чтобы позволить себе покупку дома без заемных денег — читай, ипотеки. По странному совпадению ежемесячный платеж по ипотеке за понравившийся дом был чуть меньше предполагаемой ставки аренды за ту самую квартиру, объявление о сдаче которой прокрастинировалось уже несколько месяцев. И тут же задача о размещении объявления превратилась из «да это просто работа» в «это приблизит меня к тому, что я хочу». В итоге на подготовку объявления и поиск нового жильца в свободную квартиру ушло меньше недели. Есть и обратная история. Даже не история, а так, скорее анекдот…

Приговорили одного человека к смертной казни, но он был настолько толстый, что просто не влезал в электрический стул. Судья постановил: продержать его три месяца на строгой диете. Проходит три месяца, а он вес набрал. Спрашивают: «Да как так, почему ты не похудел?» На что тот отвечает: «Да мотивация так себе…»

Некоторые комментарии к этой практике из опросов

«Иногда адски прокрастинирую, обезьянка бунтует, что ее запихивают в некое прокрустово ложе. А еще постоянно возникают теневые списки для сокровенных важных дел».*

«Тут много сложностей. Во-первых, нужно учитывать еще и неявную цель "чтобы большой северный лис не пришел", большинство задач внезапно оказываются именно про нее. Во-вторых, часто непонятно, приближает ли конкретная

* Теневые списки для сокровенных важных дел — есть такая опасность. В результате мы начинаем игнорировать основной список задач, подсознательно не считая его важным, и не доверяем теневому.

*задача меня к конкретной цели или нет. И в-третьих, наоборот, вот есть цель, но я не знаю, что меня могло бы к ней приблизить...»**

«Метод очень правильный, но ресурсоемкий. Часто задачу быстрее выполнить, чем пройти цикл "чтобы что". Хорошо помогает при перегрузках, когда проектов слишком много, эффективность на пределе, и пора что-то сбросить, чтоб не сдохнуть».

*«Этот прием — источник разочарований, не люблю его. Если я каждую мечту начну раздевать по "чтобы что?", оказывается, что оно мне нафиг не сдалось. А изначальная хотелка звучит привлекательно. Так что предпочитаю не препарировать желания. А то полная апатия придет»***.

6.4.5. Мысль: идеальный результат не сумма идеальных частей (принцип осознанного рукож*пия)

В разделе 6.4.1 речь шла о тренировочном продалбывании, на самом деле все не так жестко.

Помните таблицу, в которой описывалось, что произойдет в случае выполнения или невыполнения «красной» и «зеленой» задач? Реальность

---

* Все правда. Простого пути нет. Но сложно не значит невозможно.

** Частое замечание. Хотя мне казалось, что я довольно четко объясняю: мы препарируем не желания, а задачи... Видимо, недостаточно четко. На всякий случай и здесь оставлю про это комментарий.

чуть более богата. В реальности статус задачи — это не просто бинарное «сделал» или «не сделал», в реальности это целый континуум состояний: «не сделано совсем», «сделано совсем чуть-чуть», «сделано кое-как», «почти сделано, но...», «сделано хорошо, красиво и идеально».

> В жизни результаты, в отличие от бейсбольного матча, не сводятся к бинарному итогу «победа или поражение».
>
> Нассим Талеб. Рискуя собственной шкурой

Чем ближе вы двигаете задачу к последнему состоянию, тем больше сил вам приходится тратить, но...

Вы же помните определение «красной» задачи? Это та задача, которую если не сделать, то будет плохо, но даже если она будет сделана идеально, хорошо никому не станет. Назовем это принципом Золушки: «Сколь усердно полы ни мой, за принца замуж не выйдешь».

Рис. 138. Принцип Золушки

Часто люди понимают эту мудрость не совсем корректно, путая необходимое условие с достаточным. Они говорят: «Но ведь немытые полы отпугнут принца!» — и самозабвенно начинают тереть полы, не думая больше ни о чем. Конечно, отчасти эти люди правы — нельзя не мыть пол. Пол мыть надо. Но этого недостаточно для того, чтобы у вас завелся принц. Помимо чистых полов, нужно еще много чего.

Хуже того, те силы, которые мы тратим на перевод полов из состояния «более-менее чисто» в состояние «реально чисто», можно было бы потратить на решение «зеленой» задачи (пусть тоже не идеальное), и итоговый результат в этом случае тоже мог бы стать другим.

Давайте рассмотрим уточненную версию таблицы из раздела 6.4.1.

Рис. 139. Разные типы задач (расширенная версия)

Очень часто мы начинаем день с «красных» задач. Работаем над ними. Если тут подключается еще и перфекционизм, то мы стараемся сделать их идеально. И все бы ничего, но мы вбухиваем в это огромное количество сил. Люди, привыкшие жить в концепции человеко-часов, думают: «Ну подумаешь, потратил лишние 20 минут, зато какой красивый отчет получился». Конечно, 20 минут — это не много и не страшно. Но посмотрим на это с другой стороны. Если вам «не хватает времени», то очень некорректно оценивать задачи в минутах. Разумнее оценивать их в несделанных других задачах*. Это не просто 20 минут, это не сделанный сегодня (возможно, в очередной раз) шаг в направлении к вашей искренней хотелке. А это уже куда страшнее.

Если у вас нет такого ограничения и вы способны все свои задачи (и «зеленые», и «красные») делать идеально — это прекрасно! Но… Если вы этого не можете, то я хочу предостеречь вас вот от какой ловушки.

Для простоты представим, что у нас всего две задачи: «зеленая» и «красная». Мы начинаем день с «красной» задачи (чтобы научиться начинать день с «зеленой», потребуются продолжительные упражнения в учебном продалбывании) и вроде бы делаем ее на приемлемом уровне, но тут в игру включается наш внутренний перфекционист, настаивающий: «Все, что ты делаешь, должно быть сделано безупречно». Вы послушно подчиняетесь внутреннему голосу и доводите «красную» задачу

* Люди бизнеса хорошо знают это как упущенную выгоду.

до идеала. Но за окном уже вечер, и до «зеленой» задачи руки так и не дошли. Согласно таблице, наш результат за сегодня: «Ну ОК» + «Ну ОК». Что ж, ничего страшного... Тем более что все сделанное сегодня было сделано безупречно.

А теперь представьте, что вы начали свой день с «красной» задачи, но, доведя ее до состояния «сделано более-менее приемлемо», переключаетесь на «зеленую» задачу и доводите ее до состояния «сделано более-менее приемлемо». Что в итоге? С одной стороны все, что было сегодня сделано, было сделано кое-как. Не идеально... Ад для перфекциониста. Но каков результат? «Ну ОК» + «Хорошо» — а это хорошо!

Улавливаете намек? Мне кажется, это один из механизмов, из-за которого отличники и медалисты нередко работают в компаниях, основанных троечниками. Часто у отличников есть эта стигма: что бы ты ни делал, делай это безупречно, сколь бы бестолковым оно ни казалось. Я не хочу сказать, что троечники чаще становятся успешнее, нет. Успешными становятся те люди, у которых есть навык (врожденный или воспитанный) делать правильные вещи на приемлемом уровне, чтобы двигать вперед и важные вещи тоже. Просто такие люди чаще становятся троечниками.

Я называю это принципом осознанного руко-ж*пия.

Сумма идеально выполненных частей не даст вам идеальный результат. И наоборот: идеальный в целом результат часто состоит из маленьких не- идеально выполненных частей.

Я люблю приводить в пример живопись. На следующей странице — картина, написанная моей тещей*.

Рис. 140. Холст, масло, теща...

Если смотреть на эту картину с расстояния, она прекрасна: ветер срывает лепестки цветущей

* Впервые в жизни она взяла в руки кисть в возрасте 75 (семидесяти пяти!) лет, я люблю приводить ее в пример людям, которые уже в тридцать говорят, что стары осваивать что-то новое.

сакуры, чайный домик, скрывающийся за ветвями, птицы где-то там далеко... Но стоит присмотреться к деталям... Это птицы? Да ну — когда я комара прихлопну, от него такой же след остается. Птицу даже я лучше нарисую... Это лепестки? Да не, просто краска капнула, на уроке биологии мы лепестки куда точнее рисовали... Иными словами, каждая отдельно взятая деталь, мягко скажем, не идеальна. Идеально целое... Будьте осторожны с оценкой частей без оглядки на контекст.

6.4.6. Практика: выполнить «зеленую» задачу

Я уже говорил, что мы часто идеализируем условия, необходимые для выполнения истинно важных задач. Не буду извиняться за повтор — мы действительно слишком часто так делаем. Задумайтесь, сколько раз вы откладывали ту или иную важную «зеленую» задачу на потом, потому что были недостаточно свежи, бодры или не в таком прекрасном настроении, какого хотелось бы?

Если мы научились формулировать задачи в виде коротких и четких приказов для нашей внутренней обезьянки, то, по идее, мы можем их выполнять в плюс-минус нашем обычном состоянии. Особо полезным навыком будет умение выполнить небольшую «зеленую» задачу, когда уже совсем ничего делать не хочется. Как последнее повторение упражнения в качалке.

Очень хорошую житейскую аналогию для этого я подглядел у своего тренера по тайскому боксу Сервера Руфатовича Валиева*. По пятницам на тренировках происходило то, что Сервер Руфатович называет дискотекой: пять минут на скакалке, пять минут — силовой блок, а дальше экипируемся и девять раундов тайского бокса вольно**, со сменой партнеров. Иногда в конце он добавлял еще раунд, говоря: «Когда вы уже больше не можете, когда даже руки у головы почти невозможно удержать, вот тогда и начинается настоящая работа и тренировка. Все остальное — это лишь разминка».

Так же и с «зелеными» задачами. Когда вы свежи, веселы, никто не требует от вас ничего срочного и важного, все в доме починено, поглажено, убрано, постирано, дети выздоровели, выросли, окончили институты и т. д., и т. п., в таких условиях работать над материализацией жизненных целей легко и приятно. Можно подождать. А можно просто брать и делать прямо сейчас. Я не говорю: «Соберись, тряпка, и иди совершать подвиги». Тут речь не о подвигах, а об одной задаче на 10–15 минут. Сама по себе эта задача погоды не сделает. Но вот привычка и навык выполнять такие задачи регулярно (хоть и по чуть-чуть) — сделают.

---

* На момент написания этих строк я уже год не ходил к нему на тренировки, сменил профиль и теперь изучаю крав-мага.

** Иногда в учебных спаррингах есть ограничения: только руки; руки, ноги, но без коленей и т. п. Тайский бокс вольно — это руки, ноги, локти, колени и борьба в клинче.

Стремясь к малому, достигнешь многого.

Лао-цзы. Дао дэ цзин

Особо полезной эта практика становится, когда вы берете ее в форме «начать день с “зеленой” задачи». Очень часто я наблюдаю такой подход: сначала переделать все обязательное и срочное, а потом уже я буду заниматься важным и «зеленым», насколько останется сил. Далеко не всегда такая стратегия приносит какие-то положительные результаты. Часто оказывается, что, когда сделано все обязательное и срочное (а в реальности — то, что *кажется нам* обязательным и срочным, — а мы же не видим вещи такими, какими они являются), сил уже ни на что не остается. В результате мы в очередной раз даем себе обещание, которое до этого и так уже многократно нарушали: «Завтра точно этим займусь». Перейти сразу к «зеленым» задачам может мешать страх того, что потом не останется сил на обязательное. Если не сделать это обязательное, будет плохо, а если я не выполню что-то «зеленое»... Ну ОК. Может, завтра?..

С другой стороны, если вы с самого утра сделаете хоть что-то, приближающее вас к тому, чего вы искренне хотите, то остаток дня вы проживете с ощущением «даже если ничего, кроме этого, я не сделаю, день уже прожит не зря». В каком случае вы окажетесь более продуктивны — непонятно. Надо пробовать и так, и так, а потом сравнить.

Некоторые комментарии к этой практике из опросов

«Еще книга. Моя любимая Барбара Шер “Давно пора!” [86]. Хорошо структурированная методика понимания “зачем” и “как” “именно тебе”».

«Как всегда, этого оказывается совсем недостаточно, чтобы приблизиться к цели. Прогресс не умею отслеживать».*

*«Есть опасения, что при регулярном приоритетном выполнении “зеленых” задач не будет оставаться сил/времени на обычные задачи, и они станут накапливаться»**.*

«У меня отдельная категория для таких задач, чтобы быстро можно было сделать что-нибудь такое».

---

* Да, на определенном уровне развития, когда цели и хотелки становятся довольно крупными, а задачи вынуждены по-прежнему оставаться обезьянопонятными, влияние выполненной задачи на достижение конкретной хотелки практически не ощущается. Быстрые и видимые результаты мотивируют, а едва заметные — демотивируют. Видимо, чем более крупными становятся твои хотелки, тем больший требуется запас внутренней мотивации и безусловной веры в то, что избранный путь действительно приведет к нужному результату.

** — Пятачок, стреляй в шарик!
— Но если я выстрелю в шарик, то он испортится...
— А если ты не выстрелишь, тогда испорчусь я!

*«Так у меня почти все задачи "зеленые" (за исключением регулярной бытовухи, которая ~10% от силы занимает), а как может быть по-другому?»**

«Интуитивно пришла к этому — так интересней живется и нет ощущения, что делаю что-то не так».

6.4.7. Важный индикатор: количество выполненных «зеленых» задач

Просто последите за этим. Вдруг будут дни, когда у вас получится выполнить больше одной «зеленой» задачи.

Что еще тут можно добавить?

6.4.8. Практика: ПХД

> Кто-то написал мелом на асфальте под окнами многоэтажки: «Позвони мне, когда твой уйдет!» Многие мужики тогда остались дома. Были прибиты полочки, отремонтированы утюги, сделаны уроки с детьми...
>
> Из анекдотов

ПХД — аббревиатура от «парково-хозяйственный день» — особый день для уборки и наведения порядка в вооруженных силах (кстати, там эту аббревиатуру расшифровывали несколько иначе, что нередко лучше отражало суть этого мероприятия). Еще один вариант названия — смыть мыло (с задницы).

---

* Увы, бывает и по-другому...

Иногда полезно «остаться дома», чтобы подчистить хвосты.

1. Разобрать входящие до нуля:
   — и в личном ящике...
   — а еще вкладки в браузере;
   — ...и папка «Загрузки»;
   — и в тумбочке.
2. Навести порядок в неявных списках задач:
   — закладки на прочитать;
   — иконки на рабочем столе;
   — незакрытые окна программ.
3. Подчистить мерзкие и зудящие пункты из списка задач. Или вообще выбросить.

6.4.9. Практика: интернет-шаббат

> — Глаза покрасневшие, опухшие, жалобы на резь...
> — Весенний конъюнктивит?
> — Безлимитный интернет...
>
> Возвращается муж внезапно домой из интернета...
>
> Все современные детишки зависают в своем интернете.
> На улицу бы вышли! Вообще не понимаю,
> как можно вырасти нормальным человеком,
> не получив хотя бы раз качелями по голове.
>
> Из анекдотов

Смысл интернет-шаббата не в том, чтобы не работать. Смысл — не прикасаться к устройствам, способным соединяться с интернетом. А работать-то как раз можно. Не можете работать без интернета? Да ну!

Один из прекрасных эффектов интернет-шаббата: вы начнете планировать и заглядывать чуть дальше своего носа. Насчет электронных устройств у меня такое мнение: есть строгий шаббат (когда нельзя вообще ничего электронного) и нестрогий, когда вы можете трогать смартфон и компьютер, если на них заранее был отключен интернет. Регулярный нестрогий интернет-шаббат поможет более осознанно подходить к интернету.

Рис. 141. День без гаджетов

Опять же, я не готов утверждать, что эта практика обязательно подойдет вам и принесет какую-то сумасшедшую выгоду, — не попробуешь, не узнаешь. Однако, если вы решитесь на интернет-шаббат, вы неизбежно сядете и спланируете работу в этот день.

1. Подумаете, что вы сможете сделать.
2. Подумаете, что вам для этого может понадобиться.
3. Подумаете, как вы это можете достать и подготовить заранее.

Рис. 142. До первой звезды без почты и чатов

Мне кажется, что в современном мире «сесть и подумать» — это мощная профилактика против многих неприятностей.

Среди программистов старой закалки бытует мнение, что, как только компиляторы стали быстрыми и разработчикам стало проще скомпилировать и проверить работоспособность программы, чем вдумчиво посмотреть на код еще раз, появилось больше ошибок, совершенных по глупости. Не исключаю, что в наше время наличие способа быстро найти информацию, быстро что-то кому-то переслать и получить ответ позволило нам не думать в некоторых направлениях, чем мы непременно пользуемся.

Рекомендуемая продолжительность интернет-шаббата: две ночи и день. Вы начинаете шаббат вечером первого дня, выключаете интернет на всех устройствах, наутро просыпаетесь, живете без интернета весь день, ложитесь спать и лишь утром следующего дня можете вернуться в Сеть. Но вы можете пробовать по-всякому. Для кого-то и час без интернета уже будет подвигом, хотя вряд ли такие люди дошли до четвертого уровня зрелости.

Некоторые комментарии к этой практике из опросов

*«Наверное, здесь речь не только про интернет, а про все, что способно нести кучу информационного мусора»**.

«Изредка устраиваю себе такое, я называю это “мораторий”. Мораторий на компы. Смартфон меня не затягивает. А когда-то, когда работал как собака, изредка устраивал “день здоровья”. На работу не иду, лежу в кровати и уговариваю

* Да, можно под эту же гребенку радио, телевизор, журналы, газеты… Вреда не будет, на мой взгляд.

себя, что “сегодня я вообще ничего делать не буду!” Хватало меня на полдня безделья».

«Интернет — все же проводник, а не вещь в себе. Куда больше волнует медиазависимость в целом. С год назад заметил, что все основные развлечения для меня стали цифровыми. Музыка, фильмы-сериалы, игры, картиночки... Как минимум первые три в офлайн переводятся очень просто. И никакого тогда детокса».

«Очень давно так не делала, надо повторить! Штука крутая, это я помню».

«У нас дома это называется „бескомпьютерный день“. Больше для того, чтобы детей отлучить от компьютера».

«После очного тренинга несколько раз пробовал, пытался сформулировать, почему отказался, и понял, что надо бы сделать еще заход. Осложняет ситуацию моя галлюцинация, что в рабочие дни точно не могу себе позволить...»

«Ввел интернет-шаббат в метро. Перестал прокрастинировать и начал писать статьи для блога. Но на целый день пока не готов».

6.4.10. Вакцина: настроить «все прочитано» для электронной почты

Суть вакцины сводится к тому, что мы настраиваем фильтр в своем почтовом ящике, который сразу отмечает каждое приходящее письмо как прочитанное. Этот совет можно использовать, только когда вы уже уверенно следуете стратегии пустых входящих и регулярно видите инбокс пустым. Однако люди часто путают сами себя: отмечают прочитанное непрочитанным, чтобы не забыть о том, что там что-то не сделано. Очень логично. И если они потом начинают путаться, то просто оттого, что на всем этом не хватает разноцветных флажков и категорий.

Иногда желание использовать программы не по их прямому назначению достигает небывалых высот: почтовый ящик использовать как список задач, список задач — как хранилище информации, хранилище информации — как календарь, а календарь — как еще один список задач, но менее (или более) важных.

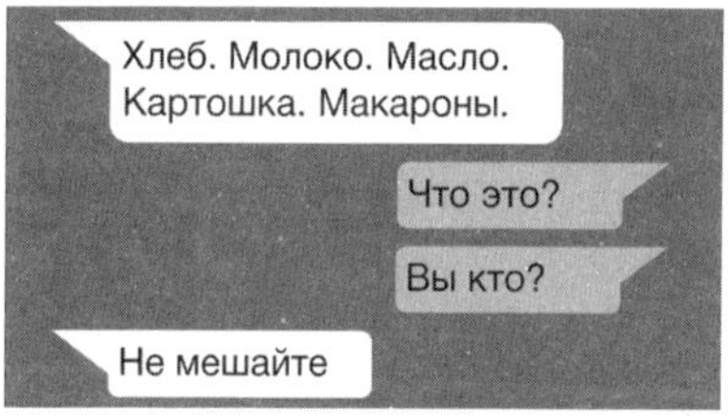

Рис. 143. Куда бы еще записать, чтобы не забыть?

Иногда создается впечатление, что советы из интернета про ведение списков привели к безоговорочной вере в то, что если у тебя есть сокровенное желание, то его надо просто много-много раз записать, неважно куда. Эта вакцина обсуждалась в «Джедайских техниках» в разделе 5.5. Она предназначена для снижения информационного шума.

Часто (не всегда, но часто) мне неважно знать, сколько раз (и было ли) прочитано то или иное письмо. Мне интересно, было ли оно обработано. Если да, я переношу его из инбокса в соответствующую папку, а если нет, что именно дает мне понять, читал ли я его?

Часто это состояние лишь мешает, так как явно выделяет во входящих «что-то новенькое», а внутренняя обезьянка очень любит тут же бежать и проверять что-то новенькое (вдруг там что-то срочное или очень важное?), особенно в случаях, когда альтернативой является что-то сложное и не очень понятное. В результате усугубляется эффект бонуса к ощущению важности (см. раздел 6.2.4), и мы с большей вероятностью будем делать что-то сиюминутное, чем следовать каким-то среднесрочным планам.

Опять же, рекомендую попробовать, понравится — оставить, не понравится — убрать.

Некоторые комментарии к этой практике из опросов

«Что-то во мне сильно противится этому совету значит, надо пробовать».

«Часто бывает так, что на пришедшее письмо нужно ответить через неделю. Или позже. Вот

*если бы была в почте магическая кнопочка "получить это же письмо через неделю", то техника пустого инбокса работала бы на все 100»**.

*«Для меня важно, читала письмо или нет. В сценарии "мне прислали статью на правки" я вынесу задачу и ссылку на док в трелло сразу же, но письмо оставлю в инбоксе — и уберу, когда отвечу на него "все исправила, вот твоя статья", а не когда сформулировала себе задачу»***.

6.4.11. Мысль: об уровнях перспективы

Мое старое увлечение автомобилями подтолкнуло меня к изучению того, как выглядит процесс производства автомобиля. В этом контексте я и опишу метафору уровней перспективы выполняемых задач.

В любой автомобильной компании одновременно имеют место следующие активности.

- Собственно производство автомобилей, чтобы было что продавать. Как минимум.
- Разработка новых моделей автомобилей. Желательно лучших, чем те, что производятся сейчас. Чтобы было что продавать в будущем.

---

* Есть такой сервис: https://www.followupthen.com ☺

** А вот я бы порекомендовал (хотя бы попробовать) убирать письмо из входящих в момент создания задачи. Чтобы было проще найти письмо после выполнения задачи, можно в описании самой задачи добавить ссылку на это письмо. Если вы пользуетесь web-интерфейсом в почте, то это должно быть просто. В Outlook подобное тоже легко решается, например при помощи быстрых действий [72].

— Перспективные исследования разнообразных новых технологий. Еще непонятно, что исследовать, для чего, как и кем это потом будет использовано, но, как правило, какие-то наработки (далеко не все) позже в том или ином виде используются для разработки новых моделей.
— Работа над тем, как бы выполнять работу в каждом из предыдущих пунктов еще лучше.

И у человека многие задачи (за исключением откровенного шлака) можно отнести к одному из этих уровней.

— Чтобы было на что жить сейчас. Чтобы мгновенно не уволили или не лишили средств к существованию. Это не совсем удачная параллель, так как для большинства (может быть, даже вообще для всех) автомобильных компаний производство автомобилей — это смысл их существования. Не каждый человек скажет так про свою повседневную работу.
— Чтобы было на что жить в будущем. Желательно лучше, чем сейчас.
— Чтобы было то, что можно использовать для улучшения своей жизни в будущем.
— Осмысление того, все ли я делаю как надо на каждом из предыдущих уровней.

Опять же, здесь стоит избегать противопоставлений и ранжирования уровней. Важно избегать явного дисбаланса между ними. Частенько встречаю людей, желающих все хорошенечко и объективно измерить: «А сколько точно задач в неделю нужно выполнять на каждом уровне?» — или, что еще хуже: «А сколько времени нужно уделять каждому из уровней?»*

У нас нет задачи соблюсти точный баланс, у нас есть задача избежать явного дисбаланса. У большинства людей, задающих подобные вопросы, задач второго и третьего уровней, как правило, нет. По крайней мере, в списке выполненных за последнюю неделю задач (в планах «сделать в следующем месяце» они могут находиться далеко не первый год). Вот когда задач нет — это точно плохо. Ну а мало там их или много, это можете оценить только вы сами по своим ощущениям.

6.4.12. Практика: провести N минут в инкубаторе идей

Техники инкубации идей были описаны в «Джедайских техниках» (разделы 5.3 и 5.4).

Суть вот в чем. Все, что вы записываете с мыслью «потом пригодится», вы должны в тот или иной момент просмотреть и подумать, не пригодилось ли уже. А для этого большинству людей необходим

* Если у вас тоже рефлекторно в сознании всплыл какой-то из этих вопросов — отправляйтесь заново на второй уровень ☺ Если вы там были уже дважды — дайте мне знать. Похоже, как автор какую-то часть своей работы я сделал плохо…

какой-то триггер (в виде задачи в списке задач) или сложившийся ритуал (а вот этот вот список я всегда просматриваю, когда мне скучно).

> Заходя в идеи, каждый раз ругаюсь — что-то надо превращать в задачи, а сил и так нет.
>
> Из присланного

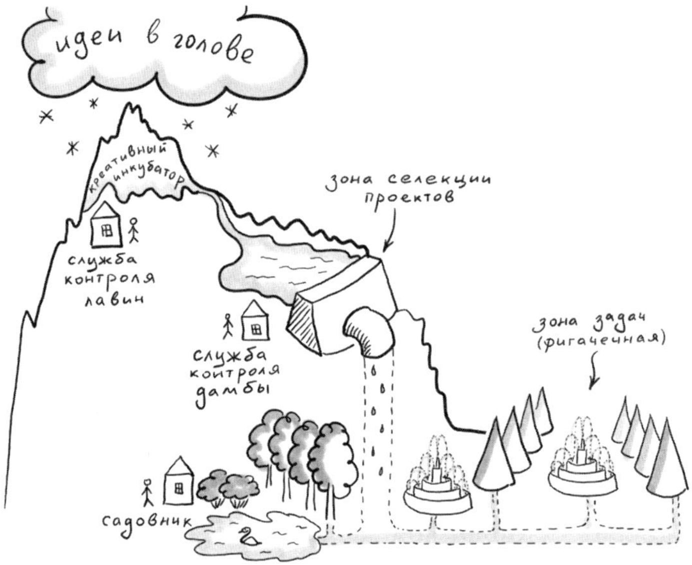

Рис. 144. Инкубация идей

Дело в том, что не каждая (далеко не каждая) идея должна превратиться в задачу или проект. Большое количество идей дано нам для того, чтобы мы выбирали из них лучшие, а не для культивации чувства вины и судорожных поисков волшебного метода «все успеть».

Вопросы для инкубации.

1. Надо ли это делать?
2. А что можно сделать такого, чтобы понять, надо ли это делать? Можно ли как-то протестировать идею с минимальными вложениями?
3. Может, эта идея больше не нужна?

Протестируйте идею. Особенно перед тем, как превращать ее в масштабный проект. Если вы не знаете, стоит ли вам заняться этой идеей, что бы вы могли сделать, чтобы получить чуть больше понимания? Что-то попробовать, с кем-то поговорить, что-то почитать?

Некоторые комментарии к этой практике из опросов

«Частенько, заглядывая в список, вижу формулировку идеи, которую не могу понять ☺ Видимо, когда было вдохновение — записал по-быстрому и без деталей. А потом деталей-то и не хватает».

«Неочевидный нюанс: если идея не моя, то по аналогии со списком для чтения отметить — чья. Помогает потом дать обратную связь по адресу или сделать выводы, если с этим человеком что-то пошло не так».

«Обычно я работаю с идеями несколько иначе. Когда есть вдохновение, беру одну из идей и под музыку иду гулять, параллельно размышляя над ней. Обычно после такой прогулки появляется понимание, что с идеей делать дальше, нужно ли над ней еще подумать, нужно ли ее выкинуть либо сделать какие-то шаги и взять ее в работу».

6.4.13. Мысль: механизм вытягивания, предохранительный клапан и как же все успеть?

— Давайте спросим у многодетной матери, как она все успевает. Расскажите, в чем ваш секрет?

— Мой секрет прост — я ни фига не успеваю.

Из анекдотов

Это будет и наш с вами секрет. Как все успеть? Никак. Очень часто гонка за успеванием всего — это соревнование по производительности в реальном мире с чьей-то фантазией, когда с собственной, а когда еще и с чужой. Мне кажется, само это соревнование бессмысленно. Мыслительный процесс, в ходе которого генерируются новые задачи, проекты и идеи, в безумное количество раз быстрее нашей способности делать дела. Это все равно что стараться бежать быстрее спортивного мотоцикла: ты можешь делать что угодно, мотивировать себя как угодно, как угодно далеко выходить за пределы зоны комфорта — все равно ты проиграешь. Но это и не нужно. На мой взгляд, богатая фантазия дана нам (человечеству) не для того, чтобы мы сделали это все, а для того, чтобы нам было из чего выбирать то, что потом мы будем воплощать в жизнь. Однако, чем больше у нас вариантов, тем меньшее количество людей способно сделать хоть какой-то выбор (о том, что наличие широкого выбора является скорее злом, чем благом, писал Барри Шварц [106]).

Секрета, позволяющего успеть сделать все-все-все, не существует (кроме того, что описан в эпиграфе к этому разделу). Вместо этого нам нужны рецепты, позволяющие успеть сделать *правильные* дела. Для этого необходимы навыки:

— определения того, что реально нужно (например, при помощи практики «Чтобычтотора» из раздела 6.4.4);
— создания защитного механизма от невпихуемого.

Что касается первого момента, часто оказывается важным тратить мыслетопливо именно на обоснование «почему да», чем на аргументацию «почему нет». Во-первых, некоторые из затрат мыслетоплива на «почему да» могут быть потом «капитализированы» в процессе реализации этой идеи, в то время как затраты на обоснование «почему нет» канут в мусорное ведро вместе со своей задачей (может получиться как в анекдоте* и мы будем

* Американские военные совершенно не опасаются начала войны с Китаем. Ведь американский бронебойный снаряд пробивает броню любого китайского танка. Китайцы тоже не боятся войны с Америкой, ведь их танк в пять раз дешевле американского снаряда.

вынуждены тратить дорогущие ракеты мыслетоплива на дешевые китайские танки хреновых идей). Во-вторых, как правило, идей, подлежащих отклонению, намного больше, чем достойных реализации. Не исключено, что при богатой фантазии нам может не хватить мыслетоплива не то что на реализацию чего-то полезного, но и даже на анализ и отбрасывание ненужного.

Техника «Нет всему, чему не точно да» — один из защитных механизмов от перегруза. Дополнительными защитными механизмами будут переход от впихивающей системы к вытягивающей (см. 4.3.5 в «Джедайских техниках») и техника безопасного продалбывания задачи (то есть такого механизма, который скорее выкинет задачу, чем приведет нас к переработкам). Одним из таких примеров может быть воспитанный подход «зачем мне лезть в почту за новыми задачами, когда я еще не доделал те, что достал оттуда сегодня утром». Да, там может быть что-то срочное. Да, оно может быть продолбано. И да, нам может за это влететь. А нам и так влетит — это неизбежно. Это как у Талеба в «Антихрупкости»: небольшие локальные лесные пожары не дают скапливаться сухим горючим веткам в большом количестве. А параноидальная борьба даже с небольшими пожарами приводит к накоплению большого количества горючих материалов, в результате чего формируется такой пожар, справиться с которым уже нет никакой возможности. Примерно такие же механизмы возникают при попытках избежать наказания за каждый, пусть даже и маленький продолб: накапливается долг перед самим собой (личные и «зеленые» задачи). В результате в какой-то момент все начинает сыпаться, как карточный домик: небольшой рабочий нагоняй за рядовой продолб оголяет картину кошмарного дисбаланса между работой и личной жизнью и приводит к серьезным психическим отклонениям. «Пропускать» удары — это неизбежность. Помните аналогию с боксерами на ринге (см. раздел 6.4.2)? Оба пропускают, но один победит. Как научиться не бояться? Как и у каратистов с боксерами — набивкой*. Сначала продолбайте что-то маленькое и неважное. Потом что-то более важное, потом еще более важное...** Странный совет в книге по личной продуктивности, не правда ли?

> Чем больше произносится слов, тем меньше остается возможностей.
>
> Лао-цзы. Дао дэ цзин

Еще одну очень хорошую мысль на эту тему я обнаружил в книге создателей сервиса Basecamp «Не сходите с ума на работе» [71]: если вы сначала

---

* Помните, что говорил Рокки Бальбоа в одноименном фильме своему сыну? «Важно не как ты бьешь, важно, как ты держишь удар».

** Можно предложить другую разновидность практики, направленной на «набивку» чувства ответственности: открыть почту, посмотреть письма и *никому не ответить*. Тоже хорошая тренировка.

скажете «нет», то потом будет проще сказать «да». Однако, сказав «да», сказать потом «нет» будет заметно сложнее.

И еще одна не менее ценная цитата из их книги: «Лайфхаки тайм-менеджмента, жизни, сна и работы. Все они отражают стремление втиснуть в сутки больше часов. Изменить ежедневный график, чтобы высвободить больше времени для работы, — это не проблема. Слишком много дел* — вот где корень зла!»

Рис. 145. Далеко не всегда удача в ретроспективе воспринимается удачей...

И еще очень важный момент. В нашем случайном, малопредсказуемом и очень сложном для понимания мире техника «Нет всему, чему не точно да» требует существенной оговорки: очень

---

* У авторов в оригинале было: Too much shit to do is the problem.

небольшое количество мыслетоплива (или другого ограничивающего нас ресурса) стоит тратить на «а вот фиг его знает, да или нет, но одним местом чую, что может получиться нечто полезное». Фанаты «Антихрупкости» узнают в этом стратегию штанги (см. главу 11).

Смысл этого дополнения заключается в том, что жизнь часто подбрасывает нам выигрышные лотерейные билеты, и надо быть готовым их схватить. И часто роль удачи принижают, так как ретроспективно удача не кажется таковой.

6.5. Пятый уровень. Естественно, спонтанно и все во благо

> Просветленное существо взаимодействует с миром спонтанно и естественно, не вынося суждений.
>
> Шень Янь. Мудрость Чань [63]

Основная задача этого уровня — научиться использовать случайность себе во благо и продолжить дотачивать технику под себя.

На этом уровне вы понимаете, что нередко еще вопрос, кто в нашей голове является рациональным, а кто сиюминутным. Талеб в «Рискуя собственной шкурой» очень много рассуждает о рациональности и о том, как непросто ее определить, и пишет об этом так: «Единственное обнаруженное мной определение рациональности, которое практически, эмпирически и математически строго, таково: рационально то, что позволяет **выжить**».

Благодаря этому определению рациональности многие привычные взгляды могут измениться на диаметрально противоположные. Например, когда после тяжелого 12-часового рабочего дня (во время которого вы не успели даже перекусить, а до его начала — выспаться) обезьянка удерживает вас в социалках и не отпускает в тренажерный зал, кто ведет себя более «рационально»?

Рис. 146. Обезьяна и человек понимают друг друга с полуслова

Рациональный тип, по мнению которого вам нужно подготовиться к лету, сбросить жир и подкачаться (а то, что мы немного вялые — так давай просто закинемся энергетиками или еще какой дрянью)? Или обезьянка, которая понимает, что если мы тут еще и фитнесом займемся (да под стимуляторами), то однозначно сдохнем?

Мы начинаем понимать, что лень — это сигнал: что-то нужно исправить в нашем режиме, отношении, взглядах. Это не враг, это полезная информация.

Все начинает происходить естественно и спонтанно, и уже не поймешь, где рациональный тип, а где обезьянка. Границы стираются и осознаешь, что между ними нет противостояния — это отличная команда, члены которой разные, именно в этом и заключается их сила.

Рис. 147. Внутренняя гармония... Наверное, это как-то так

Сразу скажу, на пятом уровне я многого не понимаю сам, потому опишу лишь то малое, что вроде бы похоже на правду.

6.5.1. Мысль: отношение к праздности и безделью

Джедайские техники разработаны вовсе не для того, чтобы неистово хреначить в каждую конкретную минуту. Нередко куда более ценным навыком является умение ничего не делать и спокойно чувствовать себя при этом, так как очень часто наша неприязнь к простоям приводит к тому, что мы сами себя перегружаем и никому не даем работать эффективно.

Объясню на пальцах. Предположим: мы впихуемизировали (ограничили по пределу впихуемости) свой список проектов. Все равно у нас будут локальные недозагрузы, приводящие к небольшим простоям (по многим причинам).

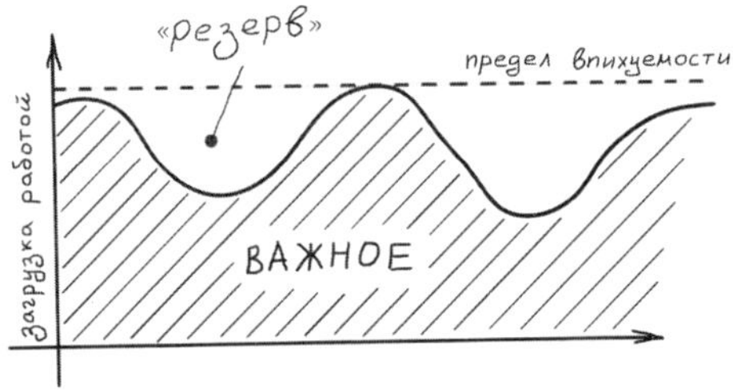

Рис. 148. Порождаются локальные недозагрузы

По идее, эти резервы и недозагрузы можно было бы просто выкинуть, поверьте, вреда было бы меньше. Или потратить этот «ресурс» (чем бы он ни являлся — вниманием, мыслетопливом, временем) на всякое инвестиционное (я называю это интеллектуальным фланированием, догадайтесь, кто меня на это надоумил): на то, что, скорее всего, не принесет никакого результата, и его можно будет в любой момент просто взять и выбросить, но с какой-то маленькой вероятностью оно может выстрелить и дать очень хорошие дивиденды. Своего рода лотерейный билет.

Но ведь нет! Большинство из нас просто не умеют бездельничать*. По разным причинам.

Рис. 149. Страх простоев

В результате чего мы идем в списки проектов и запускаем в работу «следующее по приоритетам». Здесь подключается наша патологическая неспособность планировать и оценивать еще не сделанную работу.

Происходит это по множеству причин. Я не исключаю, что многие из них фундаментальны и непреодолимы. Но наиболее частые довольно банальны, например те, что вызваны одним из любимых

* Именно бездельничать, а не страдать фигней. Не каждый с ходу увидит различие между этими двумя процессами.

мной тараканов: «Если я этого не вижу, значит, этого нет». Вот самое злобное проявление этого таракана, которое я встречал в ~~дикой природе~~ реальной жизни.

Рис. 150. Мы склонны недооценивать сложные проекты

Иногда некоторые люди в этом месте возражают: «Да надо просто точнее оценивать свою работу!» Надо. Не спорю. Получается? У всех, с кем я успел об этом поговорить, как правило, не выходит. Но некоторые все равно ведут себя так, будто мир подчиняется их представлениям о том, «как надо», упорно игнорируя реальное положение дел.

Неприязнь к простоям приводит к тому, что, как только из-за флуктуаций у нас образуется резерв, скажем, «один мозговатт-час в неделю», мы тут же думаем, как бы его обязательно использовать, потому что не использовать его — «неэффективно».

Рис. 151. Не знаю, что писать, — не пишу ничего

Рис. 152. Неизбежный финал

Мы запускаем в работу новый проект, который, по нашим прикидкам, как раз вписывается в этот «один мозговатт-час в неделю», но по факту требует раз в 5–10 больше.

И когда оказывается, что мы знатно недооценили запущенный в работу проект, выкинуть мы его уже не можем. Опять же, по разным причинам, многие из которых родственны эффекту Овсянкиной [107] (очень приятная студенческая работа, пусть даже только с одним испытуемым ☺), ведь одно дело — выкинуть задачу из таск-трекера и совсем другое дело — выкинуть ее из головы...

Представили этот механизм? Так выглядит механизм «самозатраха» отдельно взятого человека. А теперь представим, что человек он не сам по себе, а работает в команде. И проекты у него не индивидуальные, а требующие вовлечения еще много кого в команде и компании. В результате это может привести к очень интересному эффекту (позволю себе сформулировать его большими буквами):

УРОВЕНЬЗАТРАХАВКОМПАНИИВОЗРАСТАЕТ ВСЯКИЙРАЗ,КОГДАКОМУ-ТОНЕЧЕМЗАНЯТЬСЯ.

6.5.2. Практика: «кому я что-то должен, тому я все простил»

Нередко нам очень непросто понять, какая задача является «точно нужной». Но вот с определением «точно ненужного», как правило, дела обстоят существенно лучше.

Умение говорить «нет» мы тренируем всю жизнь. И чем более зрелыми мы становимся, тем более ценным вещам нам приходится отказывать.

На низких уровнях зрелости в жизни преобладает всякий шлак, и говорить ему «нет» легко и даже приятно. Мы выкидываем его из жизни, и она постепенно наполняется какими-то делами. Тут мы замечаем, что дела тоже бывают хорошими и не очень, и тогда выкидываем уже не шлак, а дела, которые «не очень». Это дается чуть сложнее.

Рис. 153. Недооцененная суперспособность

Высвободив пространство для хороших дел, мы замечаем, что среди них есть просто хорошие и прекрасные. И для того чтобы дать больше пространства прекрасным делам, нам приходится говорить «нет» хорошим.

Разумеется, есть и исключение — это кризисное состояние, когда приходится выбросить чуть ли не все, что не помогает удержаться на плаву, но на высоких уровнях зрелости это редкость. Хотя тоже случается.

Смысл этой практики прост: просмотрите свой список задач и выбросьте из него 10%. Не исключено, что по некоторым задачам (в частности, по тем, которые инициировали не вы) вам придется уведомить лиц, заинтересованных в этих задачах. Заодно будет прекрасный повод потренировать способы вежливого отказа.

Рис. 154. Что делать, когда надо делать важное?

Эта практика может оказаться полезной и в случае, когда никак не получается приступить к «важным» делам. Люди часто начинают задаваться вопросами: «Что сделать, чтобы сделать?», «Как себя мотивировать?» или (мое любимое) «Как себя заставить?» — как будто единственная причина, по которой они не делают важные дела, — это недостаток насилия. Сложность заключается в том, что для того, чтобы начать движение в желаемом направлении, часто нужно *перестать* делать что-то такое, что вы *уже* делаете (и очень часто даже не задумываетесь над тем, *почему*, *для чего* и *зачем* вы это делаете). Очень хорошо это изобразил Кирилл Анастасин*.

Но просто выкинуть часть дел недостаточно, важно потом защитить высвободившийся ресурс от заполнения похожей бестолковой фигней.

Иногда в жертву будут приноситься не отдельные задачи, а целые проекты. Навык хоронить проекты и фиксировать убытки очень полезен. Часто люди не могут делать важное, потому что с упорством, достойным лучшего применения, пытаются доделать второстепенное, а многое из этого второстепенного может оказаться уже нереализуемым по ряду причин. Но выкинуть это жалко, поскольку «ну много же сил уже было в это вложено». Из-за этого мыслительного шаблона огромное количество сил, денег, нервов и даже человеческих жизней было растрачено впустую.

Проекты и задачи не бывают хорошими сами по себе, все зависит от вашей системы целей. Если проект приближает вас к какой-то из ваших целей, то для вас этот проект хороший. Если не приближает, то... Может, кого-то другого он приближает к его целям и для него он хороший? Конечно,

---

* http://innubis.me.

хорошо, когда мы можем сразу по мере прихода проекта соразмерить его со своими глобальными целями (используя упражнение, подобное «чтобычтотору» из раздела 6.4.4) и принять решение, браться за этот проект или нет. Но иногда вы вписываетесь в проект, а потом меняются ваши цели, и тогда приходится пересматривать список проектов, и не исключено, что надо будет от чего-то отказаться, так и не доведя до конца. Такая ситуация совершенно нормальна, важен не просто факт того, что вы зафиксировали убытки и соскочили с проекта, важно еще, ради чего вы это сделали.

Некоторые комментарии к этой практике из опросов

«Не с первого раза дошло, что маленький список задач — это комфортно. Но теперь хорошо».

«Задача, которая долгое время пролежала в "потом", переезжает в идеи».

«Очень болезненно происходит отказ от некоторых задач. Особенно значимых, но по которым долго нет прогресса. Пока они болтаются в неактивном списке, из неактивного постепенно удаляются. Это позволяет немного размазать процесс отказа во времени и снизить привязанность к задачам».

«Бьется с довольно жестким, но находящим во мне отклик утверждением Марии Колосовой, что любой результат требует жертвы. Пока ты не принес в жертву что-то текущее, ты по-настоящему не сделал выбор в пользу чего-то нового. Просто поиграл. Времени и фокуса на все сразу просто не хватит».

«А это тоже прием? Ух ты, я думала, это просто импульсивное действие от отчаяния».

«Это отвратительный совет, потому что его можно понять превратно. Я как постановщик задач тратила время на описание, формулировку, обоснование. Если задача не сделана до сих пор, потому что она не срочная, это не значит, что она не важная. Если задача в бэклоге и я ее не закрыла сама, значит, она актуальна. Нужно уточнить, что пересматривать таким образом надо задачи, которые ставишь сам — себе и другим».*

6.5.3. Мысль: так как же понять, задача «зеленая» или «красная»?

Когда-то я проводил сессию ретроспективы в команде одного из известных банков. В какой-то момент у нас зашел разговор о «зеленых» и «красных» задачах. Мне на тот момент казалось, что эта тема

---

* Да, ценное замечание. Если говорить о командных задачах, не всегда хорошая идея — выкидывать задачи без обсуждения со всеми заинтересованными лицами. Но иногда, конечно, допустимо и так… На свой страх и риск ☺

уже проработана и понять, какая задача к какой категории относится, довольно просто. В попытке упростить все еще больше я сказал, что «красные» задачи — это аналог ваших операционных затрат. То, что вы делаете, лишь бы оставаться там, где вы есть. А «зеленые» задачи — это те затраты, которые капитализируются или которые можно назвать инвестициями. Инвестициями куда? Инвестициями в достижение ваших целей.

И дальше привел такой пример, который, на мой взгляд, должен был окончательно разъяснить все сотрудникам банка: «С точки зрения вашей компании все те задачи, которые приближают вас к запуску новой линейки услуг, — это «зеленые» задачи. Если вы этого не сделаете, останетесь там, где были. Если вы это сделаете, то вы улучшите свою ситуацию. А вот задача вида «срочно сделать что-то, чтобы удовлетворить требованиям регулятора» — это «красная» задача. Если вы ее сделаете, то лучше вам не станет, но если вы этого не сделаете, то нарветесь на штраф или у вас отберут лицензию».

Но тут один из участников мероприятия возразил, и, признаюсь, это возражение дорогого стоило: «С какой-то точки зрения это так. Если у меня есть цель повысить прибыль, то, безусловно, запуск новой линейки услуг — это «зеленая задача», а вот удовлетворение требованиям регулятора — это «красная» задача. Но если задуматься глубже? Представим, что моя цель выше получения прибыли. Я хочу, чтобы люди жили честно, уважали друг друга и помогали другу другу. Я хочу, чтобы быть добрым и честным было бы легче и проще, чем злым или коварным. Достойная же цель? Следующий тезис. Требования регулятора — это далеко не всегда проявление самодурства и желания усложнить жизнь на ровном месте для бедных, честных банкиров. Часто требования регулятора как раз и продиктованы тем, чтобы снизить вероятность мошенничества или потери денег гражданами. И если смотреть на задачи с этого горизонта, то задачи по удовлетворению требования регулятора становятся "зелеными", а вот задачи по увеличению прибыли компании "красными"».

6.5.4. Практика: 20 минут наедине со своими мыслями

> Жизненно необходимо иногда останавливать колесо и выгуливать белку.
>
> Из анекдотов

В идеале эта практика выполняется в безлюдном месте. В современном мире найти таковое становится все сложнее и сложнее, но сойдет и место, где вас никто не знает и вы сможете с комфортом посидеть без смартфона, ноутбука, планшета. Просто последить за мыслями и позволить им бежать туда, куда они хотят.

Метод «уединяться в безлюдном месте» приводится в прекрасной книге Ричарда Вайзмана «Как поймать удачу» [73] (без всякой мистики и эзотерики) как один из способов усиления своей интуиции. Сама по себе тема удачи кажется мистической, но нет: все логично и четко объясняется с позиции текущих представлений о психологии внимания.

В книге Кэла Ньюпорта «Цифровой минимализм» [76] целая глава посвящена преимуществам периодического одиночества. Мало того, он аккуратно поясняет, что быть одному — значит не иметь контакта с чьим-либо чужим разумом, будь то живой человек, книга, телевизор. Если и есть какая-то телепатическая сеть, связывающая все разумы воедино, то она не в счет.

Часто люди говорят: «Я два раза в день по полчаса провожу в дороге, там этой практикой и занимаюсь». Тут вот какой момент: а чем реально занят ваш ум? Часто, даже находясь в транспорте, мы читаем книгу (свою или соседа), слушаем музыку, смотрим рекламу. Это не называется «быть наедине со своими мыслями», это называется «быть наедине с рекламой».

Некоторые комментарии к этой практике из опросов

«Как раз на Coursera начал курс learning-how-to-learn, там про это рассказывают».

«Применял, но не в качестве регулярной практики. Скорее просто — прогулка с коляской без смартфона».

«Сейчас намеренно избегаю таких ситуаций. И хорошо бы в технике безопасности прописать, что не нужно экспериментировать с такими штуками, если недавно произошло что-то эмоционально тяжелое. По крайней мере, в одиночку не надо. Да, наводить порядок в своих кладовых — полезная практика, но, если есть подозрение, что там реально сидит Бабай, лучше все же не лазить туда без специалиста или хотя бы напарника. Может накрыть».

«Просто смотреть в окно, когда едешь в автобусе, или идти пешком без музыки и болтовни по телефону — это мое любимое время».

«Специально изменила маршрут до работы, чтобы был большой отрезок пешего пути. Проходя его, стараюсь не соблазняться на телефон — иду без разговоров, наушников. Позволяю себе плавающее внимание и скуку. Самые хорошие идеи приходят в этот момент».

6.5.5. Практика: провести день, стесняясь смартфона

Смартфон одной из участниц моей группы был в ужасном состоянии. С него облезала краска, экран был покрыт трещинами, чехол жутко обтрепан. При этом сама девушка выглядела предельно аккуратной, и ее образ скорее монтировался с последней моделью флагманского смартфона в аккуратном розовом чехольчике. На мой тонкий намек на состояние смартфона девушка сказала, что в таком виде от устройства намного меньше вреда: ей просто стыдно доставать его в публичных местах, она чаще и внимательнее общается с людьми, больше замечает вокруг себя и меньше отвлекается. И тут я подумал — а это же прекрасная практика!

Представьте, что на один день использовать смартфон стало чем-то таким... Например, как в туалет сходить. Да, это естественно, и да, мир устроен так, что это необходимо делать регулярно, но никто же не делает это на виду у всех, как только push-уведомлением в мозг прилетели первые позывы или как только вы заскучали на совещании. Если вы чувствуете, что вам что-то пришло и есть необходимость проведать своего маленького электронного друга, сделайте это быстро в том месте, где вас никто не будет видеть.

6.5.6. Практика: заниматься интеллектуальным фланированием

В разделе 6.5.1 мы говорили о том, что нетерпимость к простоям может нам дорого стоить, а умение «делать ничего» может оказаться очень ценным и в конечном счете поможет успевать больше.

Но под «делать ничего» мы не подразумеваем реальное медитативное состояние буддийского монаха. «Делать ничего» — значит не запускать в работу чего-либо такого, чего мы не сможем потом без сожаления выбросить в тот момент, когда это придется сделать.

Например, мне в такие моменты нравится интеллектуально фланировать. Это не означает неумеренное потребление информации на какую бы то ни было тему или, что еще хуже, бесконтрольное отмечание всяких интересных статей флажком «прочитать позже». Куда уж позже-то? Если вы дошли до интеллектуального фланирования, то «более позже» не будет ☺

Возьмите любую случайную статью, прочитайте ее (можно поверхностно) так, чтобы ухватить первую идею. А дальше думайте, в каком виде и под каким соусом эта идея могла бы пригодиться хоть в каком-то аспекте для вашей текущей работы. Может, даже просто сделать ее лучше в некоем разрезе, не покрываемом никакими KPI. Как, например, наличие большого количества отсылок к анекдотам в этой книге. Никто этого не ждал и не требовал, но лично мне так нравится больше. Надеюсь, и вам тоже.

6.5.7. Мысль: удача и избирательность внимания

Ричард Вайзман утверждает, что удача — это во многом свойство избирательности внимания [73]. Хорошие шансы даны каждому, много и плюс-минус одинаково. Только мы не всегда их замечаем.

В подтверждение своей гипотезы Вайзман провел весьма остроумный эксперимент на солидной выборке испытуемых.

Каждого из участников эксперимента попросили оценить себя: совсем не удачлив, ни то ни се, очень удачлив.

Далее человеку давали журнал и простое задание: назвать точное число картинок в нем. Тому, кто справится, был обещан приз в 100 фунтов.

Результаты не слишком удивили. Среди самоназванных неудачников мало кто выиграл 100 фунтов. Среди оценивших себя как «ни то ни се» таких было чуть больше. А вот удачливые часто получали 100 фунтов, некоторые — даже 200.

Хитрость была вот в чем. На одной из первых страниц по центру большими буквами было написано: «Дальше можешь не считать, картинок столько-то». Еще через несколько страниц располагалась надпись: «Картинок точно столько-то. Но если вы скажете, что видели и эту надпись, мы дадим вам еще 100 фунтов».

Одно и то же задание, и такие разные результаты.

Избирательность внимания объясняет, почему красных машин вокруг «становится больше» после того, как вы покупаете себе именно красную, и почему, как только я сосредоточусь на чем-то одном, как тут же начинаю пропускать все остальное (этот момент часто упускается из виду при описании методик целеполагания типа SMART и иже с ними). Эти свойства нашего восприятия и то, как их можно использовать, чтобы замечать всякие неочевидные возможности в нашей жизни, описаны у Ричарда Вайзмана в его другой книге «Вы заметили гориллу?» [74]. У Вайзмана горилла стала именем нарицательным для неожиданного объекта, находящегося прямо у вас под носом. Она не имеет ничего общего с обезьянкой сиюминутного удовольствия, это отсылка к эксперименту с баскетболистами, демонстрирующему свойства избирательности внимания*. Фильтры восприятия работают как таргетинг в «Яндексе»: стоит поинтересоваться чем-то, что продают за деньги, как из каждого утюга как будто случайно пойдет реклама этого чего-то (часто отвлекая от того, что для вас действительно важно).

Рис. 155. Удача или таргетинг?

* Пример здесь: http://mnogosdelal.ru/links/book/GorillaVideo1.

Ты видишь то, на что настроен. Притча от неизвестного автора.

Однажды житель Нью-Йорка прогуливался с другом-индейцем по центральной улице своего города. Внезапно индеец остановился.

— Я слышу сверчка! — воскликнул он.

— Ты с ума сошел, — ответил его приятель, окинув взором оживленную улицу. Вокруг гудели автомобили, работали строители, спешили куда-то люди.

— Но я слышу, — настаивал индеец. Он направился прямиком к цветочной клумбе перед зданием банка. Раздвинув кусты, друзья и правда обнаружили там стрекочущего сверчка.

— Удивительно, — развел руками ньюйоркец. — У тебя, должно быть, фантастический слух.

— Да нет, — улыбнулся индеец, — дело совсем не в этом. Смотри.

С этими словами он высыпал на тротуар пригоршню монет. Прохожие завертели головами и полезли в свои карманы — проверить, не их ли деньги рассыпались.

— Вот видишь, — сказал индеец. — Ты слышишь то, на что сам настроен.

Прекрасная иллюстрация направленности внимания.

6.5.8. Практика: посмотреть, нет ли рядом гориллы (обратное стратегическое планирование)

Надеюсь, что, дочитав до этого места, вы уже несколько раз размечали «зеленые» задачи в своем списке и задумывались о том, чего же вы хотите и к чему стремитесь. Часто, когда мы занимаемся долгосрочным планированием, мы начинаем обдумывать, *что* хотели бы получить через год-два-пять, а то и дальше. Я не буду критиковать здесь идею долгосрочного целеполагания, это очень хорошо, четко и с отсылками к разным источникам сделал Анатолий Левенчук у себя в блоге [75]. Здесь я хочу лишь заметить, что, задумываясь о таких далеких горизонтах, очень легко упустить те возможности, которые лежат у вас перед носом. Исходя из этого, давайте рассмотрим альтернативное целеполагание...

Назовем классическим стратегическим планированием процесс, когда мы каким-то образом определили свои цели (и смогли очистить их от домыслов, стереотипов, детских комплексов и всего такого), а дальше начинаем строить планы: составлять проекты, необходимые для достижения этих целей, подпроекты к этим проектам, задачи к этим подпроектам... То есть планируем сверху вниз от целей к задачам, отвечая на вопрос: «Что я должен сделать, чтобы достичь своей цели?»

Такой подход кажется весьма разумным, если не обращать внимания на то, что в крайне неопределенном мире мы начинаем уже сейчас подчинять свою жизнь целям, которых когда-то потом мы (может быть) достигнем. То есть уже сейчас мы отказываемся от чего-то вполне конкретного ради приближения (часто сомнительного) к чему-то размытому, причем в далеком будущем. Но есть и альтернативный метод — планирование от обратного.

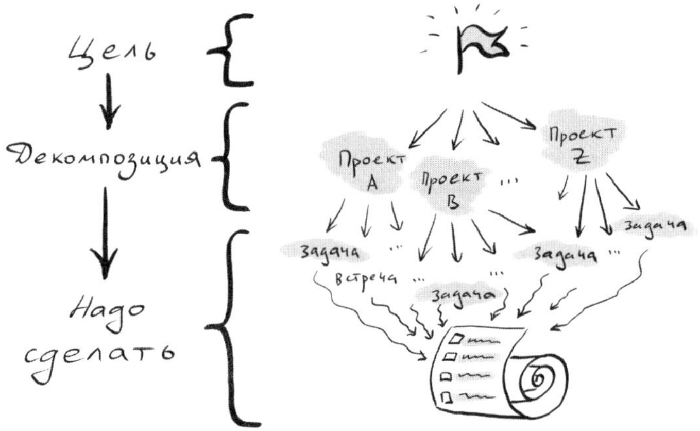

Рис. 156. Планирование сверху вниз

До настоящего момента вы же как-то жили, что-то делали, получали какие-то результаты… Наверняка получили много результатов, причем какую-то часть даже не ожидали получить (что-то было приятной неожиданностью, что-то — неожиданной неприятностью).

Заработали какой-то опыт, завязали знакомства, получили новые знания, мысли, идеи… Представьте, что все это — кубики конструктора, из которых вы можете собирать свои новые результаты. Так вот, обратное стратегическое планирование заключается в поиске ответа на вопрос:

Что самое классное я могу собрать из «кубиков», которые у меня уже есть, с минимальными усилиями?

Рис. 157. Обратное стратегическое планирование

Это не значит, что теперь вы не должны ставить себе долгосрочные цели. Это значит, что время от времени стоит останавливаться и думать: а нет ли у меня под носом гориллы?*

* На случай, если вы читаете книгу не по порядку, горилла — это персонаж из предыдущего раздела.

Рис. 158. Гориллы тоже важны

Гориллы (как имя нарицательное удачливого стечения обстоятельств, которое так просто не увидишь) играют в нашей жизни очень существенную роль (ничуть не меньшую, чем обезьянка сиюминутного удовольствия). Просто остановитесь и задумайтесь: как много действительно важных событий и наиболее значимых результатов появилось в вашей жизни благодаря удаче и случайности? Как вы нашли супруга/супругу, как устроились на свою любимую работу или начали свое дело, как провели лучшие часы/дни/недели своей жизни? Вы знали обо всем этом заранее и это стало результатом работы по загодя созданному плану? Или вам повезло заметить удачное стечение обстоятельств и вы ухватились за него?

Рис. 159. Ингредиенты успеха

Я это все не к тому, что навыки и способность планировать не нужны. Надеюсь, дочитав книгу до этого места, вы понимаете, что, когда вы видите противопоставление одного подхода другому, это не значит, что один из них лучший, а другой нужно выбросить. Как правило, если мы видим противопоставление, то... оба метода хороши, нужны и неплохо бы уметь их балансировать. Планирование сверху вниз очень хорошо и необходимо (как минимум) для вещей обязательных. Если мы их упустим, многое в нашей жизни может пойти наперекосяк, и будет уже не до удачливости. Но вот далеко не всегда получается прийти к счастью по плану. За счастьем — чаще всего к обезьянке. И к случайности, чья роль в продвижении к успеху часто бывает недооценена.

Особенно полезно бывает задуматься об этом, когда вы чувствуете, что, следуя планам достижения долгосрочных целей, зашли в тупик, и начали прокрастинировать те цели, к которым еще недавно так стремились.

Не исключено, что подсознание нам что-то подсказывает.

Может, и правда стоит остановиться и задуматься: не свернуть ли в другом направлении, если в этом пошло сопротивление?

> Если пятый блин выходит комом, к черту блины — пеките комочки!
>
> Из анекдотов

Надеюсь, что никто, дочитав до текущего места, не воскликнет: «Так нельзя! Если я все время буду менять свои цели при появлении первых сложностей, то я ничего не достигну!»

Если у кого-то такая мысль в голове проскочила — значит, вы слишком быстро читали эту книгу, вам стоило задержаться на втором-третьем уровне джедайства. Менять цели при первых же затруднениях — плохо.

Как и насиловать себя, заставляя следовать тем планам, которые давно бы стоило пересмотреть. Только ситхи все возводят в абсолют, а правда — где-то между крайностями.

6.5.9. Мысль: давление сроками и цена обязательности

Как-то был у меня день, который я счел весьма продуктивным. В этот день мы с семьей встали чуть раньше обычного, так как отправляли сына в лагерь. Это был рабочий день, но раз он выдался необычным (проводы ребенка в лагерь) я решил относиться к нему, как к выходному. То есть если хочешь что-то сделать, сделай. Не хочешь ничего делать, не делай. Не обязан.

В итоге день получился вот каким:

- 6:00–6:30. Подъем и сборы.
- 6:30–7:30. Дорога в аэропорт (50 км).
- 7:30–9:30. Сдаем ребенка вожатым, прощаемся.
- 9:30–10:30. Дорога домой (50 км).
- 10:30–11:00. Поболтать полчасика на кухне.
- 11:00–12:30. Сделать пару важных задач по работе.
- 12:30–13:30. Поболтать с супругой за обедом.
- 13:30–14:30. Сделать еще пару задачек по работе.

- 14:30–16:30. Съездить на площадку мотоджимханы и пообъезжать конусы на мотике (80 км туда-сюда и примерно час там).
- 16:30–18:00. Дорога на дачу (120 км).
- 18:00–19:00. Почитать любопытную книгу.
- 19:00–20:30. Тренировка (бег, турники, брусья).
- 20:30–23:00. Ужин на даче вдвоем и прочее, что можно сделать, отправив ребенка в лагерь.

Ключевым моментом этого дня была необязательность. Все задачи были сделаны в режиме «хочешь делай, хочешь — нет». Почувствовал желание сделать задачу — сделал. Какую именно задачу? А какую захотелось. И неважно, была эта задача в моем списке или нет. Решил поехать покататься на мотоцикле — поехал. Хочешь — останемся в городе, хочешь — поедем на дачу. В итоге легко и непринужденно удалось выполнить четыре весьма нетривиальные задачи по работе, вдумчиво почитать мудрую книгу, потренироваться на мотоцикле и физически, проехать 300 км за весь день, приятно пообщаться с супругой, и все это вообще без какого-либо напряга.

А потом я задумался, что было бы, если я себе поставил все это в план на день. И возвел бы это все в ранг обязательных дел. Это же все реалистично! Я же это сделал, это не является невозможным. А раз так, то почему бы не поставить себе этот реалистичный план как обязательство?

В этом случае мой календарь выглядел бы так:

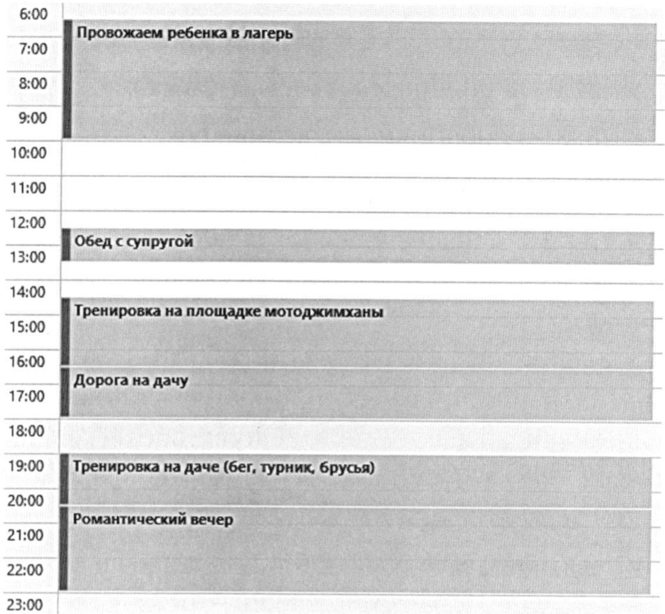

Рис. 160. Расписание одного из продуктивных дней

Не знаю, кому как, но мне уже становится не по себе лишь от осознания того, что день так плотно расписан. А еще представьте, что нельзя опоздать! Опоздаете на обед — обидите супругу. Опоздаете на тренировку — начнут без вас, и, считай, зря ехали. И не надо ныть, что это все невозможно, вам же однажды это удалось — и вообще без каких-либо проблем! У вас есть практическое свидетельство этого!

Если нельзя опаздывать, то надо закладывать резервы. А резервы по времени часто приводят к тому, что в это резервное время ты не можешь делать ничего осознанного. В книге Андре Кукла [98] это называется эффектом фиксации: в будущем тебя ждет какое-то событие, но ты уже ничего не можешь делать, так как ты ждешь... И ожидание превращается в активную и самую главную деятельность, пусть для стороннего наблюдателя и выглядит как бесцельное ковыряние в интернете или еще что-то в такой же степени бессмысленное...

А еще к своему довольно плотному календарю надо добавить список обязательных задач:

☐ Задача по работе — 1

☐ Задача по работе — 2

☐ Задача по работе — 3

☐ Задача по работе — 4

☐ Прочитать фрагмент интересной книги

Причем задачи довольно творческие (из разряда «написать фрагмент в книгу» вроде этого фрагмента, который вы сейчас читаете, «подготовить план занятия», «сверстать ряд слайдов для выступления на конференции»). Да и книгу тоже хорошо бы читать сосредоточенно и без суеты (а вы же помните, как плотно день нарезан встречами, на которые нельзя опаздывать).

А еще представьте, что с этим количеством обязательств вам нужно обязательно спокойно и расслабленно, без спешки, пообедать с супругой, поболтать (не пялиться каждые 3 минуты в смартфон и часы), решить, что у вас будет на ужин, ответить на пяток звонков и десяток сообщений всякой степени важности...

По-моему, это все выглядит довольно жестко. И я не исключаю, что если бы мне нельзя было бы нарушать своих планов, то я обязательно начал закладывать буфера по времени перед обязательными встречами и в итоге выкинул бы примерно треть дел из своего плана.

Эффект примерно похожей природы был описан у Тома Демарко в «Человеческом факторе». Он ссылался на работу Джеффри и Лоренса (1985), где измерялась зависимость эффективности работы программистов от того, кем давалась оценка трудозатрат.

Результаты, которые они получили, были следующими: если программист сам оценивал необходимое время, то работал ощутимо эффективнее, чем в случае, когда оценка давалась руководителем. Но в случае, когда вообще не было никакой оценки, программисты работали еще более эффективно. Конечно, словосочетание «эффективность работы программистов» вызывает у меня ухмылку и очень много вопросов на тему того, как ребята операционализировали это понятие. А еще это отдельный вопрос, насколько актуальны результаты, полученные в 1985 году, в наше время, но все равно полученные данные заставляют задуматься.

Кстати, а у вас бывало такое? Если ты работаешь в режиме «естественно и спонтанно», то делаешь (к примеру) от 10 до 25 задач. Если же тебе нужно быть жестко предсказуемым и четко укладываться в пусть даже свои же прогнозы, то разброс по производительности существенно снижается. Как и сама производительность. И становится (так же к примеру) 8–14 задач. Предсказуемо. Меньше.

Да, предсказуемость не бывает бесплатной. Где-то она необходима, а где-то можно обойтись и без нее. Интересно, как часто мы переплачиваем за предсказуемость там, где она нам не нужна?..

6.5.10. Практика: прожить день без списка задач

Многие продуктивные дни, когда вечером я радовался сам за себя, не были отмечены выполнением всех запланированных задач из списка. Чаще все было ровно наоборот: большинство сделанных вещей в список не входили. Спонтанно получилось. На определенном уровне развития список задач становится рабочим инструментом для быстрой диагностики: можно ли сейчас некоторое время заниматься совершенно другими вещами? Это может потребоваться, когда неожиданно открывается очень благоприятная возможность, но для того, чтобы ею воспользоваться, нужно на пару дней отойти от ранее намеченных планов.

Некоторые считают, что вершина самоорганизации — сделать все, что запланировал. Чем дальше, тем чаще мне кажется, что эталон самоорганизации — это способность выполнять все лучше, больше и легче, чем было запланировано, минуя трудности и используя неожиданно открывающиеся возможности. Время от времени позволять себе спонтанные действия — хорошая тренировка.

Рис. 161. День без списка задач

На первый взгляд, эта практика похожа на практику 6.4.8, однако это не совсем так. Практика ПХД велит заниматься не самыми приятными, но неизбежными делами. В то время как «День без списка задач» — это момент, когда мы занимаемся спонтанными, но приятными задачами. Можно выполнять эту практику не весь день. Например, возможна такая вариация: как только выполнены задачи на сегодня (их должно быть очень немного), заняться тем, чем душа пожелает.

Некоторые комментарии к этой практике из опросов

*«Описание похоже на мой обычный рабочий день — делать то, что интересно и прикольно, из-за этого страдают скучные, но важные задачи. А может, они просто не такие уж и важные?»**

«Это же сценарий идеального выходного».

*«Эта практика, на мой взгляд, просто целебная, оказывает благоприятное воздействие на душу и даже помогает преодолевать выгорание и различные кризисы. Хотя, может быть, дело просто в том, что списки задач меня угнетают как класс»***.

*«Тут наоборот — чаще надо заставлять себя делать дела из списка задач. А делать что ни попадя и без того легко и непринужденно получается»****.

---

* А может, не так уж и страдают? ☺

** Есть такая потенциальная беда: чем лучше определено и спланировано то, от чего ты получаешь удовольствие, тем это больше начинает восприниматься как обязанность, а не удовольствие. Но так не у всех.

*** Именно поэтому эта практика и помещена на самый высокий уровень зрелости, когда выполнение задач из списка уже становится абсолютно привычным действием.

«На работе порой удается разгрести все дела на день, и вместо того, чтобы наполнить список из более долгосрочных задач, даю себе отдых и просто спокойно занимаюсь тем, от чего конкретно сейчас прет».

«Не знал, что есть такой прием. Я называю его "размылить задницу" или "смыть мыло"».

«Иногда такие дни продуктивнее, чем со списком».

«Не мой уровень зрелости. Хотя иногда спонтанные задачи, которые вот прямо сейчас по душе, делаю».

6.5.11. Практика: пофантазировать над комбоцелями

Наверняка многие из вас слышали про такое упражнение, как «колесо баланса»: разделите круг на сектора, поставьте в соответствие каждому сектору какую-то сферу своей жизни и оценку, показывающую, насколько вы довольны происходящим с вами в этой сфере.

Хороший инструмент, но, как обычно, хрупкий в неумелых руках. Одна из неочевидных опасностей скрывается в неявном противопоставлении разных сфер жизни друг другу. Поясню на примере.

Первая страница, которую выдал поисковик на запрос «колесо баланса», содержала плюс-минус типовую инструкцию по использованию этого инструмента и плюс-минус типовые сферы жизни, в которых имеет смысл оценивать свои успехи:

1. Здоровье и спорт.
2. Деньги.
3. Карьера/бизнес.
4. Окружение и друзья.
5. Любовь. Семья. Дети.
6. Личностный рост.
7. Хобби и развлечения.
8. Духовность.

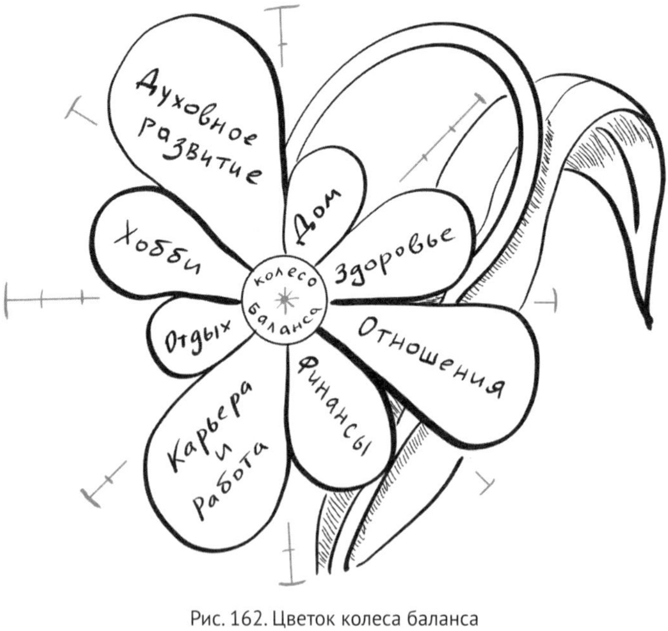

Рис. 162. Цветок колеса баланса

Я замечал, и довольно часто, что, как только люди видят просадку в какой-то одной из сфер жизни, они подсознательно начинают думать, «откуда отобрать», чтобы эту просадку компенсировать.

Я не занимаюсь спортом? Я не могу уменьшить свою вовлеченность в работу, наверное, придется пожертвовать хобби. Я хочу проводить больше времени с детьми? Наверное, надо пожертвовать временем, отведенным на друзей и на личностный рост. И все в таком духе.

Кстати, как только вы начинаете думать в терминах времени, вы уже проиграли. Вы же помните, что время — далеко не всегда ограничивающий нас ресурс.

Вы, кстати, вообще мало выиграете, находясь в какой-либо модели распределения любого ограниченного ресурса, — это будет игра с нулевой суммой, где одна сфера может получить прирост только за счет убытка другой. Но мы-то так не хотим! Мало того, часто можно найти классные и забавные комбинации из разряда «выиграл — выиграл». Но для этого, не исключено, потребуется немного переформатировать жизнь.

Например, можете ли вы представить такое изменение образа жизни, чтобы одновременно улучшить области «здоровье и спорт» и «окружение и друзья»? А можете представить проект или задачу, которая одновременно вносит положительный вклад и в сферу «Карьера/бизнес», и в «Личностный рост»? А сможете что-то придумать, чтобы одновременно улучшить и «Развлечения и хобби», и «Деньги»? Хотя бы на уровне бестолковой идеи.

Если получается, давайте попробуем перейти на следующий уровень сложности и комбинировать сразу по три сферы. Что бы такого сделать (легко и непринужденно), чтобы это одновременно улучшило «Духовность», «Любовь. Семья. Дети» и, скажем, «Здоровье и спорт»? А «Здоровье и спорт», «Карьера и бизнес» и «Личностный рост»?

А давайте попробуем найти волшебный комбопроект, дающий шанс на прорыв сразу в четырех, да что там мелочиться — в шести сферах жизни! Попробуйте. Найдите место, где вы можете почувствовать себя спокойно и уверенно, сядьте и поиграйте в этот хитрый пасьянс из ваших текущих потребностей, целей и проектов. Кто-то это делает на бумаге, кто-то — в воображении, с расслабленным сознанием. В этом может хорошо помочь техника бредогенерации из «Джедайских техник» (раздел 4.1.5), а еще очень здорово все это делать одновременно с расслабляющей рутиной (вспомните расслаблячку из раздела 6.3.16).

Выдающийся успех и крутые результаты — следствие не упора* в работе над множеством проектов одновременно, а хитрого и ловкого ком-

---

* Здесь это от слова «упарываться».

бо, в результате которого много проектов свернулось в один, на котором можно сфокусироваться.

Рис. 163. Ловкое комбо

7. Заключение

В начале этой книги я упомянул, что она появилась после того, как я осознал недоработки в предыдущей. Естественным образом возникает вопрос: а будет ли что-то после этой книги? Есть ли в ней какие-то недоработки и упущения, о которых **уже** известно? Да. Есть. На данный момент я вижу две; если заметите еще, приходите ко мне на форум и поделитесь (многие уже, кстати, это сделали):

forum.mnogosdelal.ru

Первое. После выхода предыдущей книги меня часто спрашивали, не собираюсь ли я писать что-то для детей. Тема очень актуальна. Мне хочется написать книгу для детей, и я уже начал определенные шаги в этом направлении, но пока мне многое неясно. Самый главный момент, который мешает мне написать книгу, за которую не будет стыдно: отсутствие опыта (статистически значимого) в воспитании детей. Я не готов писать книгу, в которой буду рекомендовать тысячам родителей воспитывать тысячи детей на основании своих догадок и опыта в воспитании одного ребенка. Я думаю, что вообще не стоит слушать советы о воспитании детей от тех, кто воспитал их меньше сотни и не пострадает в случае, если его совет навредит, а не поможет.

Второе. Командная работа и путь от личной эффективности к эффективной компании. Или от воспитанной обезьяны к образцовому обезьяннику.

Нассим Талеб в «Рискуя собственной шкурой» писал, что понимания поведения индивидуума далеко не достаточно для понимания того, как работают сообщества. Муравейник не просто множество муравьев. В команде куда важнее взаимодействие между разными людьми, чем устройство отдельно взятых индивидуумов. В первой книге были отсылка к теории ограничений Голдратта и робкий намек на то, что эффективность каждого члена команды не гарантирует эффективности команды. Хуже того, довольно часто это будет гарантировать ровно противоположное (если все вдруг станут эффективны, то команда как целое будет жутко неэффективна). В этой теме я разбираюсь чуть лучше, чем в воспитании детей, но это будет уже другая история...

Я всегда рад обсудить вопросы, связанные с этой книгой, на своем форуме.

Как в анекдоте, «я всегда учусь на ошибках людей, которые следовали моим советам».

Список источников

[1] Дорофеев М. Джедайские техники. Как воспитать свою обезьяну, опустошить инбокс и сберечь мыслетопливо. Москва : Манн, Иванов и Фербер, 2017.

[2] Кейнер С. и др. Руководство фасилитатора. Как привести группу к принятию совместного решения. Москва : Издательство Дмитрия Лазарева, 2018.

[3] Выступление Тима Урбана на TED: http://links.mnogosdelal.ru/TimUrbanTED.

[4] Канеман Д. Думай медленно, решай быстро. Москва : АСТ, 2013.

[5] Jonathan Evans. "Dual-processing accounts of reasoning, judgment, and social cognition". Annu. Rev. Psychol. 59 (2008): 255–278.

[6] Талеб Н. Одураченные случайностью. Скрытая роль шанса на рынках и в жизни. Москва : И-Трейд, 2007.

[7] Лекция Лобсанг Тенпа об основах буддизма и, в частности, о концептуальных наслоениях: http://links.mnogosdelal.ru/LobsangTenpa.

[8] Лотто Б. Преломление. Наука видеть иначе. Москва : Манн, Иванов и Фербер, 2018.

[9] Описание эффекта звездного мешка от Андрея Скорика: http://links.mnogosdelal.ru/StarBag.

[10] Adam Alter, Daniel Oppenheimer, Nicholas Epley, Rebecca Eyre. Overcoming Intuition: Metacognitive Difficulty Activates Analytic Reasoning, Journal of Experimental Psychology: 2007, Vol. 136, No. 4, pp. 569–576.

[11] Бузунов Р., Черкасова С. Всем спать! Как наладить сон и улучшить качество жизни. Москва : АСТ, 2022.

[12] Antje Schmitt, Michael Gielnik, Sebastian Seibel. When and how does anger during goal pursuit relate to goal achievement? The roles of persistence and action planning. Motivation and Emotion, 2018, 1–13.

[13] Timothy Wilson, Samuel Lindsey, Tonya Schooler. A model of dual attitudes. Psychological review: 2000, 107 (1), 101.

[14] Нидал О. Каким все является. Москва : Эксмо, 2012.
[15] Merim Bilalić, Peter McLeod, Fernand Gobet. "Why good thoughts block better ones: The mechanism of the pernicious Einstellung (set) effect." Cognition 108.3 (2008): 652–661.
[16] Кхенсур Ринпоче Геше Джампа Тегчок. Слушание, размышление и медитация (в частности, про невосприимчивость к дхарме): http://links.mnogosdelal.ru/GesheTegchok.
[17] Андрей Курпатов про псевдодебильность: http://links.mnogosdelal.ru/PseudoDibil.
[18] Роуч М. Алмазный огранщик. Система управления бизнесом и жизнью. Москва : АСТ, 2017.
[19] Mace Charles. Theories of reactivity in self-monitoring: a comparison of operant and cognitive-behavioral models, The University of Arizona, 1983 (http://links.mnogosdelal.ru/SelfMonitoring).
[20] Rosemery Nelson, Steven Hayes. Theoretical Explanations for Reactivity in Self-Monitoring, Behavior Modification, Vol. 5, No 1, pp. 3–14, January 1981.
[21] Беседа с Никитой Маклаховым про дневник и кармический менеджмент: http://links.mnogosdelal.ru/Dorofeev-Maklahov.
[22] Крэбб Т. Безумно занят. Как выбраться из водоворота бесконечных дел. Москва : Альпина Паблишер, 2017.
[23] Блог Всеволода Устинова, «Ежедневный личный чек-лист»: http://links.mnogosdelal.ru/UstinovChecklist.
[24] Наследов А. Математические методы психологического исследования. Анализ и интерпретация данных. Санкт-Петербург : Речь, 2004.
[25] Ломачинский А. Вынос мозга. Москва : АСТ, 2018.
[26] Талеб Н. Рискуя собственной шкурой. Скрытая асимметрия повседневной жизни. Москва : КоЛибри, 2018.
[27] Ryan Elder, Aradhna Krishna. The "visual depiction effect" in advertising: Facilitating embodied mental simulation through product orientation. Journal of Consumer Research: 2011, 38 (6), 988–1003.
[28] Сайт Ника Коленды с подборкой научных работ о том, как манипулируют нами: http://links.mnogosdelal.ru/NickKolenda.

[29] John Bohannon. “Many psychology papers fail replication test”. Science 349.6251 (2015): 910–911.

[30] Nassim Taleb. A short note on p-value hacking: http://links.mnogosdelal.ru/TalebPValue.

[31] Правдоподобия, Р-значения и кризис воспроизводимости: http://links.mnogosdelal.ru/Bayesian.

[32] Roy Baumeister, Ellen Bratslavsky, Mark Muraven, Dianne Tice. Ego depletion: Is the active self a limited resource? Journal of Personality and Social Psychology: 1998, 74, 1252–1265. doi: 0.1037/0022-3514.74.5.1252.

[33] The End of Ego-Depletion Theory? http://links.mnogosdelal.ru/EndOfEgoDepletion.

[34] David Nembhard, Yuri Ramírez. Measuring knowledge worker productivity: A taxonomy. Journal of Intellectual Capital; 2004; 5, 4; pp. 602–628.

[35] Young-Ho Kim et al. “TimeAware: Leveraging framing effects to enhance personal productivity.” Proceedings of the 2016 CHI Conference on Human Factors in Computing Systems. ACM, 2016.

[36] Susan Michie, Stefanie Ashford, Falko Sniehotta, Stephan Dombrowski, Alex Bishop, David French. A refined taxonomy of behaviour change techniques to help people change their physical activity and healthy eating behaviours: the CALO-RE taxonomy. Psychology & Health: 2011, 26 (11), 1479–1498.

[37] Левенчук А. Системное мышление: учебник. Москва : Издательские решения, 2019, http://links.mnogosdelal.ru/SystemThinking.

[38] Wittenborn, A. K., Rahmandad, H., Rick, J., & Hosseinichimeh, N. (2016). Depression as a systemic syndrome: mapping the feedback loops of major depressive disorder. Psychological medicine, 46 (3), 551–562.

[39] Маклахов Н. Будет сделано! Как жить, чтобы цели достигались. Москва : Манн, Иванов и Фербер, 2018.

[40] Вайнберг Дж. Закон малинового варенья и еще 103 секрета консалтинга. Москва : Издательство Дмитрия Лазарева, 2014.

[41] Талеб Н. Антихрупкость. Как извлечь выгоду из хаоса. Москва : КоЛибри, 2016.

[42] Pacheco-Unguetti, Antonia Pilar et al. «Attention and anxiety: Different attentional functioning under state and trait anxiety». Psychological science 21.2: 2010, 298–304.

[43] Ninad Gujar, Seung-Schik Yoo, Peter Hu, Matthew Walker. Sleep Deprivation Amplifies Reactivity of Brain Reward Networks, Biasing the Appraisal of Positive Emotional Experiences, The Journal of Neuroscience, March 23, 2011, 31 (12): 4466–4474.

[44] Sakari Lemola et al. "Adolescents' electronic media use at night, sleep disturbance, and depressive symptoms in the smartphone age." Journal of youth and adolescence 44.2: 2015, 405–418.

[45] Уильямс М., Пенман Д. Осознанность. Как обрести гармонию в нашем безумном мире. Москва : Манн, Иванов и Фербер, 2018.

[46] Renata da Mata Gonçalves, Danyela de Almeida Barreto, Pamela Monteiro, Marcio Zangeronimo, Paula Castelo, Andries van der Bilt, Luciano Jose Pereira. Smartphone use while eating increases caloric ingestion. Physiology & Behavior: 2019, 204, 93–99.

[47] Тим Феррис о медитации, выступление в Google: http://links.mnogosdelal.ru/TimFerrisMeditation.

[48] Тим Урбан о темной площадке для игр: http://links.mnogosdelal.ru/TimUrbanDarkPlayground.

[49] Timothy Wilson et al. Just think: The challenges of the disengaged mind, Science, 4 July 2014, vol 345, 6192, 75–77.

[50] Макгонигал К. Сила воли. Как развить и укрепить. Москва : Манн, Иванов и Фербер, 2018.

[51] Смарт Э. О пользе лени. Инструкция по продуктивному ничегонеделанию. Москва : Альпина Паблишер, 2017.

[52] Duncan Godden, Alan Baddeley. "Context-dependent memory in two natural environments: On land and underwater". British Journal of psychology 66.3: 1975, 325–331.

[53] George Brainard, Mark Rollag, John Hanifin. Photic regulation of melatonin in humans: ocular and neural signal transduction. Journal of biological rhythms: 1997, 12(6), 537–546.

[54] Anthony Greenwald. "The totalitarian ego: Fabrication and revision of personal history." American psychologist 35.7: 1980, 603.

[55] Выступление Джона Хари об альтернативном взгляде на (наркотическую) зависимость на TED: http://links.mnogosdelal.ru/JohnHariTED.

[56] Kwon, M., Lee, J. Y., Won, W. Y., Park, J. W., Min, J. A. et al. (2013). Development and validation of a smartphone addiction scale (SAS). PloS one, 8(2), e56936.

[57] Статья про выгорание у миллениалов: http://links.mnogosdelal.ru/MillennialsBurnout.

[58] Adam Fletcher, Nicole Lamond, Cameron Van Den Heuvel, Drew Dawson. Prediction of performance during sleep deprivation and alcohol intoxication using a quantitative model of work-related fatigue. Sleep Research Online: 2003, 5 (2), 67–75.

[59] Alice Kuo. Does sleep deprivation impair cognitive and motor performance as much as alcohol intoxication? Western journal of Medicine: 2001, 174 (3), 180.

[60] Sally Andrews, David Ellis, Heather Shaw, Lukasz Piwek. Beyond Self-Report: Tools to Compare Estimated and Real-World Smartphone Use, PLoS ONE, 2015, 10 (10).

[61] Jeremy Marty-Dugas, Brandon Ralph, Jonathan Oakman, Daniel Smilek. The relation between smartphone use and everyday inattention. Psychology of Consciousness: Theory, Research, and Practice, 2018, 5 (1), 46.

[62] Демарко Т., Листер Т. Вальсируя с медведями: управление рисками в проектах по разработке программного обеспечения. Компания p.m. Office, 2005.

[63] Шень-Янь. Мудрость Чань. Москва : Уцзимэнь, 2016.

[64] Статья Тима Урбана «О чем плачут 25-летние»: http://links.mnogosdelal.ru/TimUrbanY-ru (в оригинале — Why Generation Y Yuppies Are Unhappy: http://links.mnogosdelal.ru/TimUrbanY).

[65] Трейси Б. Съешьте лягушку! 21 способ научиться успевать. Москва : Альпина Паблишер, 2014.

[66] Выступление Дэна Ариели на TED: Our buggy moral code: http://links.mnogosdelal.ru/DanArielyTED.

[67] Adrian Ward, Kristen Duke, Ayelet Gneezy, Maarten Bos. Brain Drain: The mere presence of one's own smartphone reduces available cognitive capacity. J. Assoc. Consum. Res. 2017, 2, 140–154.

[68] Kostadin Kushlev, Elizabeth Dunn. Checking email less frequently reduces stress, Computer in Human Behavior 43: 2015, 220–228.

[69] Статья Пола Уитмора про эффект Делмора: http://links.mnogosdelal.ru/TroubleWithGoals.

[70] Аллен Д. Как привести дела в порядок. Искусство продуктивности без стресса. Москва : Манн, Иванов и Фербер, 2018.

[71] Джейсон Ф., Хейнмейер Х. Дж. Не сходите с ума на работе, или Как создать спокойную компанию. Москва : Манн, Иванов и Фербер, 2019.

[72] Видео про настройку быстрого действия в Outlook: http://links.mnogosdelal.ru/OutlookJediSetup.

[73] Вайзман Р. Как поймать удачу. Москва : Попурри, 2006.

[74] Вайзман Р. Вы заметили гориллу? Москва : Попурри, 2005.

[75] Пост в блоге Анатолия Левенчука. Против целей (against objectives): http://links.mnogosdelal.ru/AgainstObjectives.

[76] Ньюпорт К. Цифровой минимализм. Москва : Манн, Иванов и Фербер, 2019.

[77] Shamsi Iqbal, Eric Horvitz. Disruption and recovery of computing tasks: field study, analysis, and directions, CHI '07 Proceedings of the SIGCHI Conference on Human Factors in Computing Systems, 677–686.

[78] Статья в блоге RescueTime, где рассказывается, как долго может прожить «средний» пользователь без проверки сообщений: http://links.mnogosdelal.ru/RescuetimeMultitasking.

[79] Cary Stothart, Ainsley Mitchum, Courtney Yehnert. «The attentional cost of receiving a cell phone notification». Journal of experimental psychology: human perception and performance 41.4: 2015, 893.

[80] Лебедев А. Идея на минус миллион: http://links.mnogosdelal.ru/ArtLebedevIdeas.

[81] Bud Winter, Jimson Lee. Relax and win. Championship performance in whatever you do, 2012.

[82] Strack, Fritz, Leonard L. Martin, and Sabine Stepper. «Inhibiting and facilitating conditions of the human smile: a nonobtrusive test of the facial feedback hypothesis». Journal of personality and social psychology 54.5 (1988): 768.

[83] Леви В. Приручение страха. Москва : Метафора, 2006.

[84] Гагин Т., Уколов С. Новый код НЛП, или Великий канцлер желает познакомиться! Москва : Издательство Института психотерапии, 2011.

[85] Cheri Speier, Joseph Valacich, Iris Vessey. «The influence of task interruption on individual decision making: An information overload perspective». Decision Sciences 30.2: 1999, 337–360.

[86] Шер Б. Давно пора! Как превратить мечту в жизнь, а жизнь в мечту. Москва : Манн, Иванов и Фербер, 2017.

[87] Kostadin Kushev, Jason Proulx, Elizabeth Dunn. “Silence your phones”: Smartphone notifications increase inattention and hyperactivity symptoms. Proceedings of CHI 2016.

[88] Uichin Lee et al. “Hooked on smartphones: an exploratory study on smartphone overuse among college students.” Proceedings of the 32nd annual ACM conference on Human factors in computing systems. ACM, 2014.

[89] Нив Г. Организация как система. Принципы построения устойчивого бизнеса Эдвардса Деминга. Москва : Альпина Паблишер, 2019.

[90] Голдратт Э., Шрагенхайм Э., Птак А. К. Цель-3: Необходимо, но не достаточно. E-libra.ru.

[91] Макросы для подсчета письмодней в Outlook и Gmail: http://links.mnogosdelal.ru/EmailDaysMacros.

[92] Уоллес А. Революция внимания. Пробуждение силы сосредоточенного ума. Москва : Ганга, 2017.

[93] Хэлловелл Э. Не отвлекайте меня! Как сохранять высокую концентрацию несмотря ни на что. Москва : Манн, Иванов и Фербер, 2015.

[94] Хэлловелл Э., Рейти Дж. Почему я отвлекаюсь. Как распознать синдром дефицита внимания у взрослых и детей и что с ним делать. Москва : Манн, Иванов и Фербер, 2016.

[95] Толле Э. Сила момента сейчас. Руководство по духовному просветлению. Москва : Дхарма-Букс, 2012.

[96] Швецов А. Введение в прикладную психологию внимания. Иваново : ИТ «Роща Академии», 2013.

[97] Психология внимания / под ред. Ю. Б. Гиппенрейтер, В. Я. Романовой. Москва : Астрель, 2008.

[98] Кукла А. Ментальные ловушки. Глупости, которые делают умные люди, чтобы испортить себе жизнь. Москва : Альпина Паблишер, 2014.

[99] Steve Whittaker, Tara Matthews, Julian Cerruti, Hernan Badenes, John Tang. Am I wasting my time organizing email?: a study of email refinding. In Proceedings of the SIGCHI Conference on Human Factors in Computing Systems. ACM, 2011, May, pp. 3449–3458.

[100] Кейн С. Тихая сила. Как достичь успеха, если не любишь быть в центре внимания. Москва : Манн, Иванов и Фербер, 2022.

[101] Библиотека забавных корреляций: http://links.mnogosdelal.ru/SpuriousCorrelations.

[102] Катков И. Силовые тренировки для любителей. Самостоятельное планирование тренировок для атлетов-любителей, тренирующихся в реальных условиях. Москва : Генезис, 2017.

[103] Еврейская притча: http://links.mnogosdelal.ru/JewishTale.

[104] Опросник ГТР-7 (GAD-7) и рекомендации WFSBP по терапии генерализованного тревожного расстройства. Обозрение психиатрии и медицинской психологии имени В. М. Бехтерева, № 2, 2013.

[105] Бикбулатова Л., Кутлубаев М., Ахмадеева Л. Шкала оценки усталости (перевод на русский язык), адаптация и оценка психометрических свойств в стационарах клиник неврологии и терапии // Медицинский вестник Башкортостана. — 2012. — № 7 (1).

[106] Шварц Б. Парадокс выбора. Как мы выбираем, и почему «больше» значит «меньше». Москва : Добрая книга, 2005.

[107] Отчет по общему психологическому практикуму на тему «Экспериментальное исследование эффекта Овсянкиной», http://links.mnogosdelal.ru/OvsiankinaPsyPrac.

Об авторе

Максим Дорофеев — прокрастинатолог, специалист по продуктивности, автор проекта mnogosdelal.ru и бестселлера «Джедайские техники», бизнес-тренер, консультант. Реализовал ряд проектов по обучению и техническому консультированию в компаниях Mail.Ru, МТС, Билайн, Сбербанк, Альфа-Банк, Ингосстрах, HH.RU, Deutsche Bank, X5 Retail Group, ЦФТ, Одноклассники.ру, СКБ Контур, QIWI, General Satellite, Peter-Service, DC BARS, Auriga, «Лаборатория Касперского». Проработал в области разработки ПО почти 15 лет. Окончил физический факультет МГУ.

Где купить наши книги

Специальное предложение для компаний

Если вы хотите купить сразу более 20 книг, например для своих сотрудников или в подарок партнерам, мы готовы обсудить с вами специальные условия работы. Для этого обращайтесь к нашему менеджеру по корпоративным продажам: +7 (495) 792-43-72, b2b@mann-ivanov-ferber.ru.

Книготорговым организациям

Если вы оптовый покупатель, обратитесь, пожалуйста, к нашему партнеру — торговому дому «Эксмо», который осуществляет поставки во все книготорговые организации.

142701, Московская обл., г. Видное, Белокаменное ш., д. 1;
+7 (495) 411-50-74; reception@eksmo-sale.ru.

Адрес издательства «Эксмо»
125252, г. Москва, ул. Зорге, д. 1, ст. 1;
+7 (495) 411-68-86;
info@eksmo.ru / www.eksmo.ru

Санкт-Петербург
СЗКО Санкт-Петербург,
192029, г. Санкт-Петербург,
пр-т Обуховской Обороны, д. 84е;
+7 (812) 365-46-03 (04);
server@szko.ru

Нижний Новгород
Филиал «Эксмо» в Нижнем Новгороде,
603094, г. Нижний Новгород,
ул. Карпинского, д. 29;
+7 (831) 216-15-91, 216-15-92,
216-15-93, 216-15-94;
reception@eksmonn.ru

Ростов-на-Дону
Филиал «Эксмо» в Ростове-на-Дону,
344023, г. Ростов-на-Дону,
ул. Страны Советов, д. 44а;
+7 (863) 303-62-10;
info@rnd.eksmo.ru

Самара
Филиал «Эксмо» в Самаре, 443052,
г. Самара, пр-т Кирова, д. 75/1, лит. «Е»;
+7 (846) 269-66-70 (71…73);
RDC-samara@mail.ru

Екатеринбург
Филиал «Эксмо» в Екатеринбурге,
620024, г. Екатеринбург,
ул. Новинская, д. 2щ;
+7 (343) 272-72-01 (02…08)

Новосибирск
Филиал «Эксмо» в Новосибирске, 630015,
г. Новосибирск, Комбинатский пер., д. 3;
+7 (383) 289-91-42; eksmo-nsk@yandex.ru

Хабаровск
Филиал «Эксмо» в Хабаровске, 680000,
г. Хабаровск, ул. Фрунзе, д. 22, оф. 703;
+7 (4212) 910-120; eksmo-khv@mail.ru

Казахстан
«РДЦ Алматы», 050039,
г. Алматы, ул. Домбровского, д. 3а;
+7 (727) 251-59-89 (90…92);
RDC-almaty@eksmo.kz

Если у вас есть замечания и комментарии к содержанию, переводу, редактуре и корректуре, то просим написать на be_better@m-i-f.ru, так мы быстрее сможем исправить недочеты.

Научно-популярное издание
Джедайские техники

Дорофеев Максим

Путь джедая

Поиск собственной методики продуктивности

Руководитель редакционной группы *Светлана Мотылькова*
Ответственные редакторы *Татьяна Рапопорт, Юлия Константинова*
Литературный редактор *Дарья Сальникова*
Арт-директор *Алексей Богомолов*
Дизайн обложки *Наталия Савиных*
Иллюстрации *Наталья Свешникова*
Верстка *Екатерина Матусовская*
Корректоры *Евлалия Мазаник, Олег Пономарев,*
Анна Угрюмова, Наталья Воробьева

Подписано в печать 12.06.2023.
Формат 60 × 88/16. Гарнитура PT Serif.
Усл. печ. л. 30,31. Доп. тираж 3000 экз.
Заказ № 2111/23

ООО «Манн, Иванов и Фербер»
123104, Россия, г. Москва, Б. Козихинский пер., д. 7, стр. 2

mann-ivanov-ferber.ru
vk.com/mifbooks

Отпечатано в АО «Можайский полиграфический комбинат»
143200, Россия, Московская обл.,
г. Можайск, ул. Мира, д. 93
oaompk.ru

16+